U0514782

權威 · 前沿 · 原創

皮書系列為
"十二五"國家重點圖書出版規劃項目

中国社会科学院创新工程学术出版项目

社会建设蓝皮书
BLUE BOOK OF
SOCIETY-BUILDING

2015 年
北京社会建设分析报告

ANNUAL REPORT ON ANALYSIS OF BEIJING
SOCIETY-BUILDING (2015)

主　　编／宋贵伦　冯　虹
执行主编／唐　军　岳金柱
副 主 编／胡建国　李君甫

社会科学文献出版社
SOCIAL SCIENCES ACADEMIC PRESS（CHINA）

图书在版编目（CIP）数据

2015 年北京社会建设分析报告/宋贵伦，冯虹主编. —北京：
社会科学文献出版社，2015.10
（社会建设蓝皮书）
ISBN 978 - 7 - 5097 - 8135 - 7

Ⅰ. ①2⋯　Ⅱ. ①宋⋯ ②冯⋯　Ⅲ. ①社会发展 - 研究报告 -
北京市 - 2015　Ⅳ. ①D671

中国版本图书馆 CIP 数据核字（2015）第 229966 号

社会建设蓝皮书
2015 年北京社会建设分析报告

主　　编／宋贵伦　冯　虹
执行主编／唐　军　岳金柱
副 主 编／胡建国　李君甫

出 版 人／谢寿光
项目统筹／邓泳红
责任编辑／张　媛　桂　芳

出　　　版／社会科学文献出版社·皮书出版分社（010）59367127
　　　　　　地址：北京市北三环中路甲 29 号院华龙大厦　邮编：100029
　　　　　　网址：www. ssap. com. cn
发　　　行／市场营销中心（010）59367081　59367090
　　　　　　读者服务中心（010）59367028
印　　　装／北京季蜂印刷有限公司

规　　　格／开本：787mm × 1092mm　1/16
　　　　　　印张：21　字数：316 千字
版　　　次／2015 年 10 月第 1 版　2015 年 10 月第 1 次印刷
书　　　号／ISBN 978 - 7 - 5097 - 8135 - 7
定　　　价／79. 00 元

皮书序列号／B - 2010 - 149

《2015 年北京社会建设分析报告》
编撰人员名单

编 委 会 主 任	宋贵伦	冯 虹		
编 委 会 副 主 任	张 坚	唐 军	杨 茹	岳金柱
	李东松			
编 辑 委 员 会 成 员	陈 锋	胡建国	鞠春彦	韩秀记
	李 升	李君甫	李晓婷	李东松
	刘金伟	宋贵伦	宋国恺	唐 军
	杨桂宏	杨 荣	杨 茹	岳金柱
	张 坚	赵丽琴	赵卫华	朱 涛
主 编	宋贵伦	冯 虹		
执 行 主 编	唐 军	岳金柱		
副 主 编	胡建国	李君甫		
撰 稿 人	蔡扬眉	陈 锋	程婉豪	高 峰
	韩秀记	鞠春彦	靳 伟	康晓曦
	李歌诗	李君甫	李 升	李晓壮
	刘二伟	刘金伟	尚振坤	宋贵伦
	宋国恺	王雪梅	吴立军	杨桂宏
	易宏玚	岳金柱	张 娇	张晓锐
	赵丽琴	赵卫华	郑广淼	朱 涛

主要编撰者简介

宋贵伦 中共党员,研究员;中共北京市委社会工作委员会书记、北京市社会建设工作办公室主任;北京师范大学本科毕业,北京市委党校在职研究生毕业;历任中央文献研究室秘书处秘书,理论研究组助理研究员,中央宣传部办公厅副处级秘书,北京市西城区委宣传部副部长(挂职)、常务副部长(正处组)、部长,北京市委宣传部副巡视员,北京市委宣传部副部长,北京市社会科学界联合会党组书记、常务副主席(2002 年破格晋升为研究员)。第十一届全国人大代表,2012 年 7 月 3 日当选中国共产党北京市第十一届委员会委员。

冯　虹 经济学博士,教授,博士研究生导师;北京工业大学纪委书记,首都社会建设与社会管理协同创新中心(北京市)主任兼首席科学家;中国劳动科学教学研究会副会长,中国社会学会劳动社会学专业委员副会长,中国人力资源开发研究会常务理事,国家教育行政管理学术委员会委员,教育部高等学校本科教学工作水平评估专家,北京市高级职称评审委员,北京市哲学社会科学规划项目评审专家,首都经济贸易大学经济学博士生导师;曾任首都经济贸易大学副校长、校学术委员会常务副主任,北京联合大学副校长、校学术委员会常务副主任;先后被评为北京市优秀青年知识分子、北京市中青年学科带头人;主持国家社科基金重点项目等国家级、省部级科研项目多项。

唐　军 博士、教授,硕士研究生导师;北京工业大学人文社会科学学院院长,社会学学科部主任,社会学研究所所长,首都社会建设与社会管理协同创新中心首席教授；中国社会学会理事，中国社会思想史分会理事，北京市社会科学院北京社会管理研究中心专家组成员；主要研究方向为社会学理论、发展社会、劳工研究、家庭研究；主持有教育部人文社会科学研究项目、法国国家科学研究中心"国际合作计划"项目、北京市教委人文社会科学重点项目等课题。成果有《蛰伏与绵延——当代华北飘荡家庭生长的历程》、《历史上最具影响力的社会学名著 20 种》、《仪式性的消减与事件性的加强——当代华北村落家庭生长的理性化》（《中国社会学科学》）、《对村民自治制度下家族问题的理论反思》（《社会学研究》）、《生存资源剥夺与传统体制依赖》（《江苏社会科学》）等。

岳金柱 社会学博士，中共北京市委社会工作委员会研究室主任，北京师范大学中国社会管理研究院兼职教授，研究方向为社会管理；发表《建设世界城市背景下推进北京社会组织培育发展和服务管理的转发》《加快推进社会创新发展的若干思考》《试论社会组织在社会转型中的角色与作用》《完善社会管理格局，健全社会建设体系——对北京社会建设与社会管理创新的若干思考》等重要论文。

胡建国 博士，教授，硕士研究生导师；北京工业大学人文社会科学学院副院长，社会学系主任，首都社会建设与社会管理协同创新中心秘书长；中国社会学会劳动社会学专业委员会副秘书长，中国社会学会理事；主要研究领域为社会分层与社会流动、劳动社会学；主持有国家社科基金、北京市自然科学基金、北京市社科基金、北京教育科学规划项目等国家级省部科研项目；入选北京市社科理论中青年优秀人才"百人工程"、北京市属高校人才强教"拔尖人才"、北京工业大学"京华人才"，2010 年中国博士后制度设立 25 周年之际，被评选为北京市博士后"杰出英才"。

李君甫 博士，北京工业大学人文社会科学学院社会学系副教授，硕士研究生导师；中国社会学会劳动社会学专业委员会常务理事；主要研究领域为城乡社会学、劳动社会学、住房问题与住房政策；主要研究成果有《农民的非农就业与职业教育》、《当代中国社会建设》（合著）、《北京社会建设 60 年》（合著）、《经济与社会协调发展——发达地区的经验教训》（合著）、《北京地下空间居民的社会阶层分析》、《走向终结的村落——山区人口流失、社会衰微与扶贫政策思考》、《农民就业谁来培训》、《北京城镇住房状况与住房政策》和《北京城镇居民住房水平报告》等。

摘　要

　　本报告是北京工业大学"北京社会建设分析报告"课题组 2014～2015 年度成果，全书分为六个部分：总报告、社会结构篇、公共服务篇、社会治理篇、地方社会建设篇、调查报告篇。报告主要利用北京市政府和相关部门发布的权威数据和资料，结合课题组的调研与观察，全面分析了 2014 年北京社会建设的主要成绩，分析了北京社会建设面临的迫切问题，并对 2015 年北京社会建设提出了对策和建议。

　　2014 年北京市在社会建设各方面又上一个新台阶，取得了新的进步：人口增长速度下降，污染天气减少，城市环境改善；进一步发展社会事业和改善公共服务，推进教育发展均衡化，改善医疗和养老服务，加大住房保障和棚户区改造，轨道交通建设不断加速，首都非核心功能开始疏解。社会治理体制不断完善，社会治理的成效已经显现。当然，北京市社会建设还面临许多挑战，社会阶层结构和人口结构需要进一步优化，大气污染治理难度较大，资源紧张的约束难以改变，公共服务的发展还跟不上群众日益增长的需要。

　　2015 年，北京需要进一步认识首都"城市病"的根源，借鉴国内外的成功经验，完善北京的功能定位，解决首都社会建设面临的新问题和新挑战。需要进一步创新社会治理体制，建设法治社会，充分发挥党委、政府、社会组织在社会建设中的作用，实现首都经济社会建设全面可持续发展的目标。

　　关键词：社会建设　社会治理　公共服务　社会结构

目　录

B Ⅰ　总报告

B.1　新常态下新定位，谱写首都社会建设与社会治理新篇章
　　　——2014 年北京社会建设实践的分析与总结
　　……………北京工业大学"北京社会建设分析报告"课题组
　　　　　　　　　　　　　　执笔人：李君甫　靳　伟 / 001
B.2　2014 年北京市社会建设工作形势分析与展望 …………宋贵伦 / 029

B Ⅱ　社会结构篇

B.3　北京外来流动人口的生活状态分析 ……………………李　升 / 041
B.4　2014 ~ 2015 年北京人口调控与户籍改革形势分析与预测
　　………………………………………………………………李晓壮 / 056
B.5　北京外地户籍大学毕业生生存状态分析 ……赵卫华　张　娇 / 066

B Ⅲ　公共服务篇

B.6　北京市养老服务机构社会工作专业服务研究报告
　　………………………………………………蔡扬眉　尚振坤 / 088

B.7 新能源汽车与北京绿色交通发展 …………………… 朱 涛 / 105

B.8 2014 年北京市自住房发展情况报告 …………………… 韩秀记 / 118

B.9 北京市 2014 年政府购买助残服务报告

………………………………………… 宋国恺 李歌诗 / 131

BⅣ 社会治理篇

B.10 首都社会治理创新的探索与思考

………………………… 北京市委社会工委研究室课题组 / 143

B.11 转型、整治与"新常态"

——首都城乡接合部社区治理思考 …………………… 王雪梅 / 157

B.12 北京市社会矛盾指数及居民行为倾向调查报告

………………………… 郑广森 刘二伟 张晓锐 / 166

B.13 北京社区治理经验的调查与思考 …………………… 曹 昊 / 180

B.14 2014 年北京互联网舆情分析报告 …………… 鞠春彦 程婉豪 / 192

BⅤ 地方社会建设篇

B.15 党政群共商共治

——提升社会治理水平的北京朝阳模式

………………………… 朝阳区社工委、区社会办 / 202

B.16 密云县推进社会治理法治化进程的实践探索

——北京首部农村地区《北京市密云县网格化

社会服务管理标准》编制并实施

………………………… 密云县委社会工委、县社会办 / 217

B.17　西城区的经验：以资源共享实现全响应

……………………………………… 西城区社工委、社建办 / 228

B Ⅵ　调查报告篇

B.18　延庆县志愿者队伍建设状况调研报告 ……………… 陈　锋 / 242

B.19　回龙观地区大学生社工发展与管理探索 ……………… 易宏琤 / 258

B.20　首都高校大学生学业倦怠调查报告 ……………… 赵丽琴 / 270

B.21　北京市朝阳区人才服务中心流动党员党建工作调查研究

……………………………… 北京工业大学马克思主义学院、

北京市朝阳区人才服务中心党委联合课题组 / 289

Abstract ……………………………………………………… / 303

Contents ……………………………………………………… / 305

皮书数据库阅读 **使用指南**

总 报 告

General Reports

B.1

新常态下新定位，
谱写首都社会建设与社会治理新篇章
——2014年北京社会建设实践的分析与总结

北京工业大学"北京社会建设分析报告"课题组

执笔人：李君甫 靳 伟

摘 要： 本报告主要利用北京市政府和相关部门发布的权威数据和资料，结合课题组成员调研与观察，全面分析2014年以来北京社会建设的主要成绩、面临的迫切问题，并对2015年北京社会建设提出对策和建议。

2014年，北京经济发展进入新常态，经济平稳增长，完成了预期经济增长目标，在社会建设的各个方面又上一个新台阶，取得了新的进步。新形势下北京市社会建设还面临着许多挑战，如阶层结构不尽合理、人口结构失衡、大气污染治理难度较大等。在新时期、新形势下，需要进

一步认识首都城市病的根源，借鉴国内外的成功经验，完善北京的功能定位，解决、应付首都社会建设面临的新问题和新挑战。

关键词： 社会建设　社会治理　公共服务　城市病　首都功能定位

2014 年是北京市"十二五"规划实施的第四年，全力落实改革成果的关键一年，集中向既定目标攻坚的重要一年，也是开始着手编制"十三五"时期建设蓝图、承上启下的重要一年。这一年，北京开始启动新一轮城市规划的修编工作，进一步明确城市的总体发展定位，为长远发展谋篇布局。这一年，北京市社会建设在既有的基础上，不断深化认识、完善政策、改革体制、细化管理，开拓社会建设的新局面。

一　2014年北京社会建设总体状况

2014 年是北京市发展史上不平凡的一年，2014 年 2 月，中共中央总书记、国家主席、中央军委主席习近平在北京市考察工作时强调，"建设和管理好首都，是国家治理体系和治理能力现代化的重要内容。北京要立足优势、深化改革、勇于开拓，以创新的思维、扎实的举措、深入的作风，进一步做好城市发展和管理工作，在建设首善之区上不断取得新的成绩。"① 2 月 26 日，习近平主持召开了座谈会，听取北京市政府工作报告，他针对北京及京津冀一体化提出了看法和建议，对新时期北京市首都功能定位指明了前进的道路和方向。此后，全市上下认真学习习近平总书记的重要讲话精神，明确首都功能定位，谋划首都经济、政治、社会、文化、生态文明全面可持

---

① 《立足优势　深化改革　勇于开拓　在建设首善之区上不断取得新成绩》，http：//cpc. people. com. cn/n/2014/0227/c87228 – 24475888. html。

续发展。北京社会建设在此大背景下，遇到了千载难逢的机遇，取得了一系列成就，促进了经济平稳发展与社会和谐稳定。

（一）明确首都功能定位，找准发展突破方向

1. 重新认识首都核心功能

2014年2月25日，习近平主席对推动首都发展特别是破解特大城市发展难题进行考察调研。考察结束后，习近平听取了北京市工作汇报，就推进北京发展和管理工作提出五点要求："一是要明确城市战略定位，坚持和强化首都全国政治中心、文化中心、国际交往中心、科技创新中心的核心功能，深入实施人文北京、科技北京、绿色北京战略，努力把北京建设成为国际一流的和谐宜居之都。二是要调整疏解非首都核心功能，优化三次产业结构，优化产业特别是工业项目选择，突出高端化、服务化、集聚化、融合化、低碳化，有效控制人口规模，增强区域人口均衡分布，促进区域均衡发展。三是要提升城市建设特别是基础设施建设质量，形成适度超前、相互衔接、满足未来需求的功能体系，遏制城市'摊大饼'式发展，以创造历史、追求艺术的高度负责精神，打造首都建设的精品力作。四是要健全城市管理体制，提高城市管理水平，尤其要加强市政设施运行管理、交通管理、环境管理、应急管理，推进城市管理目标、方法、模式现代化。五是要加大大气污染治理力度，应对雾霾污染、改善空气质量的首要任务是控制PM2.5，要从压减燃煤、严格控车、调整产业、强化管理、联防联控、依法治理等方面采取重大举措，聚焦重点领域，严格指标考核，加强环境执法监管，认真进行责任追究。"①

根据习近平主席讲话精神，北京市委市政府有针对性地加大工作力度，明确工作目标，重新定义首都新时期的核心功能，疏解非首都核心功能，努力提高城市建设质量与效率，不断健全城市管理体系和模式，对大气污染的

---

① 《习近平就建设首善之区提5点要求》，新华社，http://news.xinhuanet.com/mrdx/2014－02/27/c_133146611.htm。

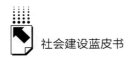

治理力度不断加大，努力推动首都经济社会建设进入一个新阶段。一些大型市场开始向河北、天津搬迁，推动京津冀一体化，加速相关产业转移等。

2. 加快疏解非首都核心功能

根据北京市政府工作报告以及其他相关信息，北京市政府对于疏解北京非首都核心功能的产业实施严格的控制策略。对于新增产业进行了严格的限制，无论是从规模、类型还是数量上都出台了相关的限制政策，出台了新增产业禁止和限制目录。

2014 年，北京市政府不予登记和不予办理增项等变更登记达到 3760 件，北京市区两级新批的 1278 个投资项目都符合禁止和限制目录的要求。加快推进产业结构的调整，实施工业企业调整退出奖励资金管理办法，"关停退出一般制造业和污染企业 392 家，搭建了 30 个产业疏解合作平台，推进产业转移疏解项目 53 个，拆除中心城商品交易市场 36 个。与天津、河北分别签订了合作框架协议和备忘录，实施交通、生态环保、产业三个重点领域率先突破工作方案。北京新机场开工建设，首钢曹妃甸、张承生态功能区、中关村示范区与滨海新区合作等重点工作取得进展，中关村企业在天津、河北累计设立分支机构 1532 个。"①

3. 积极推动京津冀协同发展

北京主动融入京津冀协同发展大局，根据京津冀发展规划成立了京津冀协同发展小组，全面加强统筹协调和组织领导的工作。并且在此基础上积极推进与天津市、河北省的合作，明确合作宗旨和合作重点，在协同创新整体发展的框架内落实京津冀各个部分所承担的具体任务和发展目标。此外，就交通问题、生态环保问题和产业结构问题进行深入的讨论和规划，这三大问题是京津冀规划及发展过程中首先要解决和沟通好的问题。现已经出台的相关政策和规划大致有如下几个方面："加快交通基础设施互连互通，组建京津冀城际铁路投资公司，北京新机场、京张铁路八达岭越岭段、京沈客专实现开工，京昆高速、国道 111 二期建成通车。建立区域生态环境保护协调机

---

① 王安顺：《政府工作报告》，北京市人民政府公报。

制，积极推进 10 万亩京冀生态水源保护林、张家口坝上地区 25 万亩退化林分改造试点等重点工程。"① 北京中关村多家企业、高校开始与津冀各地开展合作，用友软件等 476 家企业在河北设立了分支机构；神州数码等 393 家企业也在天津设立分支机构。中关村保定科技园也开始运作。北京大学、清华大学等高校与天津、河北的合作也越来越密切，仅北京大学就与天津各企事业单位、高校、科研机构合作 170 余个项目；与河北各企事业单位、高校、科研机构合作 160 余个项目。北京工业大学、河北工业大学及天津工业大学三家省市级工业大学签署了合作发展协议。

（二）优化产业结构，稳定经济发展

1. 产业结构不断优化

2014 年，北京在产业结构的调整上着眼于"高精尖"的调整目标，着力于"稳增长、促改革、调结构、惠民生"四个方面。经过一年努力，共完成了 110 项年度重点改革任务。同时，北京市政府要求有关部门进一步简政放权，对相关审批事项的下放和取消高达 70 多项，并对政府投资事项的核准进行了大幅削减修。积极配合国家的改革要求，大力支持国有企业的重组与改革，积极推动国有企业的重组并购，出台若干措施鼓励中小企业的发展，给予中小企业税收优惠，减轻中小企业负担，鼓励企业发展。此外，深化财税金融制度的改革，扩大"营改增"试点，总减税额达 376.6 亿元，成功发行地方政府债券 105 亿元、企业债券 332.5 亿元。② 除了以上对企业政策的改革以外，北京市政府针对农业产业的持续发展，成功举办第 75 届世界种子大会和第 11 届世界葡萄大会。此外，文化创意产业以及金融生活服务业等相对距离人民大众比较近的一些产业政策也不断得到了推荐和改

---

① 邓琦、金煜、饶沛：《京津冀协同发展规划纲要获通过》，http：//www. takefoto. cn/viewnews - 384401. html。

② 北京市发展和改革委员会：《关于北京市 2014 年国民经济和社会发展计划执行情况与 2015 年国民经济和社会发展计划草案的报告》，http：//zhengwu. beijing. gov. cn/jhhzx/qtbmgzbg/ t1380845. htm。

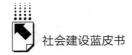

革，2014年北京市创意产业功能区建设得到了国家大力支持，国家文化产业创新实验区获批设立。鼓励民间资本投资发展文化创意产业，成立文化创意投资或担保公司，推动中小型企业的发展和生存。

2. 经济稳定持续发展

2014年，北京市国民生产总值增长7.3%，增长速度平稳。城镇登记失业率处于1.31%的低水平，居民消费价格只上涨1.6%。城市居民人均收入同比增长8.9%，扣除价格因素后实际增长7.2%；农村居民人均收入同比增长10.3%，扣除价格因素实际增长8.6%。一般公共预算收入增长达到10%。

北京居民消费能力进一步提高，2014年，全市实现社会消费品零售额9098.1亿元，同比增长8.6%，其中，网上零售额增长69.7%；全年完成固定资产投资7562.3亿元，同比增长7.5%。重点产业支撑更加稳固，规模以上工业增加值和服务业增加值同比增长6.2%和7.5%。集成电路、节能环保等战略性新兴产业增加值同比增长17.9%。金融、信息服务、科技服务等生产性服务业发展良好、增速较快。此外，文化创意产业收入增速逐季提高。①

（三）完善公共服务，改善人民生计

1. 推进教育资源均衡化

2014年，北京市针对人民群众对"上好学"的热切希望，进一步深化教育改革，针对"择校热""减负难"等热点和难点问题，将突破方向放在考试招生改革上，坚持"数量质量双增"的改革路径，推进教育领域的综合改革，以期用改革的手段实现公平的目标。将北京市的优质教育资源大幅度重组和整合，在教育公平与教育均衡中找到一个平衡点，构建以优质、公平、均衡为鲜明特征的"北京教育新地图"。

---

① 北京市发展和改革委员会：《关于北京市2014年国民经济和社会发展计划执行情况与2015年国民经济和社会发展计划草案的报告》，http：//zhengwu.beijing.gov.cn/jhhzx/qtbmgzbg/t1380845.htm。

北京市周边各区县因地制宜，根据自身区位优势和劣势，制定深化教育综合改革的方针政策，将突破口着眼于优质教育资源的重组和分配上，有针对性地布设教育资源点，把教育质量的快速提升作为区县教育发展的重中之重。与此同时，义务教育入学的门槛降低，为破解择校的难题不断寻求解决方案。除以上各种政策性措施以外，在技术上，各个教育部门首次统一使用小学和初中入学服务系统；首次实行严格的计划管理；提高电脑派位入学比例；精细化做好符合条件的随迁子女入学工作；加强制度管理和监督检查等。

另外，为了实现北京市教育资源更加公平分配，兼顾户籍地与非户籍地生源同等受教育的权利，北京市自 2014 年起，取消了推优制度，录取生源的唯一标准即考试成绩，首先以中招考试的招生模式为改革突破口，力图以生源分配均衡带动教育资源分配均衡。同时，全市 80 多所优质高中将自身 30%的统招计划名额分配至定向区域内的各个初中，取消择校制度，严格控制在校期间的二次流动，严格遵循并执行中招计划，各个高校不得擅自增加录取名额或规模。改革措施促进了优质教育资源的均衡分布，抑制了特权生。

2. 完善医疗和养老体系

"病有所医，老有所养"是 2014 年北京市医疗和养老体系改革不断希望实现的基本民生目标，医药卫生改革的统筹发展以及老龄工作的机制和体制改革是北京市政府亟须完善和发展的两大方面。在医疗改革方面，北京市存在诸多问题，北京的医疗卫生资源数量多、规模大，但是管理体制十分复杂，需求结构又十分多样，首都地位使得北京医疗资源的示范作用强于其他地市，影响作用十分巨大，因而出现了"困难群众看不起病、社区看不了病、大医院看不上病"的实际问题。如何处理好发展、效率、负担三个方面的协调统一，将改革与管理统筹发展，将防病与治病同等对待，将社区与医院地位对等，不断探索管理模式和体制，努力让群众看病更有效率、更便捷、更便宜、更安全。

2014 年北京市执行的具体措施如下。北京市所有社区卫生服务机构开展家庭医生式服务，在使群众看病更加有保障的同时不断让民众感受到便捷。公立医院及市属医院的分时段预约工作更加完善，争取杜绝挂号难、排

队慢的现象。此外，在医疗保险方面，城乡居民医疗保险筹资标准提高，进一步健全医保体系，努力实现减轻群众看病负担的目标。同教育资源的均衡分配一样，优质医疗资源的多点分配，资源布局的优化，将集中于城市中心区的优质医疗资源逐步向城郊及新城区转移，使郊区和新城区的群众看病更加便捷，同时也减轻了中心城区医疗资源的拥挤程度和负担。对于慢性病的预防和治疗，北京市政府以居民健康水平进一步提高为目标，不断完善防治结合体系，加强疾病预防常识的宣传和教育，强化群众自身疾病防治意识，努力使医疗改革成果惠及千家万户。

在养老方面，北京市老龄化趋势愈发严重，针对这样的实际情况，北京市政府制定实施并明确了北京养老服务的标准模型和比例结构，确立实施"9064"养老模式，也就是90%的老龄人口居家养老，6%的老年人由社区承担养老，4%的老人则由国家负责集中养老。北京市政府加大了对养老服务的投入，不断推进养老服务的平等化和均衡化，努力全面覆盖养老受众群体，进一步夯实养老服务基础。同时，北京市政府着力于巩固家庭养老的地位，鼓励完善社区养老功能，积极大力发展集中养老机构，努力使家庭、社区和机构养老协调统一，形成合力，发挥协同效应。①

3. 缓解交通出行拥堵

2014年，北京市实施了第十一阶段交通排堵保畅工作方案，从"加强规划引领、推进交通基础设施建设、优先发展公共交通、改善绿色出行环境、加强交通秩序和停车管理、加强交通宣传等方面发展交通事业"。② 北京市牵头成立了京津冀三省市区域交通一体化领导小组，开展交通基础设施项目规划和运输服务对接工作。同时，对于北京交通通勤不畅、公交专用网凌乱、私家车辆乱停放、交通信息化服务不完善等"交通病"，北京市政府要求有关部门对各个问题提出了针对性的解决方案。如进行公共交通票制票

---

① 《2014北京市城市建设与民生工作之医改养老篇》，http：//www. bjwmb. gov. cn/jrrd/yw/t20150127_ 631470. htm。

② 北京市交通委：《2014北京市城市建设与民生工作之缓解交通拥堵篇》，http：//beijing. qianlong. com/3825/2015/01/23/1520@ 10129380. htm。

价改革，制订新的综合疏堵方案，实施疏堵工程，推进京津冀交通一体化，不断提升公共交通服务水平，并逐步开通多条地铁线路，各区打通了多条断头路，减少出行通勤时间。

此外，北京市的交通固定资产投资进展顺利，交通基础设施承载能力快速提高。"新增轨道交通运营里程62公里，新增高速公路59.1公里，新增快速路10.8公里、主干路16公里。交通出行结构进一步优化，公共交通出行比例上升至48%，小汽车出行比例下降至32.5%。全市客运总量上升，完成93.4亿人次，其中地面公交完成47亿人次，轨道交通完成34.1亿人次。"[1] 截至2014年底，北京城市轨道交通拥有18条线路，总长527公里，成为世界上第二大城市轨道交通系统。地铁工作日日均客运量达1000万人次，峰值运量可以达到1155.95万人次。

4. 改善群众居住条件

2014年，北京市将"着力改善群众居住条件"列为为民办实事的首要任务。为了解决住房困难，加大了保障性住房的投入；棚户区的改造和环境治理得到进一步推进，四环以内的城中村基本消失；根据居民的合理住房需求，加强对房地产政策的调控，努力实现北京市民"住有所居"的目标。在此基础上，针对已经实现住有所居的民众，还要为他们实现安居梦而努力，不断提高群众居住的舒适感和安全感，提高社区物业管理规范标准及环境卫生标准。此外，进一步推出了"自住型商品房"，可以看出北京市的总体住房目标依然是"低端有保障、中端有支撑、高端有控制"的三位一体模式。

（1）建立和完善住房保障的政策体系

统筹考虑首都经济社会发展水平和城市定位等因素，北京住房制度是将市场配置和政府保障充分结合，以政府为主来提供保障性住房，以市场来满足多层次多样性需求的住房供应体系。这种模式的不断推进和完善，必须要辅助以保障房后期的管理，努力实现住有所居的目标，尽快为群众解决住房

---

[1] 北京市交通委：《2014北京市城市建设与民生工作之缓解交通拥堵篇》，http：//beijing. qianlong. com/3825/2015/01/23/1520@10129380. htm。

难题。2014 年，北京根据住房市场的变化和社会需求推出了一批自住型商品房，满足了夹心层的住房需要。北京市年初计划推出 2 万套自住型商品房，"实际发售超过 4 万套。实现建设筹集各类保障房 10.1 万套、竣工 10.7 万套，分别完成年度建设计划的 144% 和 107%。"①

（2）开展棚户区改造和老旧小区整治，改善居住条件

棚户区的改造和周边环境的治理与美化也是重大的民生工程。据统计，2014 年北京全市累计完成搬迁居民 22823 户，投资约 275.64 亿元。与此同时，除了对棚户区的改造以外，对四环以内的老旧小区的综合改造与维护是北京市推行的改善群众居住条件的另一项重大工程。对于老旧小区改造的工程最早开始于 2012 年，整治重点主要是对 1980 年以前建成的老旧小区进行结构性改造，主要是加强房屋抗震节能的综合性改造；对于社区公共区域主要是以环境美化和基础设施的新建与维护为重点。全市一共整治了建筑面积达 1000 万平方米的老旧小区，改造了 8 万户农村住宅。

（3）加强房地产市场调控，促进房地产市场平稳发展

北京市关于住房建设规划的总体思路是"低端有保障、中端有支撑、高端有控制"的三位一体模式，这种市场主配合、政府主保障的模式，能够建立起符合北京特点的住房供应体系。北京严格执行房地产政策，保持调控的力度，坚决遏制投机性行为。同时，根据国家政策不断调整房屋贷款的政策，支持居民合理的房屋需求，促进和维护房地产市场的健康和平稳发展。针对房屋租赁市场，北京逐步完善管理机制，房屋租赁的立法工作逐步提上日程，大力整治不法房屋租赁行为，加大对违法中介的整治力度，房屋租赁市场秩序得到有效改善。

（四）革新社会治理理念，完善社会治理体系

1. 加强理论研究和体制创新

2014 年，北京市委社会工作委员会（以下简称市社工委）继续加强与

---

① 《2014 北京市城市建设与民生工作之改善群众居住条件篇》，《北京市政府公报》。

高校和科研院所的合作，充分利用高校智库资源，购买社会建设咨询决策服务，编撰发布了《中国社会建设报告（2014）》，与各研究基地开展社会治理创新以及社会诚信建设、社会心理研究等活动，形成了《2014年北京社会建设分析报告》《北京社会心态分析报告（2014～2015）》等一系列新的研究成果。市社工委在实践中不断探索，提出了社会服务更加完善、社会管理更加科学、社会动员更加广泛、社会环境更加文明、社会关系更加和谐、社会领域党建工作全覆盖的工作目标，开辟了社会服务、社会管理、社会动员、社会环境、社会关系和社会领域党建"六大体系"工作路径，初步形成一个具有时代特征、中国特色、首都特点的北京社会建设与治理体系。2014年，成立了社会事业与社会治理体制改革专项小组办公室，广泛开展系列专题调研，研究制定工作规则、年度重点工作安排，不断完善首都社会治理体制。

2. 强化社会治理主体建设

社会组织是社会治理的重要主体。北京市按照"推进政社分开、管办分离，把各级各类社会组织纳入党和政府主导的社会组织工作体系"的总体思路，推进社会组织管理体制改革，加强"枢纽型"社会组织建设，发挥"枢纽型"社会组织的功能，培育和发展社会组织，初步形成政社分开、责权明确、依法自治的现代社会组织体制。先后认定了36家市级"枢纽型"社会组织，这36家市级"枢纽型"社会组织管理和联系各级各类社会组织4万多家。此外，北京市社工委和区县社工委纷纷设立社会组织孵化器，并对社会组织提供业务指导，购买社会组织服务，引导社会组织不断壮大和良性发展，几年时间里社会组织增加多倍。2014年市级社会建设专项资金购买社会组织服务征集项目2313个，评审立项708个，支持资金9418万元。

社区是社会治理的根基和重要载体。2014年，市社工委对一刻钟社区服务圈示范点建设、社区规范化示范点建设、老旧小区自我服务管理试点建设、村级社会服务试点建设以及社区用房建设项目、社区服务站标识系统安装等重点任务进行具体部署，提出建立重点工作月报、季报制度的要求。继

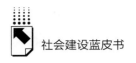

续做好社区用房达标建设，全市社区办公和服务用房达到 350 平方米以上标准的社区有 2519 个，达标率已达 86%。不断加强社区规范化示范点建设，努力打造了一批组织机构健全、运行机制规范、工作队伍优良、基础设施完备、工作成效明显、特色亮点突出的精品示范社区。

3. 健全社会服务管理体系

社会服务体系是社会良性运行的重要保障。北京市社会建设与治理以保障和改善民生为根本出发点和落脚点，加快完善社会服务体系。健全和完善城乡一体的社会保障体系，着力推进城乡基本公共服务全覆盖和均等化，不断完善社区基本公共服务体系。制定并实施《北京市社区基本公共服务指导目录》，明确十大类、60 项基本公共服务项目进社区，健全覆盖各类人群的城乡社区公共服务体系；不断创新社会公共服务方式，设立社会建设专项资金，并规范专项资金的使用办法及投入方向，已经形成一套以社会需求为导向、改善民生为重点的项目申报、评估、立项的制度。2010 年以来，围绕社会基本公共服务、社会公益服务、社区便民服务、社会管理服务、社会建设决策研究和信息咨询服务五个方面投入 3.47 多亿元，购买 2252 个服务项目。

二 北京市社会建设面临的问题

2014 年，北京市政府对首都城市核心功能战略地位的认识不断加强，疏解北京市非首都核心功能成为"十三五"城市总体规划内容的重要篇章，努力克服经济发展下行的压力，不断转变和完善经济结构，将京津冀一体化成果落实到首都自身发展体系中来，才能够较好地实现北京市发展总体目标。但在这个过程中，我们也清楚地看到首都经济社会发展中依旧存在着一些突出困难和矛盾亟待解决。主要是首都的经济社会结构以及社会建设难以及时快速适应城市的迅速扩张，导致一系列城市病：人口规模虽经不断控制，但是依旧不断扩大，外来人口的更替速度并未减缓；资源环境的约束越来越大，大气污染难以治理，雾霾天数比例过大，交通拥堵日益加剧，通勤时间问题依然严重；城乡接合部转型困难，棚户区的改造取得成果的同时也产生新的问题，遏制违法建设、非法经营和租赁的行为需加大力度，城市管理的法治化、精细化、针对化水平需要不断提升；转变经济增长方式、调整经济结构、稳定经济增长任务十分艰巨，传统经济结构向"高精尖"结构的调整需要时间和思想的转变，经济社会改革创新还有待进一步深化和突破；教育、医疗、文化等公共服务配置虽然每年都在取得进步，但是从总体比例上看依旧不均衡。

（一）社会结构不合理，调控难度大

人口问题一直以来都是首都社会建设和发展不得不直面的大问题。冰冻三尺，非一日之寒，人口问题的困扰将长期存在，其主要表现在人口结构不合理、规模调控难度大。

1. 橄榄形的社会阶层结构还未形成

北京市社会阶层结构距离理想的橄榄形社会阶层结构还有一定的距离。根据第六次人口普查数据，北京党政机关、事业单位负责人占从业人员的0.48%，企业负责人的比例是2.49%。这两个阶层是社会的中上层，只占社会各阶层的2.97%。北京市专业技术人员占从业人员的20.39%，办事人员和有关人员占15.46%，这两个阶层属于中产阶层，加起来比例只有35.85%。商业、服务业人员比例最大，占33.82%，生产、运输设备操作人员等占21.54%，农、林、牧、渔、水利业生产人员比例较小，占5.81%，这三大职业的从业人员属于社会中下层，合计起来比例为61.17%（见图1）。社会阶层结构图像似天坛的祈年殿，近似一个蒙古包，社会中下层的比例过大，中上部过小。五年过去了，按照中产阶层每年增加1%计算，估计北京市中产阶层的比例达到40%左右，到2025年才可能达到50%。那时才能形成中间大两头小、接近理想橄榄形的社会。

2. 四大社群差异明显

由于户籍的差异，北京形成了社会权利不同的四大社会群体，包括北京城镇户籍居民、北京农村户籍居民、外来人口中的乡城移民和城城移民。北京市城镇户籍居民享有完全的市民待遇和福利，包括购房购车、教育和医保

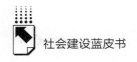

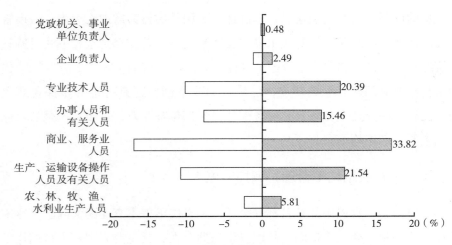

图1 北京社会阶层结构

等。北京市农村户籍居民拥有宅基地和村集体资产以及耕地使用权，其子女有平等地接受义务教育、高等教育的权利，但是在养老和医疗保障上农村户籍居民是不一样的，其养老金远远低于城镇居民。城城移民是来自其他城市、在北京务工经商的外来人口，很多人长期在北京工作甚至购房定居，但他们的户籍在其他城市。乡城移民是来自外省农村的农业户口的外来务工经商人员，他们的户籍在原籍地农村，绝大多数家里有宅基地、农村住房和耕地承包使用权，他们中有近半数长期在北京务工经商。无论是乡城移民还是城城移民都无法平等享受北京户籍居民的社会权利，比如保障房、子女教育、购房购车等，他们中部分人也无法享受到平等的医疗保险和养老保险。四大社群之间没有文化和语言的差异，没有出现明显的隔离和边界，但是在地理分布上还是有特点的，外来人口主要分布在四环到六环之间，在一些区域特别密集，特别是城乡接合部的农村。四大社群的社会权利差异是阻碍北京社会阶层结构优化升级的重要因素。

3. 人口地域结构失衡

从环路上看，2014年人口抽样调查显示，三环至六环间，聚集了1228.4万常住人口，占全市的57.1%；四环至六环间聚集了941万人，占全市的43.8%；五环以外1098万人，占全市的51.1%。常住外来人口与常住人口的环路分布情况基本一致，且向外拓展聚集的特点更加突出。三环至六环间，聚集了 637.6 万常住外来人口，占全市的 77.9%；四环至六环间聚集了 532.1 万常住外来人口，占全市的 65%；五环以外常住外来人口 422.5 万人，占全市的 51.6%。[①] 全市半数以上人口分布在五环以外，而就业岗位主要分布在四环以内，人口地理分布的不平衡延长了通勤时间，这成为交通拥堵的重要根源。

4. 人口规模调控困难

2014 年末，北京全市常住人口达 2151.6 万人，比上年增加 36.8 万人，增长了 1.7%。其中常住外来人口 818.7 万人，比上年增加 16 万人，增长了 2.0%。随着产业布局的调整，城乡一体化、公共服务均等化的逐步推进，常住人口呈现了向郊区集聚的趋势。2014 年末，北京全市常住人口近一半集中在城市功能拓展区，达到 1055 万人，占总人口的比例达 49.0%，比上年提高了 0.2 个百分点；城市发展新区人口 684.9 万人，占总人口的 31.8%，比重提高了 0.1 个百分点。而首都功能核心区和生态涵养发展区常住人口占全市人口的比重分别为 10.3% 和 8.9%，比上年下降 0.2 个和 0.1 个百分点。[②] 虽然北京市在 2014 年对人口规模的调控初见成效，但是，由于人口基数和规模过于庞大，对北京市自身的资源承载量而言，压力十分巨大。环境资源的约束趋紧、交通压力难以得到有效缓解、教育资源和质量难以得到保障、居民住房问题难以有效解决等都是人口数量增长过快衍生出的问题。

（二）城市病短期内难以缓解

1. 空气污染亟待解决

北京市政府 2013 年制订了清洁空气行动计划，目标是在四年内对北京的空气质量持续改善，不断降低大气污染物的排放总量。经过了两年的努力，虽然取得了部分成效，但是北京市的空气质量与国家标准比依然有不小

---

① 北京市统计局：《2014 年北京市人口发展变化情况及特点》，http：//www.bjstats.gov.cn/sjjd/jjxs/201505/t20150521_292937.htm。

② 《首都经济：稳中有进 稳中提质》，《中国信息报》2015 年 3 月 5 日。

差距。其原因不仅在于面临不利地理条件的客观影响，而且最重要的在于作为首都城市，北京承载了过快的城市发展速度，大量人口对能源消耗的刚性需求不断增加，由此北京污染程度不断加深。人口密度也是空气污染状况难以轻易缓解的重大原因之一，具体分析如下。

首先，北京地理气象条件不利。北京市位于华北平原西北端，三面环山，形成了一个环状区域，西北紧邻内蒙古风沙带，在特定季节北京受到的污染十分严重，然而大气污染物扩散条件却很差。其次，大气污染物减排压力太大。北京的人口决定了北京存在两大问题：交通拥堵、人口众多。其衍生的问题就是能源消耗巨大，资源耗费过快，人们所使用的一切能源都需要大量供应，为众多人口提供的配套设施在建筑层面也会产生较大污染。在全国各城市中，北京市机动车保有量第一，并且仍以年增15万辆以上的速度快速增长。在城市建设方面，规模大、高位运行。面对以上挑战与难题，北京市政府要努力改善空气质量、缓解大气污染仍然面临一定挑战。

2. 水资源短缺问题依然严重

从历年统计数据可以看出，北京由于气候条件的影响，干旱少雨，地理位置决定了其地下水资源十分有限，然而，北京城市规模和人口的快速膨胀，使得仅有的地下水资源也接近枯竭。北京市自身的水自然循环和再生已经满足不了城市需求，正常的循环机制被打破，自然生态系统无法再平衡，造成北京城水资源日益减少的实际状况。过去北京经历的数次水危机都不是偶然，日益增长的水资源需求量和有限的供给量构成北京水资源短缺的重大矛盾。首都的可持续发展受到了水资源短缺的限制，即使南水北调工程使北京市用水状况得到了一定的改善，但是水资源短缺的问题依然长期存在，毕竟城市在不断扩大，而北京市的可利用水资源总量逐年下降，这种变化趋势不得不引起重视。

（三）公共服务不能满足日益增长的需求

1. 通勤压力巨大，公共交通需强化

北京的交通建设滞后于实际需求。根据世界银行的报告，北京的道路交

通建设过于滞后。一方面，每平方公里交叉路口过少，北京城北只有 14 个，而巴黎有 133 个，东京银座有 211 个，巴塞罗那有 103 个，都灵有 152 个，上海有 17 个。这说明北京道路数量比发达国家的城市少很多。另一方面，交叉路口之间的距离，北京城北平均是 400 米，而巴黎是 150 米，东京银座是 43 米，巴塞罗那是 130 米，都灵是 80 米，上海是 280 米①。2015 年底，北京地铁线路运营总里程将达到 554 公里，发展速度很快，但是，大部分站点是在四环以内，站点的分布也不合理。市郊地铁和轻轨发展滞后，导致公路路面拥堵严重、通勤时间过长。

郊区的居民通勤距离在加大。近些年，城市发展新区的住房建设速度较快，住房也相对便宜，保障房建设的力度较大，这样的政策性引导虽然将部分人口疏离了核心区域，但即使人们将房子置办在远离功能核心区的城市发展区或者郊县，工作却不会轻易辞换，私家车和公共交通的通勤时间难免会增加，这给交通增加了极大的压力。一方面，必须减少核心区域人口数量及人口密度，缓解城区交通压力；另一方面，这种人口的疏解又会增加通勤量，从郊区到市区的公共交通的压力也会增加，这种供需关系和交通压力之间的矛盾是我们必须要重视的难题。北京城区是典型的单中心格局，多数国家机构和单位都集中在四环以内，来北京办事、开会、观光和购物的人流和车流以及在本地上班、办事和购物的人流和车流从四面八方涌向市中心，造成了四环以内道路面临巨大压力。据相关资料统计，早高峰时段，平均每1.68 人中，就有 1 人进出四环。②

2. 教育资源的配置还不均衡

教育资源配置区域长期失衡。北京市优质教育资源集中在中心城区和海淀，随着城市功能拓展区和城市发展新区的快速发展，教育资源配置失衡的问题更加严重。尽管在 2014 年，北京采取了一系列措施试图改善优质教育资源分布不均、区域差距过大的社会矛盾，但是几十年积累下来的优质资源

---

① 《中国：推进高效、包容、可持续的城镇化》，《世界银行报告》。
② 王宏宇：《北京城市交通问题研究》，中央民族大学硕士学位论文，2009。

失衡要在短期内消除是不可能完成的任务。特别是在北京中心城区人口比例逐年下降、城市功能拓展区和城市发展新区人口激增的情况下，教育资源的均衡化配置还需要持续不断地努力。

四大社群子女接受教育的权利和机会差异较大，特别是外来人口子女教育问题在 2014 年显得更加突出。外来人口子女义务教育无法得到基本的保障，现在外来人口子女接受义务教育要求五证齐全，附属的证明加起来达 28 种。部分外来人口被迫回老家，似乎减少了人口的压力，但是外来人口依旧在增加，说明靠这种手段是解决不了人口疏解问题的。这种效果不彰的政策反而加剧了社会矛盾，引发了持续的抗议。

3. 住房供给结构不合理

最近几年北京新建住房竣工量连年下降（见表1），住房供给量的持续减少可能是房价居高不下的一个重要原因。

表1 2003～2012 年北京市批准住房预售面积

单位：万平方米

类别\年份	2003	2004	2005	2006	2007	2008	2009	2010	2011	2012
首都功能核心区	235.5	163.2	124.3	100	67.6	64.7	68.8	27.6	13.6	18.3
城市功能拓展区	1541.9	1891.2	1495.4	1052.6	731.4	776.4	460.9	406.7	345.4	355.2
城市发展新区	915.9	781.2	471.4	502.7	440.9	569.3	522.3	673.4	605.2	519.9
生态涵养发展区	28.2	27.3	79.4	44	85.9	59.4	53.3	85.4	111.7	142.7
总计	2721.5	2862.9	2170.5	1699.3	1326.1	1469.8	1105.3	1193.1	1075.9	1036.1

从表1可以看出，2012 年住房的新增供给量不足 2003 年、2004 年、2005 年的一半，自 2004 年住房供给量达到顶峰之后连续 8 年住房供给的总趋势是下降的，而且下降得很快。除了总量下降以外，住房供给的区位结构也是极为失衡的，首都功能核心区的住房供给量降到了 2003 年的 1/13。城市功能拓展区的住房供给量降到了不到 2003 年的 1/4、2004 年的 1/5。城市

发展新区的供给量也下降了 4 成多。只有生态涵养区的供给量是在增加的。由于核心城区和城市功能拓展区的住房供给量急剧下降，价格迅速攀升，大量居民住到了城市发展新区，大大地增加了通勤量。

住房的供给除了区域失衡以外，户型结构极为不合理，北京住房市场上大面积的户型较多，而小户型过少，2003 年商品住房成交每套面积平均为 121.5 平方米，显然是以三居室为主的户型结构，市场上一居、二居室数量极少，三居、四居室比较普遍，是为改善需求而准备的房源，而针对年轻人刚需的一居和二居市场上供给的量太少了。这就是合租、群租泛滥难以根治的原因。

（四）现代社会治理体系还未形成

1. 社会治理的主体还强弱不均

社会治理的结构是不同于社会统治的，它是由多个社会主体共同合作治理的结构。中国理想的社会治理结构是"党委领导、政府负责、社会协同、公众参与和法治保障"。然而出于种种历史的原因，我们在社会治理中党委和政府大包大揽的多，而社会协同和公众参与的很少。其根本的原因在于中国社会治理中的社会主体——社会组织过少，也过于弱小，要在社会治理中发挥社会组织的作用还需要假以时日的精心培育和呵护。社区的力量和能力也比较薄弱，动员和吸引居民参与社会治理的能力不强。社区里的业主委员会成立速度比较缓慢，许多小区还没有业主委员会。居民社区参与意愿比较低，公共精神还未形成，参与能力也需要进一步提高。

2. 社会治理的机制还需要健全

北京社会建设与治理的体系初步形成，还需要在实践探索中进一步发展和健全。社会治理的体制机制不适应社会治理的现代化要求。全市社会建设与治理顶层设计系统全面，但综合协调力度不够，政社关系仍不够清晰顺畅，社会治理模式还需进一步完善，社会治理体制机制创新的任务艰巨繁重。仅仅建立一个多元治理的框架还远远不能实现社会的善治，需要一系列扎实的机制建设。社区和街道协商议事的平台建设还不普及，协商

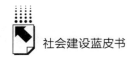

议事的意识和方法还需要不断改进和学习培训。特别是街道治理的体制需要完善和创新，因为在街道这一层级上缺乏协商议事、缺乏吸纳民意的制度化机制。

3. 社会建设的投入还需要加大

尽管在购买社会组织服务方面增加了投入，但是投入的力度还需要进一步加大。全市4万家社会组织，而2014年获得购买社会组织服务评审立项的只有708个，支持资金9418万元。平均50多个组织才能得到1项，每个项目平均也就10多万元，远远不能满足社会组织发展的需要和城乡居民日益增长的社会服务需求。尽管在社区规范化建设中各级政府都有投入，也做了大量的工作，但是还有一大批社区的办公用房达不到350平方米，社区活动开展受到局限。尽管近年来，社区工作者队伍的素质大有提高，但是总体来说，社区工作者还需要进一步的培训和提高，需要各级政府投入更多的培训费用。

4. 社会矛盾化解机制还有待完善

目前，基层社会组织的权威性和调解能力还嫌不足。由于居民委员会和村民委员会不具有国家制度所赋予的权威，在这样一个权威性较低的组织里，无论在制度上还是在个人素质上都难以确保作为村居干部的调解人员拥有足够的权威去从事调解工作。再者，政府行政机关解决矛盾的机制还不健全。我国目前几乎所有的立法都缺乏对行政裁决和行政调解程序的规定，以至于行政机关处理民事纠纷的程序呈现一种"各自为政、各行其是、杂乱无序的状态"。[①] 信访机构是政府和相关机构的下设部门，缺乏独立性和权威性。可以说，现行信访制度本身并没有提供较诉讼制度更为公正、有效、权威的纠纷解决机制。法院审判的独立性和公信力有待加强。多种权力对司法的外在干预，直接动摇了人们对司法权威的信仰，也使人们看到了通过信访解决问题的可能。此外，就司法自身而言，法院管辖权有限，某些案件得不到受理，更无法审理。

---

① 应松年主编《行政行为法》，人民出版社，1993，第872页。

三　推进北京社会建设的几点建议

（一）切实保障和改善民生

民生问题是社会建设中的核心内容，2014 年，北京市政府提出为群众办 27 件重要民生实事，在 32 个政府部门、16 个区县政府的共同努力下，这些项目均按计划全面落实，交上了一份暖人心的成绩单。这些实事涉及民生工作的各方面，也为政府 2015 年继续完善民生工作提出了更高的要求和目标。

1. 努力提高居民生活水平，缩小城乡居民收入差距

近年来，北京市委市政府高度重视城乡居民收入增长，出台了一系列惠民政策，持续促进就业，稳步提高最低工资和各项社会保障标准，取得了不错的成绩。2014 年，北京城乡居民中 20% 低收入组收入分别增长了 14.4% 和 12.6%，分别比全市平均增速高出 5.5 个和 2.3 个百分点，比高收入组高出 6.4 个和 4 个百分点。居民收入比由 2008 年的 2.30∶1 降至 2014 年的 2.17∶1。① 但是，应该看到城乡居民收入还有一定的差距，下一步还应该继续做好农民就业创业的培训和扶持工作，促进农民就业增收；加大农村社会救助和各项农村公共服务的力度；发展乡村旅游业和特色都市农业，提高农民收入，缩小城乡差距。

2. 积极做好就业和社会保障工作

在就业方面，北京市政府大力提倡并出台多项政策鼓励创业发展，积极推动大学生创业计划，坚持以创业发展带动就业机会增加、创业体系的完善创造更多的就业机会和平台。政府努力加大在教育、培训、资金以及政策方面的支持力度，多角度全方位地帮助更多青年实现创业梦想、共筑中国梦。针对其他就业困难人员和大量农村转移劳动力，政府应提倡灵活、针对性强

---

① 《首都经济：稳中有进　稳中提质》，http://www.zgxxb.com.cn/lhtk/201503050016.shtml。

的专项整层，除了基本的就业技能培训以外，还应该集中组织失业人员进行再就业，努力化解结构性失业所造成的障碍。

继续提高城镇职工参加基本养老、基本医疗、失业、工伤和生育保险的人数和比例，进一步提高城乡居民养老保险的参保率和农民参加新型农村合作医疗的参合率。继续提高社会保障相关待遇标准。无论是事业单位还是企业单位的职工养老保险制度一定要注意整合与衔接，积极完善医疗保险和社保待遇标准的调整机制。逐步提高并统一城乡最低收入标准，让改革成果惠及全民，不断扩大福利政策的受众群体。面临当下越发显著的老龄化结构问题，必须改进和发展养老制度，老年人的社会权益需要一步步进行保障和落实，在家庭、社区、机构三方面推动针对性养老模式，不同的主体承担其养老责任，加快养老服务业的健康发展。

3. 推进教育改革发展

2014 年，北京市在教育资源的整合与分配上更加注重公平和效率，诸多教育难题虽然有所缓解，但是仍然无法满足现在人们对于孩子上学标准越来越高的需求。首都的教育体系和现代教育化理念的提升必须要匹配当下京津冀一体化规划的发展要求，政府必须从以前着眼于一点一面的视角跳出来，开始纵观全局的发展和平衡当下北京所拥有的教育资源。2015 年是教育综合改革纵深推进的一年，必须努力在 2014 年内全面实现"十二五"规划的各项教育目标，着力提高教育水平，重点保障教育公平，有效平衡分配优质教育资源。进一步提升北京的现代化教育水平，为首都建设提供强大的智力保障和人才支持。此外，对于北京城郊及周边各区县的资源分配必须建立更加合理的调解机制，努力做到城中心优质教育资源普及化，努力解决城郊及区县教育水平差距过大的问题。

4. 改善群众住房条件

2014 年超额完成了保障房建设的任务，但是保障房还不能满足群众的住房需求，安居乐业的问题还需加大力度解决。所以，应该加大保障房的建设力度。应该坚持"租售并举、以租为主"原则和实物供应与货币补贴相结合的原则，大力发展公租房，全面推进棚户区改造，完成备案家庭的住房解困工作，确保完成"十二五"期间建设筹集100万套的任务。继续做好棚户区改造项目调度，全面推进老旧小区综合整治。进一步完善自住型商品房政策，加大自住型商品房建设的力度，完善自住型商品房的配套建设。规范和发展住房租赁市场，发展一批住房租赁企业，为一大批无房户和外来常住人口提供住房租赁服务。近年来住房建设的速度有所放缓，住房供应量减少，因而住房建设的力度还需要加大，特别是保障房的建设要进一步加强。

（二）加强和创新社会治理

在社会治理方面，应该进一步强调法治在社会治理过程中充当的重要角色，根据实际情况出台深化首都社会治理的若干意见，深化基层组织和部门、行业依法治理。加强社会治理主体建设，完善社会治理的体制机制，完善社会矛盾化解机制。

1. 加强社会治理的主体建设

充分发挥社会组织的作用。随着经济社会发展，新经济组织和新社会组织也迅速成长，北京各类社会组织发展迅速，在社会建设中发挥着团结社会、服务社会的功能和作用。进一步完善"枢纽型"社会组织工作体系，支持社会组织依法参与社会事务，继续推进行业协会、商会与行政机关脱钩，逐步扩大政府购买社会组织服务的规模。完善社会组织的登记管理、工作指导及评估工作。

进一步加强社区建设。社区工作人员队伍亟须扩大，在数量增加的同时要保证社区工作人员的素质。加强对老旧小区及村级社会服务管理试点的研究，通过深化社会动员试点，不断完成社区试点任务，将志愿服务常态化和规范化。在此基础上积极引导市民主动、积极参与到社区发展和社会治理的过程中，不断强化民主意识和民主理念，努力使北京人民自主发挥自身管理主体的能力，使之成为社会管理的新常态。

2. 完善社会治理的体制机制

实行城市精细化管理，改善城市环境。2014年北京市城市精细化管理在各方面都取得了一定的成绩，同时也不断暴露出新的亟待解决的问题。因而在 2015 年，北京市针对上一年的经验和教训，要求政府继续深化城市管理体制改革，尽量将地方标准统一起来，对于城市治理有一个统一性指导思想。对于社区建设要求突出"智慧型"，鼓励发挥社区管理的自主性和多样性；加强城市管理，加大力度治理社会治安，首都的治安管理尤为重要，是社会治理过程中的重点之一；城市管理效率的提高是北京市政府必须重视的方面，机构冗杂、效率低下造成大量资源浪费的现象要努力消除。此外，关乎北京整体形象的街道治理，必须将力量集中在城乡接合部及其周边，依法拆除违法建筑，积极开展专项整治活动，让城市更加清洁、更加美丽。

完善街道社区协商议事机制建设。社会治理需要社会组织和广大人民群众的参与和配合。朝阳区的党政群共商共治和麦子店街道的问政实践，取得了可喜的成绩和经验。应该在全市的街道和乡镇推广麦子店街道的社会治理机制，开展共商共治，激发基层社会的活力，从而实现社会繁荣进步和长治久安。

3. 完善社会矛盾化解机制

现阶段，我国存在各种各样的社会矛盾和社会风险，而首都地区所承担的压力又异常突出，"不同质的矛盾，只有用不同质的方法才能解决。"① 因此，国家与社会力量需要协同治理，充分发挥各自在社会矛盾治理中的独特功能。充分发挥政党、政府部门、司法机关等力量在解决社会矛盾中的主导作用，同时，也要看到单靠国家的力量来解决社会矛盾，成本极为高昂。应该充分发挥社会力量的作用包括城乡社区组织、专业社会团体、高等院校、律师等社会力量的独特作用。

北京的社会矛盾治理体系由四大部分构成：民间组织调解，政府行政部门的调解、裁决，行政复议、仲裁和信访，司法诉讼与调解。其中，政府的力量最强，其次是司法系统，民间调解组织力量薄弱。未来的治理体系建设中应该完善政府的调解、裁决、行政复议、仲裁、信访制度，加强司法系统独立调处社会矛盾的能力，着力加强民间组织的调解能力，以减

---

① 《毛泽东选集》第一卷，人民出版社，1991，第 311 页。

轻政府部门和司法机关的压力。如果民间组织的调解能力不能得到提高，社会矛盾的压力就会不断挤向政府部门和司法机关。北京拥有数量超大的各类社会精英包括大批离退休精英人士，需要建立一种机制来调动数以万计的社会精英人士，包括离退休的中高级干部、司法系统的离退休人员、大学教师等介入社会矛盾调处工作，充实民间调解组织的力量，提升民间调解的力度和效果。

（三）着力解决城市病难题

所谓"城市病"是指人口向大城市集中、大城市人口过密引起的一系列社会问题，具体表现在：城市规划和建设盲目向周边"摊大饼"式扩延，大量耕地被占，使人地矛盾更尖锐。城市病表现为人口过密、住房紧张、交通拥堵、就业困难、环境恶化等，城市病会加剧城市资源环境负担、制约城市发展、引发市民身心疾病。北京是我国的首都，其超强的城市吸引力造成的城市病压力颇为突出。要治理北京的城市病，应该从以下几个方面入手。

1. 处理好人口控制与服务的关系

坚持政府引导市场、市场决定就业、就业控制人口的思路，在人口管理方面北京要解决好控制增量人口和服务存量人口的关系。一方面，对于人口规模的调控，必须灵活有效地出台针对性调控方案，不能一味地搞"一刀切"，常住人口的增速应当维持在一个较低的水平上。另一方面，针对大量外来人口，不能强制驱赶这些人离开北京，应当出台相应合理的居住制度以及如何在北京落户的详细标准，出台的标准不仅能够有效控制北京人口的增长速度，还能够为外来人口提供一个参照，使外地人口不会盲目地进入北京、增加北京的人口承载压力。此外，除了政策引导以外，政府应该通过产业结构调整、就业平台多样化、各大城市职能分散等方式，努力将北京人口分散开，让人们自行选择在北京的各个地方生活，配套设施水平的提高以及相关产业的辅助，能够有效分散北京中心城区的交通压力和人口压力。人口与服务双管齐下的方式是未来北京市控制人口规模相对最有效果的方案。

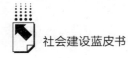

2. 持续抓好大气污染治理

大气污染的治理是近几年北京民生工作中的难点。政府希望在北京市核心区内全面实现无煤化，就必须严格执行大气污染防治条例及相关法规。在措施方面，需要控制私家车的数量，减少汽油燃油量，节能减排以及清洁降尘等。此外，还需要大力推进建筑产业的发展向绿色化和高效化转变，对施工工地的扬尘和可挥发性有机物的产生收取一定的排污费，从行政手段上控制污染物的产生。还应该出台相应的多模式多层次的大气污染应急措施，完善污染预警和预报机制，加强科技治理污染和控制污染扩散的手段，把科技进步作为污染治理的先行官。政府还需要加强植树造林的相关措施，在北京市中心城区及其周边地区做好新增林木、绿地及绿化的规划，加强对原有绿化带的维护与管理。除此以外，积极倡导落实企业环境责任，强化个体保护环境的思想意识，倡导个人简约出行，这无论是对缓解交通压力还是对空气污染治理都是一项有效措施。

3. 着力缓解交通拥堵

加快通州副中心和郊区新城建设，加快人口疏解的步伐，才能根本缓解北京的交通压力。同时，在中心城区、副中心和各个新城之间，建设轨道交通、公路交通的复合交通体系。公用交通是未来解决北京交通拥堵难题的突破口，成熟的公用交通网络，高效、安全、便捷的综合交通体系，能够有效缩短北京城市的通勤时间。此外，轨道交通线路的铺设是对地上公用交通线强有力的补充，北京地铁的铺设和完善能够缓解中心城区的人口压力。对中心城区的道路网络的翻修和拓展都是为了缓解北京交通压力。除了这些以外，规范私家车辆停放、严格停车执法、规范地下停车场及临时停车场的收费标准，也是规范人们出行的方法。同时，公交站台及线路的改造和变化、地铁公交价格的调整、增加公共自行车的租赁等行为都是能够缓解交通压力的重要举措。

（四）推动京津冀协同发展

京津冀协同发展是打造新的首都经济圈的需要，是实现京津冀优势互补、促进区域经济发展、带动北方腹地发展的需要，是一个重大国家战略，也是疏解非首都核心功能、缓解北京城市发展压力、治理北京城市病的需要。

1. 消除地方保护主义

北京和天津多年来一直是在河北周边卫星地区为这两个城市分担压力的前提下飞速发展的，京津冀一体化协同发展势必要改变以往的产业结构和功能链，不能再像以往那样简单地将重污染的工业迁至河北发展。推动京津冀地区的协同发展，必须要树立"三位一体、协同创新"的思想，主动承担北京非首都核心功能疏解的责任，加快实现北京在新时期、新定位、新常态下的新目标。北京要集中优势资源，率先发挥京津冀发展一体化的带头作用，随后不遗余力地帮扶其他两个地区共同进步与发展，抛除以往的地方保护主义思想，严格执行和落实京津冀协同发展规划，主动担当、主动作为，推进协同发展，实现良好开局。

2. 完善京津冀协同发展的治理机制

虽然说京津冀协同发展被作为一个整体来看待，但从地域来看，京津冀三地分属三个不同省级行政区，其最严重、最直接的后果是，在京津冀这一整体地域上缺乏一个良好、有效的协同发展机制。随着国家京津冀发展规划的出台，首先要实现的就是三大地区不同行政区域利益主体必须协调一致，消除内部矛盾才能一起联手发展，行政区划的障碍必须尽早消除才能克服无序竞争。京津冀发展领导小组出台的协商和决策机制，直接影响京津冀一体化发展进程，只有将资源、环境、经济以及政策等方面协调统一起来才能真正实现合作共赢的目标。

3. 加快疏解非首都核心功能

天津和河北两个地区需要国家集中力量支持和鼓励，不断缩小两大地区和北京在政策、资源、经济发展各方面的差距。而北京也应当主动加快疏解非首都核心功能，尽快融入和天津及河北两地区协同发展进步的节奏中。对于已有的存量北京应该有序疏解，而增量则必须得到严格的控制，对于不符合首都新常态下发展定位的产业逐步列出清单，果断转移，确保协同发展能

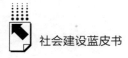

够有实质性进展。在接下来的城市规划和发展设计中，不应该再以北京自身为中心，需要更多地考虑如何能够使得自身发展成果惠及其他两大地区。除了产业结构的调整外，京津冀区域教育医疗的合作与交流应该不断加强。逐步建成契合京津冀地区共同发展水平的教育新区、医疗机构和养老服务基地等，提高京津冀公共服务的均等化水平。总之，北京政府应当争取在各方面做好非首都核心功能的疏解工作，全力配合与支持京津冀协同发展模式的深化与改革。

B.2

2014年北京市社会建设
工作形势分析与展望

宋贵伦*

2014 年是全面深化改革的推进之年。按照党中央国务院和北
京市委的总体要求，北京市社工委和社会办统筹推进全市社
会建设事业，成立社会事业与社会治理体制改革专项小组办
公室，推进体制改革顶层设计，落实重点任务，完善网格化
治理体系，在社区治理和服务、社会组织管理、社会工作者
队伍建设、社会动员和志愿服务机制、社会领域党建等方面
取得了一定的成绩。展望 2015 年，将继续全面深化改革，全
面推进社会建设事业，促进社会治理能力和体系的现代化。

关键词：　北京市　社会建设　社会治理　社会管理

一　2014年主要工作情况

2014 年，是全面深化改革的开局之年，是新中国成立 65 周年，年初习
近平总书记考察北京工作时发表了重要讲话，年底 APEC 会议在京圆满召
开。在市委市政府领导下，全市社会建设工作深入贯彻落实党的十八大和十
八届三中、四中全会以及习近平总书记系列重要讲话精神，紧紧围绕坚持和

---

*　宋贵伦，北京市委社会工作委员会书记，北京市社会建设办公室主任。

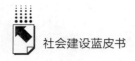

完善具有时代特征、中国特色、首都特点的社会建设体制，加快推进社会治理体系和治理能力现代化总目标，坚持以问题和需求为导向，立足当前，面向长远，抓改革发展，促和谐稳定，各项工作取得了新成效，为建设国际一流的和谐宜居之都做出了新贡献。

（一）学习贯彻党的十八届三中、四中全会精神和习近平总书记系列重要讲话精神取得新成果

一是深入学习取得新成果。上半年，北京市委社会工委、市社会办结合学习党的十八届三中全会、习近平总书记考察北京工作时重要讲话精神和开展第二批党的群众路线教育实践活动，在社会领域开展了一系列学习研讨活动，举办了全市社区和"两新"组织负责人培训班、报告会，积极引导基层深入学习，教育实践活动有效开展。下半年，习近平总书记在党的群众路线教育实践活动总结大会上的重要讲话发表后，市委社会工委与中国中共党史学会、前线杂志社及时举办了学习座谈会，《北京日报》就此刊发了专版。结合学习党的十八届四中全会和习近平总书记系列重要讲话精神，市委社会工委会同市委组织部、市委党校举办一系列培训班、研讨班，进行全员骨干系统学习培训，有力地促进了社会领域广大干部群众政治思想觉悟和理论政策水平的提高。

二是深入调研取得新成果。与国家创新与发展战略研究会共同组织首都理论界和有关省市，用近一年的时间，开展了深入推进社会治理改革创新系列调研活动，与中国社会管理研究院等单位共同举办了第四届中国社会治理论坛，产生了一系列重要成果。党的十八届四中全会闭幕后，与上海、广东等省市社会建设部门和贵阳市共同举办了第五届全国社会建设年会，发布了《中国社会建设报告（2014）》，与各有关研究基地举办了社会治理创新以及社会诚信建设、社会心理研究等活动，产生了"中国社会治理突出问题与建言"、《北京社会心态分析报告（2014~2015）》等一系列新成果。

三是深入宣传取得新成果。广泛宣传首都社会建设成就、先进典型事迹、调查研究成果，特别是在迎接新中国成立 65 周年和党的十八届四中全会召开之际，市委社会工委与北京电视台联合推出大型电视纪录片《社会时代》；在第一个国家宪法日，与中央电视台联合推出社会与法制宣传专题片《民情日记》，讲述社会建设故事，传播社会发展正能量，产生了良好的社会反响。

（二）深化社会治理体制改革协调推进

一是协调推进体制改革顶层设计。北京市委成立社会事业与社会治理体制改革专项小组办公室，广泛开展系列专题调研，研究制定工作规则、年度重点工作安排，编制完成《社会事业与社会治理体制改革专项小组改革实施规划（2014 - 2020 年）》。研究起草《深化首都社会治理体制改革若干意见》等系列文件，深入开展《北京市"十三五"时期社会治理规划》前期调查与研究工作，不断完善首都社会治理顶层设计。

二是协调推进重点改革任务落实。加快推进公立医院改革，积极开展试点，深化基层医疗机构综合改革。开展公办养老机构试点、民间资本参与养老服务试点，加快推进养老服务社会化、产业化改革。加快推进街道社区服务管理体制改革，积极开展试点，深化基层社会治理创新。深化社会组织服务管理体制改革，积极开展社区居民自治试点、社会动员试点、社会领域志愿服务体系建设试点，全面推动社会领域改革创新。据《中国社会建设报告（2014）》，北京市社会建设综合评价指数名列全国 31 个省、市、自治区和 15 个超大型城市之首，西城、东城、海淀、朝阳位居全市各区县前列，绝大部分区县社会治理专项指数都有明显增长，其中，房山、延庆两区县增速在 10% 以上。

（三）网格化体系建设快速推进

一是加强对网格化体系建设的指导。研究制定《关于加快推进"三网"融合　全面加强网格化体系建设的指导意见》《北京市网格化体系建设基本规范》《北京市网格化体系建设"三网"融合指导目录》《北京市社会服务

与城市管理精细化测评指标体系》等"1+3"文件,加快推进网格化体系规范化、标准化建设,加快推进社会服务网、城市管理网、社会治安网"三网"融合、一体运行。

二是加快推进网格化体系全面覆盖。各区县网格化体系全部建立,并已覆盖302个街道(乡镇)、6190个社区(村),覆盖率分别达到92.4%和91.6%。14个区县基本实现区县、街道(乡镇)、社区(村)"三级"网格化体系建设全覆盖。西城区率先在全区基本实现"三网"融合,积极探索一体化运行。密云县实现"一网建设、一套标准、一体指挥"。怀柔区将网格化指挥中心与政府非紧急救助服务中心融为一体。

三是充分发挥网格化体系作用。全年各区县网格化指挥中心接收报送事件990.26万件,处置905.75万件,解决率为91.47%。社会建设信息化水平持续提升,智慧社区建设取得新突破,全年建成508个智慧社区,累计建成1033个,覆盖全市40%的社区,有33个街道智慧社区建设实现全覆盖。西城区广内街道获中国智慧社区建设创新奖,朝阳区团结湖街道智慧型治理获2014年全国治理创新优秀案例和中国社区治理十大创新成果。北京社会建设网站群、手机报以及北京社会服务之窗和社会心理服务网社会效益显著增强,网站年访问量突破155万人次,较上年同期增加58%。

(四)社区建设取得新成效

一是完善社区服务取得新成效。全面完成为民办实事项目和市政府折子工程。着力推进社区服务体系建设,与相关部门研究修订社区基本公共服务指导目录及标准,不断加强社区便民服务设施和服务网络建设。新建成207个"一刻钟社区服务圈"示范点,累计达1029个,覆盖1973个社区,占全市社区总数的68%,提前完成"十二五"规划的目标。加强社区规范化示范点建设,新建社区规范化示范点120个,累计建成453个。有序推进老旧小区自我服务管理试点工作,完成114个老旧小区自我服务管理试点任务,累计达230个。加快推进城乡社区建设一体化,完成113个村级社会服务试点任务,累计建成347个。

二是完善社区治理取得新成效。开展社区治理现代化试点建设调研，推进社区办公和服务用房建设，全市2519个社区办公和服务用房达到350平方米以上，达标率已达86%。积极开展和谐社区创建活动，东城、西城、朝阳、海淀四城区被民政部评为"全国和谐社区建设示范城区"。朝阳区结合"社区治理和服务创新实验区"建设，积极探索推广基层协商共治机制。大兴区成立了区级老旧小区自我服务管理联合性社会组织，加强对各街道老旧小区自管会工作指导。怀柔区泉河街道邻里节已连续举办九届，围绕"以德为邻、共筑和谐"主题，每年开展一系列活动，产生良好效果。

三是扩大社区广泛参与取得新成效。会同相关部门开展"感动社区人物"评选活动，房山区居委会主任王荣贵、西城区公厕保洁员韩堆堆、朝阳区网店经营者汤仪等10人被评为"2013年度十大感动社区人物"。广泛开展"周末社区大讲堂"、"心理健康进基层"、"魅力社区"评选以及第二届老年节、第八届"和谐杯"乒乓球比赛等一系列活动，产生良好的社会反响。积极扩大交流，会同有关部门推动京台社区发展合作交流，成立北京海峡两岸社区发展研究中心，举办首届京台社区发展论坛，研究制定《2014～2020年京台社区合作交流发展规划》，启动合作交流项目。

（五）社会组织建设实现新突破

一是"枢纽型"社会组织工作体系建设实现新突破。新认定9家市级"枢纽型"社会组织。目前，全市共认定市级"枢纽型"社会组织36家、区县级211家、街道（乡镇）级403家，联系各级各类社会组织超过3万家，基本形成市、区县、街道（乡镇）三级"枢纽型"社会组织工作体系。

二是"社会组织公益行"活动实现新突破。市级"枢纽型"社会组织和16个区县共举办活动1600余项、3000余场次，涉及养老助残、扶危济困、科教卫生、文化体育、法律援助、心理服务等十多个领域，较前几年有了新拓展。深入开展社会组织公益服务品牌创建活动，评选表彰社会组织公益服务品牌100个，其中，北京红十字蓝天救援队、北京抗癌乐园、

市法学会、市残疾人福利基金会、朝阳区五彩鹿儿童行为矫正中心、北京红丹丹视障文化服务中心、市妇联巧娘手工艺发展促进会、团市委社区青年汇、北京慈善义工协会和东城区仁合公益与法律研究中心组织的有关项目荣获十大金奖。

三是社会组织服务管理实现新突破。进一步加大利用市级社会建设专项资金购买社会组织服务力度，征集项目 2313 个，评审立项 708 个，支持资金 9418 万元。市级社会建设专项资金管理绩效考核连续四年获得全市优秀。各单位、各区县也投入大量资金购买社会组织服务。市总工会、市残联等"枢纽型"社会组织安排专项经费，向本领域社会组织购买服务近 300 项。加强全市社会组织日常联系和服务，启动建立市级"枢纽型"社会组织和各区县社会组织数据库，首批制发社会组织负责人服务联系卡 5000 张。加强社会组织人才队伍建设，购买社会组织管理岗位 300 个，举办 5 期社会组织治理创新高级研修班，市级"枢纽型"社会组织和各区县共举办 25 场业务培训，累计培训超过 3000 人次。市社会组织孵化中心加大服务力度，培育孵化社会组织 40 家，开展业务培训 46 期，培训 4400 余人次；各区县社会组织服务（孵化）基地建设加大力度，目前全市已建立区县级服务（孵化）中心 14 个、街道级 54 个。全市"一中心、多基地"的社会组织服务（孵化）培育格局初步形成。

（六）社会工作者队伍建设取得新进展

一是社会工作者专业化、职业化建设取得新进展。全面落实《首都中长期社会工作专业人才发展规划纲要（2011 – 2020 年）》，深入开展全市社会工作者队伍现状及发展对策研究、专业社工机构及岗位情况专项调研，积极推进医疗、司法等重点领域社工人才队伍建设。研究制定《关于进一步规范社区工作者工资待遇的实施办法（试行）》，进一步完善社区工作者工资待遇动态调整和长效增长机制。积极推动专业社工机构建设，新成立社会工作事务所 15 家，累计建成 75 家，目前全市社工机构总数达到 107 家。积极探索社工队伍专业化实现形式，购买 145 个专业社工岗位。

二是社会工作者培训和宣传教育工作取得新进展。全年培训社区工作者14000多名，两年累计培训34000多名，提前一年完成"北京市万名社区工作者培训计划"。继续推进"社区工作者硕士研究生培养计划"，完成2014年社区工作者硕士研究生招生。会同有关部门和培训机构举办第二届北京市高级社会管理服务人才培训班、社工服务机构专业运作能力建设实训班、社工实务能力提升培训示范班、高级社会工作人才培训班以及社工心理干预能力培训班，取得了良好效果。开展"2014国际社工日"活动、第三届"寻找首都最美社工"活动、2014年度"首都优秀社工"评选活动。成立"首都最美社工宣讲团"，举办社会工作者队伍建设成果展，取得了良好的社会反响。

（七）社会动员与志愿服务长效机制建设开创新局面

一是社会动员机制建设开创新局面。积极动员社会力量共同参与城市建设与社会治理，围绕"大城市病"治理、社区居民自治、共驻共建等开展第二批社会动员试点，举办社会动员工作专题培训班，试点工作已覆盖808个社区，占城市社区的36%。深化推广市民劝导队工作，目前全市共有市民劝导队2393支，队员超过10万人。完善应急管理社会动员机制，开展"应急管理进社区"防灾减灾宣教活动。进一步健全社会领域维稳工作机制，圆满完成全国"两会"、新中国成立65周年、党的十八届四中全会、APEC会议期间社会领域维稳任务。怀柔区建立社会动员"三类"响应机制，为保障APEC会议圆满举行做出了突出贡献。

二是社会领域志愿服务体系建设开创新局面。出台系列文件，积极推动市级"枢纽型"社会组织、商务楼宇、规模以上非公有制经济组织、社工事务所建立志愿服务组织。规范提升社区志愿服务站1875个，覆盖近80%的社区。9家市级"枢纽型"社会组织建立志愿服务组织，304个商务楼宇建成志愿服务站，在全市专业社工机构推广"社工＋志工"志愿服务模式。召开北京市志愿服务联合会第一次会员代表大会，举办"邻里守望"2014年北京学雷锋志愿服务推动日活动，发布志愿服务项目1.3万个、岗位2.6万个，推动志愿服务项目供需对接，取得良好效果。设立全国首个由财政出

资保障的志愿者保险项目，惠及全市所有注册志愿者。目前，全市实名注册志愿者245万人，注册志愿团体超过3.6万个。

（八）社会领域党建工作取得新拓展

一是党的群众路线教育实践活动成果得到巩固和发展。认真落实第一批党的群众路线教育实践活动整改方案。市委社会工委、市社会办整改方案涉及三个方面9项35个问题，其中，立行立改5项16个，已完成整改；近期整改2项11个，已完成10个，另1个（研究起草《深化首都社会治理体制改革若干意见》）正在落实中；中长期整改2项8个，已提前完成。指导社会领域开展第二批党的群众路线教育实践活动，建立服务型党组织建设试点110个、调研联系点130个。全市社会领域党的群众路线教育实践活动取得明显成效。

二是社会领域党建工作取得新进展。街道、社区区域化党建工作取得新进展，扎实开展街道、社区区域化党建及群团组织建设试点，研究制定《关于进一步深化区域化党建工作的若干意见》，总结推广社区联建门店试点经验。社会组织党建工作取得新提升，在市级"枢纽型"社会组织开展社会组织党委试点，全市新建社会组织党组织38个，累计达2463个。非公有制经济组织党建工作取得新成效，研究制定《北京市离退休党员干部担任非公有制经济组织党建工作指导员的管理办法（试行）》；举办新聘党建指导员和商务楼宇"五站合一"工作站负责人示范培训班，提升党建工作业务水平；开展商务楼宇工作站示范点创建及集中推进月活动，进一步完善商务楼宇"五站合一"长效机制。加强社会领域党建调研工作取得新成果，开展流动党员服务管理机制课题研究，指导市社会领域党建研究会开展系列活动，总结非公有制经济组织党建工作经验，编辑出版《引领——北京新经济组织党建巡礼》。怀柔区编印《基层党组织规范化建设指南》，市残联积极推动区县残联建立党建工作委员会，石景山区编印《商务楼宇工作站服务手册》，都产生了良好效果。

总之，2014年全市社会建设各项工作不断深入发展，取得明显成效。经过多年的努力，首都社会治理体系不断完善，体制机制框架初步形成，社会治理能力不断提高，基层工作奠定良好的基础，首都社会建设进入"新常态"。这是市委市政府高度重视、正确领导的结果，各有关部门和各区县共同参与、大力支持的结果，尤其是全市社会领域工作者辛勤奉献、创新实践的结果。

与此同时，我们也要清醒地看到，当前正处于全面建成小康社会、全面深化改革、全面推进依法治国、全面从严治党的关键时期，首都社会建设、改革、治理的任务仍然十分艰巨和繁重，面临许多新挑战。一是社区建设进入"啃硬骨头"的新阶段；二是社会组织建设进入快速发展的新阶段；三是社会工作者队伍建设进入不进则退的新阶段；四是社会动员和志愿服务进入完善长效机制的新阶段；五是政府购买社会组织服务进入扩展提升的新阶段；六是社会领域党建工作进入全面覆盖的新阶段；七是网格化体系建设进入融合发展的新阶段；八是社会心理服务进入规范发展的新阶段；九是机关建设和干部作风建设进入深入整改的新阶段。

面对新形势、新任务和新要求，全市社会建设工作要按照市委市政府的部署和要求，站在"四个全面"的新高度，站在社会治理改革的新起点，进一步厘清改革任务、梳理改革脉络，加大体制改革力度，加快机制创新步伐；进一步发挥市、区县社会建设工作领导小组及其办公室的作用，加强统筹协调、资源整合、全力推进；进一步突出重点、整体推进，不断加强社区、社会组织、社会工作者队伍、志愿者队伍建设和社会领域党的建设；进一步加大社会动员和多方协同参与力度，充分发挥多元主体作用，完善党委领导、政府主导、社会协同、公众参与、法治保障、多元共治的社会治理格局，扎实推动社会建设创新实践。

二　2015年北京社会建设工作展望

2015年，是全面建成小康社会、全面深化改革、全面依法治国、全面从严治党的关键之年，也是全面完成"十二五"规划的收官之年。全市社会建设工作，要认真贯彻落实党的十八大和十八届三中、四中全会精神，深入学习领会习近平总书记系列重要讲话精神，按照市委市政府全年工作部署，继续坚持一手抓顶层设计，不断完善全市社会治理体系，一手抓夯实基层基础，不断提高社会治理能力，努力实现在深化社会体制改革上有新突破、在创新基层社会治理上见新成效、在全面加强社会建设上上新台阶，为全面实现《北京市"十二五"时期社会建设规划纲要》确定的目标任务，为建设国际一流的和谐宜居之都做出新的更大贡献。

一是加快推进社会治理体制改革。筹备召开全市深化社会治理体制改革大会，全面落实市委市政府关于《深化首都社会治理体制改革若干意见》等系列文件精神。全面实施《社会事业与社会治理体制改革专项小组改革实施规划（2014–2020年)》，协调推进年度重点改革任务落实。进一步完善社会建设领导体制和工作体系，充分发挥社会建设工作领导小组及其办公室的统筹协调作用。完成"十二五"时期社会建设规划所确定的各项任务，认真研究编制《北京市"十三五"时期社会治理规划》，做好规划任务与各项改革有序衔接、持续发展。

二是加快推进法治社会建设。加大社会领域普法工作力度，运用群众喜闻乐见的形式，深入开展法治进社区、进社会组织、进非公有制经济组织、进商务楼宇活动。扎实开展多层次多形式的法治创建活动，注重发挥市民公约、乡规民约、行业规章、团体章程等社会规范在社会治理中的作用，大力营造法治文化氛围，不断提升全社会学法、尊法、守法、用法的意识。有序推进社会建设"1＋4＋X"政策法制化进程，进一步完善全市社会治理政策法规体系，逐步提高社会治理法治化水平。加大严格执法力度，不断提升社会建设相关部门依法行政能力，不断提升各级领导、广大干部和社会工作者队伍运用法治思维和法治方式开展工作、解决问题的能力，不断增强公众配合与监督执法的意识。

三是加快推进网格化体系建设。全面落实《关于加快推进"三网"融合　全面加强网格化体系建设的指导意见》以及相关配套文件，加强规范化和标准化建设，加快推进"三网"融合，实现区县、街道（乡镇）、社区（村）三级网格化服务管理体系建设全覆盖。进一步完善社会建设综合评价指标体系，开展年度社会建设指数研究，提高首都社会服务管理科学化、精细化水平。全面实施《关于推进全市智慧社区建设的实施意见》，新建成500个智慧社区。发挥好社会建设网、手机报等信息载体的作用，进一步提升社会建设信息化水平。

四是加快推进社区治理创新。进一步深化街道服务治理体制改革，总结推广石景山区试点经验，充分发挥街道在社会服务与城市管理中的主体作用。搞好全市社区"两委"换届工作，联系实际深入开展社区区域化党建、多元性自治、开放式服务试点工作，有效推进首都社区治理现代化。修订《北京市社区基本公共服务指导标准》，推动基本公共服务向老旧小区、城乡接合部及农村地区延伸。扎实完成各项重点建设任务，新建200个"一刻钟社区服务圈"示范点，建成100个社区规范化建设示范点，完成100个老旧小区自我服务管理试点，新建100个村级社会服务管理试点。实施第三批社区办公和服务用房建设项目，努力实现所有社区全部达标。会同有关部门扎实推进京台社区发展合作交流。继续开展"周末社区大讲堂"、"魅力社区"评选等系列活动。

五是加快推进社会组织治理改革。进一步加强"枢纽型"社会组织工作体系建设，2015年底前基本实现市、区县、街道（乡镇）"三级体系"全覆盖。进一步完善"枢纽型"社会组织服务管理办法，健全社会组织负责人联系服务卡制度，优化社会组织内部治理结构，支持行业组织依法公开行业信息，不断提高社会组织服务管理规范化水平。进一步加大政府购买社会组织服务力度，完善"一中心、多基地"社会组织服务（孵化）体系，进一步扩大社会组织服务覆盖面、提升服务水平。积极发挥各级各类社会组织参与社会事务，维护公共利益，救助困难群众，预防违法犯罪以及对其成员的行为引导、规则约束、权益维护等作用。举办"社会组织治理创新"系列培训班，开展2015年北京"社会组织公益行"系列活动、公益服务品牌创建活动，进一步提高社会组织的影响力和服务水平。

六是加快推进社工队伍规范化建设。加大对社工机构培育扶持力度，加强分类指导，新培育社会工作事务所15家，打造10家一类示范社工事务

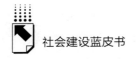

所。继续实施"一街一社工"项目和"专业社工社区服务督导"项目,继续购买145个专业社会工作岗位。加强社工人才培养,做好社区工作者硕士研究生定向培养,举办高级社会管理和服务人才培训班、社会工作实务人才培训班,编辑出版《北京社会工作实务案例集》。进一步完善社工薪酬保障机制,推动社区工作者待遇规范化、动态性调整。开展国际社工日纪念、第四届"寻找首都最美社工"等宣传宣讲活动。

七是加快推进社会动员和志愿服务长效机制建设。加快推进社会动员长效机制建设。围绕首都社会服务与城市管理重点难点问题,积极开展社会动员工作。继续开展社会动员试点,完善试点标准,扩大试点范围,转化试点成果。开展机动车文明驾驶、文明停车倡导活动,从具体事情抓起、从每个人做起,积极开展社会文明引导行动,大力倡导社会文明。进一步健全应急管理社会动员机制,完善应急管理社会动员体系。加快推进社会领域志愿服务长效机制建设。在社会领域深入开展首都社会领域志愿服务五大行动:保护蓝天志愿服务行动、保护碧水志愿服务行动、保护文物志愿服务行动、邻里守望志愿服务行动、楼宇文化志愿服务行动,深化社会领域志愿服务。完成城市社区志愿服务站规范提升工作,推动市级"枢纽型"社会组织建立专业性志愿服务协会、商务楼宇建立志愿服务站、非公有制经济组织建立志愿服务组织、专业社工机构开展"社工+志工"志愿服务。树立和宣传志愿服务先进典型。加强志愿服务示范项目、市民劝导队优秀活动项目建设,培育一批优秀志愿服务品牌。加强社会领域志愿服务人才队伍建设,举办志愿服务骨干培训班。

八是加快推进社会领域党建工作创新。大力加强基层服务型党组织建设,出台《关于进一步加强区域化党建工作的意见》,进一步完善区域化党建工作格局,继续推进街道、社区区域化党建工作试点。研究制定《关于进一步加强和改进全市社会组织党的建设工作实施意见》,不断扩大社会组织党组织和党的工作覆盖面。加强非公有制经济组织党建工作,提高商务楼宇党建工作水平,打造一批中心站和示范站,不断扩大党组织在非公有制经济组织中的影响力和凝聚力。

社会结构篇

Reports on Social Structure

B.3

北京外来流动人口的生活状态分析[*]

李 升**

摘 要： 当前，北京实行的是严格控制人口规模的方针政策，受其影响最大的就是外来流动人口。本报告通过对北京地区调查数据的分析，探讨了劳动生活在聚集区的外来流动人口的生活状态及特征。从数据分析结果可以看出，在劳动生活状况方面，外来流动人口主要以"家庭式迁移"的方式生活在非正规经济的环境中；而在社会生活意识方面，他们既表现出消极的一面，也具有积极的一面。可以说，聚集区的生活状态已经重塑了外来流动人

* 本文为北京社科基金项目"北京近郊区城中村改造与外来人口管理研究"（项目编号：13JDSHC011）的阶段性成果。

** 李升，北京工业大学首都社会建设与社会管理协同创新中心、人文社会科学学院社会学系副教授。

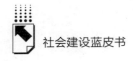
口的理性意识。

关键词： 北京　外来流动人口　生活状态

一　问题的提起

当前，特大城市实行严格控制人口规模的方针政策，使外来流动人口进入特大城市面临严峻挑战，而为了解决由人口过度集中造成的"城市病"，北京对外来流动人口的管理也采取了诸多措施。其中的重要方式，就是对以"城中村"为依托的外来人口聚集区的治理。从北京的实际情况来看，多数外来人口聚集区已经发展成为农产品批发、小商品市场、家居建材、仓储物流等中低端产业的集中地，成为外来流动人口城市落脚的主要空间，他们入住"城中村"，主要从事建筑业、制造业、物流运输业、批发零售业以及其他商业服务业等。不过，出于"城中村"生活基础设施较差、社会管理不足以及流动人口与本地居民沟通较少等原因，其往往被视为城市"脏乱差"的边缘地带，成为社会治安问题等社会问题的多发区。①

2009 年以来，北京开启了由政府主导的大规模"城中村"改造行动，这不仅对北京本地村民的生活产生了重要影响，也对生存于"城中村"的外来流动人口的生活产生了决定性影响。② 至 2013 年，北京开始重点升级改造低端产业，计划对人口聚集、以批发集散为主的行业形态逐渐进行外移，③ 这被视为城市产业结构优化升级以及治理"城市病"的重要举措。然

---

① 冯晓英：《论北京"城中村"改造——兼述流动人口聚居区合作治理》，《人口研究》2010年第 6 期。
② 李升：《重塑重点村：北京城乡结合部改造中的"本地人"和"外地人"》，《瞭望东方周刊》2014 年第 8 期。
③ 《北京将搬迁改造动物园、大红门等批发市场》，中国新闻网，http://www.chinanews.com/gn/2014/01 - 07/5708659.shtml，2014 年 1 月 7 日。

而，通过升级改造产业来实现对外来流动人口聚集区的改造治理，无论在现实生活，还是在网络媒介，都引发了诸多讨论。① 之所以能引起争论，其中暗含的基本问题就是：应当如何看待外来流动人口聚集区？这究竟是城市发展进程中的功能性存在，还是造成城市社会问题的病源性存在？

对此，本文将目光集中于北京外来人口聚集区中的重要生活主体——外来流动人口，尝试对基本问题做出回应，关注的研究问题就是：生活在聚集区的外来流动人口的生活状态究竟如何？这将对城市社会治理秩序产生怎样的影响？换句话讲，在对外来流动人口进行社会管理以及对"城中村"进行改造治理时，应当如何理解外来流动人口？本文将外来流动人口的生活状态分为劳动生活状况和社会生活意识两个层面，通过调查数据的实证性分析，对此问题做尝试性的回答。研究分析的数据来源于由北京工业大学首都社会建设与社会管理协同创新中心与中国社会科学院社会学所 2013 年 6 月对北京外来人口聚集区所做的专题调研。调查对市场管理办公室或村流动人口管理站提供的外来流动人口名单进行随机抽样，样本量为 2416 人。调查对象主要是从外地来北京打工的流动人口（农民工），他们主要是中低端建筑业和制造业等的工人、商品的批发零售人员、家政餐饮等生活服务类工作人员等。

二 北京外来流动人口的劳动生活状况分析

1. 外来流动人口的"异质性"生活空间

北京外来流动人口的聚集区主要分布在城乡接合部地区，是以近郊区的"城中村"为依托发展起来的。外来流动人口在此聚集的原因除了城乡接合部"地租"的廉价外，很多外来流动人口都是通过亲缘或地缘关系来此工作，这也成为他们初期能够在北京站稳脚跟的关键因素。② 随着外来流动人

---

① 《北京"动批"搬迁：产业升级是解决城市病良方吗》，《中国青年报》2014 年 2 月 10 日。
② 李升：《走向世界城市的北京城乡关系变化》，《2012 年北京社会建设分析报告》，社会科学文献出版社，2012。

口的不断流入和北京本地人的不断迁出，"城中村"逐渐成为"人口倒挂村"，也就是外来流动人口占比较大的生活区域。这样的聚集区形态也给予外来流动人口较强的"异质性"感受，成为吸引他们在这里生活的重要原因，正如传统城市社会学派指出的，城市的异质性特征会使人感受到城市的包容与机遇，会吸引更多的不同人来到城市。

从图1和图2的统计结果可以看到北京外来人口聚集区的"异质性"特征。关于"隔壁邻居是什么人"的问题，41%的被调查者回答隔壁邻居是异省的外地人，25%的人回答是同省的外地人，二者比例约占2/3（见图1）。关于"认为所在社区外来流动人口比例"的问题，被调查者中23%的人认为生活社区中的外来流动人口比例占81%以上，28%的人认为比例在61%~80%，二者的比例之和超过半数，还有30%的被调查者认为外来流动人口比例在41%~60%（见图2）。这些数据结果表明，北京多数"城中村"已经发展为本地人和多省份外地人共同杂居的"异质性"社区，而且由外来流动人口聚集形成的"异质性"更加明显。

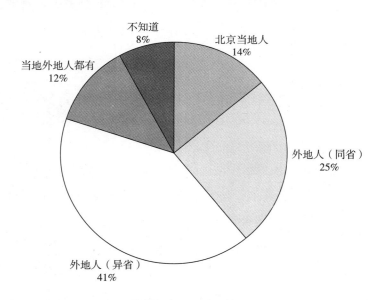

图1 对隔壁邻居认知的回答（N＝2409）

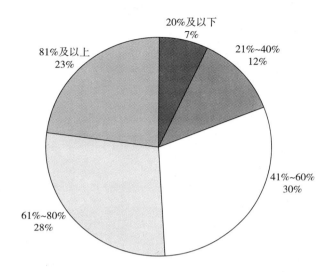

图 2　对生活社区外来流动人口比例认知的回答（N = 2378）

2. 外来流动人口的"家庭式迁移"特征

亲缘或地缘是外来流动人口在北京"城中村"聚集的主要因素，而且随着移居时间的增加，外来流动人口会将家人一同带入聚集区生活，流动人口的迁移也由最初的个体迁移走向家庭化趋势。[①] 从调查的外来流动人口的居住状况来看，在居住形式方面，被调查者"与自己的家人一起住"的比例很高，达到 70.4%，表明外来流动人口在聚集区的"家庭式迁移"特征（见图 3）。

进一步分析可以看出，"家庭式迁移"的外来流动人口主要是已婚以及已生育子女的群体，他们中多数为夫妻共同劳动和工作。在北京很多"城中村"的实际情况中，外来流动人口的子女通常会在"城中村"里的学校接受教育，但需要满足一定的就学条件，再加上就学名额的限制，外来流动人口子女的就学依然是一个难题。而很多未婚的年轻外来流动人口，主要是

[①]　翟振武、段成荣、毕秋灵：《北京市流动人口的最新状况与分析》，《人口研究》2007 年第 2 期。

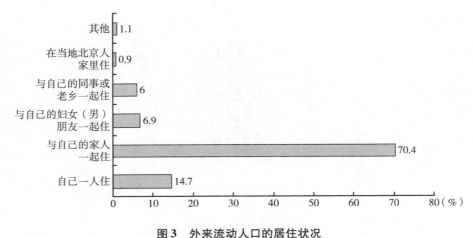

图 3　外来流动人口的居住状况

和同事、老乡以及其他外来者居住在一起，或者居住宿舍，或者自己租房，居住形式相对多样化。

3. 外来流动人口的劳动状况

外来流动人口在聚集区生活，从事的主要是城市中低端的制造业、建筑业以及商业服务业，一般被视为"非正规就业"。调查发现，在"签订劳动合同"的问题上，有近 1/3 的外来流动人口从未签订劳动合同；而在劳动时间方面，有近 60% 的人每天工作 8 小时以上，有近 70% 的人每月工作天数在 22 天以上，其中近半数人需要天天工作。从图 4 的工作雇佣类型统计结果可以看出，整体上"非受雇者"比"受雇者"多，但各类别中比例最高的是没有任何管理权的受雇者，占了近 1/3 的比例，而"自己管自己"和"我为自家人工作"的比例也超过了 1/3。可见，聚集区中个体经济占了较大的比重。从"如何找到工作"的就业渠道类型来看，最多的是朋友或老乡介绍（38%），再算上"家人介绍"的比例（17%），不难发现，通过已有社会关系网络获得工作的外来流动人口比例超过了半数（55%）（见图 5）。从上述劳动状况的统计结果可以看出，生活在聚集区的外来流动人口的劳动就业体现了"非正规就业"的特征。

聚集区的外来流动人口在劳动收入方面，表现出现实与理想间的差异。

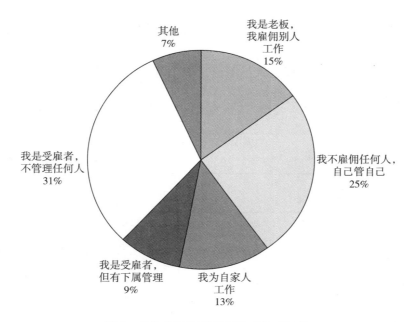

图4　工作的不同雇佣类型（N＝2376）

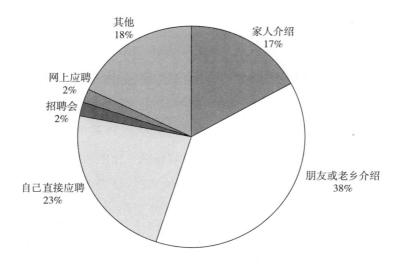

图5　就业渠道的不同类型（N＝1655）

从表1可以看出，绝大多数人（近3/4）的实际月收入不到4000元，而问及"应该拿多少收入"时，约3/4的人认为自己应该每月拿到4000元及以上的工资，其中约 1/3 的人认为应该拿到每月 6000 元及以上的工资。另外，实际月收入在 6000 元及以上的比例不足 10%，而 2013 年北京全市职工平均月工资为 5793 元①，可以大致推测出，聚集区的外来流动人口收入多数在平均线以下，属于社会偏下层群体。

表1　月收入情况

单位：%

实际月收入 （有效 N = 2280）		期待月收入 （有效 N = 2402）	
1900 元及以下	9.2	1900 元及以下	2.4
2000～2900 元	31.2	2000～2900 元	4.5
3000～3900 元	32.2	3000～3900 元	16.9
4000～4900 元	9.6	4000～4900 元	16.4
5000～5900 元	8.0	5000～5900 元	25.9
6000 元及以上	9.7	6000 元及以上	33.9
总　计	100	总　计	100

三　北京外来流动人口的社会生活意识分析

1. 生活意识

本次调查外来流动人口的生活意识主要包括工作生活方面的压力感、焦虑感和幸福感，这些因素表现了他们的个体心态。从表 2 的数据分析结果可以看出，有过半数（51.3%）的人认为当前工作生活压力大，超过 1/3（37.7%）的人对当前的工作生活持有焦虑感，而对当前工作生活状态持有幸福感的比例是 41.4%，不足一半。

---

① 数据来源于北京市人力资源和社会保障局的统计（京人社规发〔2014〕116 号），http://www.bjld.gov.cn/xwzx/zxfbfg/201406/t20140606_35629.htm。

表2　外来流动人口的生活意识

单位：%

生活压力感 （有效 N = 2394）		生活焦虑感 （有效 N = 2193）		生活幸福感 （有效 N = 2405）	
很　　大	19.7	很焦虑	12.2	很幸福	11.4
比较大	31.6	比较焦虑	25.5	比较幸福	30.0
一　　般	35.0	一　　般	46.7	一　　般	47.0
不太大	7.6	不焦虑	5.9	不太幸福	6.5
不　　大	2.8	没有焦虑	2.5	不幸福	2.6
说不清	3.4	说不清	7.3	说不清	2.5
总　　计	100	总　　计	100	总　　计	100

　　对表2进行数据分析可以发现，聚集区的外来流动人口在城市工作生活感受到压力与焦虑。他们来到北京工作生活，期待的是获得向上流动的机会，以实现自身社会经济地位的提升，但这一点似乎并不容易。关于外来流动人口流向北京能否提高他们在老家的经济地位，从表3的数据交互结果可以看出，多数人认为自己在老家的经济地位在流动前后并没有发生明显变化（表中对角线表示感受未发生变化的比例，占71.6%），感受到经济地位发生向上变化的比例不足1/4（表中对角线以下数据，占21.3%），感受到经济地位发生向下变化的比例是7.2%（表中对角线以上数据）。不过，从图6外来流动人口的生活质量感受结果可以看出，多数人还是认为现在的工作

表3　出来前后在老家的经济地位变化感受（有效 N = 2388）

类　　别		现在，您家在老家的经济地位如何？					总计
		非常高	比较高	一般	比较低	非常低	
出来前， 您家在老家的 经济地位如何？	非常高	1.1	0.3	0.2	0.0	0.0	1.6
	比较高	0.5	6.0	3.5	0.4	0.1	10.5
	一　　般	0.2	9.9	60.8	2.2	0.2	73.3
	比较低	0.1	1.4	7.4	3.0	0.3	12.1
	非常低	0.1	0.0	1.0	0.7	0.7	2.5
总　　计		2.1	17.7	72.8	6.2	1.3	100.0

生活质量较之前有了提高（62.4%），这或许能够解释为什么在生活压力较大、经济地位变化感受并不明显的状态下，外来流动人口依然会选择来北京，他们在这里能够获得不同于原先生活地域的生活质量，也就容易形成生活的幸福感。

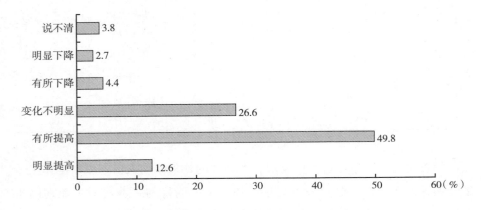

图 6　现在工作生活质量变化的感受情况分布（N = 2403）

2. 社会意识

社会意识指的是某个群体或集团在特定社会结构中的社会态度和观念，反映了群体对社会的认知情况。本次调查分析的外来流动人口的社会意识主要包括对政府的信任感、社会公平感、社会满意感以及社会和谐感，这些因素反映了他们的社会心态。从表 4 的数据分析结果可以看出，外来流动人口对政府持有信任感的比例为 51.3%，尽管这一比例超过了半数，但仍需看到还有一定比例的人对政府的信任感并不强烈。在社会公平感和社会满意感方面，外来流动人口表现出相似的态度结果，认为当前社会公平的比例约占 1/4，对当前社会感到满意的比例约占 1/3，多数流动人口对当前社会并没有明显的公平感受和满意感受，甚至有超过 1/4 的被调查者社会不公平感较强。尽管如此，仍有超过 2/3（71.2%）的外来流动人口认为当前的社会是和谐稳定的，反映了他们对社会秩序结果的认可，换句话说，多数外来流动人口对当前社会的冲突感受是较弱的。

表4　外来流动人口的社会意识

单位：%

政府信任感 （有效 N = 2399）		社会公平感 （有效 N = 2402）		社会满意感 （有效 N = 2403）		社会和谐感 （有效 N = 2404）	
非常信任	13.3	非常公平	3.3	非常满意	5.9	和谐稳定	14.9
比较信任	38.0	比较公平	22.4	比较满意	27.0	比较和谐稳定	56.3
一　般	33.4	一　般	40.6	一　般	48.8	不太和谐稳定	16.6
不太信任	5.6	不太公平	21.6	不太满意	10.8	不和谐稳定	3.3
不信任	3.3	很不公平	6.5	很不满意	3.4	说不清	8.8
说不清	6.4	说不清	5.5	说不清	4.1		
总　计	100	总　计	100	总　计	100	总　计	100

　　外来流动人口的社会生活意识源于他们的社会生活状态，从前文的劳动生活状况分析可以看出，聚集区的外来流动人口在"非正规就业"的环境中对收入并不满意，这很大程度上与生活在北京这样的高消费特大城市有重要关联。从外来流动人口感受到的"在北京遇到的最大困难"的分析结果可以看出，"物价高"、"住房困难"与"工资太低"排在了前三位（见图7），换句话说，他们在北京生活时已经开始进行比较，这样的意识会影响对社会的公平感受与满意程度。

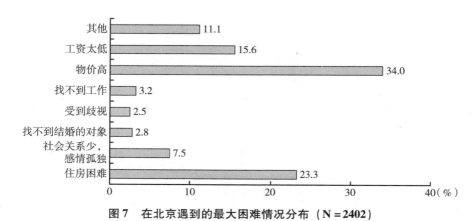

图7　在北京遇到的最大困难情况分布（N = 2402）

　　这样的结果从图8也可以看出，外来流动人口回答的"最不满意的与工作生活相关的社会现象"中，"物价""房价"就排在了前列。而北京的特殊环境，也使得"子女教育"和"环境污染"成为他们最不满意的社会现象之一，如果说后者是客观环境因素的话，前者则是北京自身设定的体制因素。教育的体制因素将多数外来流动人口的子女排斥在教育系统之外，正如前面提到的，当前外来流动人口呈现"家庭式迁移"的特征，其子女进入北京而无法获得正规教育，也会影响他们对社会的态度及意识。

不过，尽管外来流动人口的社会意识并不显得积极，但他们仍会为了能够实现生活质量的提高而留在北京。北京的城市发展需要更多的劳动力，而外来流动人口则会成为劳动力的有力补充。从图7与图8的分析结果可以看出，对已经生活在聚集区的外来流动人口来说，"就业"（"找不到工作"）并不会成为问题。就业是民生之本，其已经成为吸引外来流动人口在北京生活的主要动力。

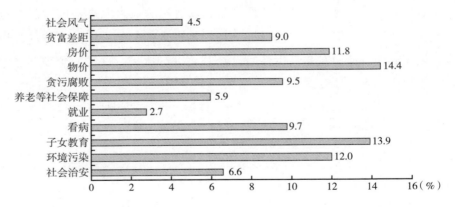

图8　最不满意的与工作生活相关的社会现象情况分布（N＝2402）

四　结论与讨论

（一）"非正规经济"环境中的劳动生活

正如学者指出的，外来人口聚居区这样的社区不是整个社会的"具体而微",而是人们在"大社会"的背景下进行实践的舞台。① 异质性和非正规的社会空间给了外来流动人口快速进入城市并实现向上流动的渠道与机会。从前文的分析可以发现,外来流动人口不断涌入城市,使得作为重要生活空间的"城中村"的异质性不断增强,而异质性的增强也进一步吸引更多的外来流动人口进入"城中村"。与此同时,外来流动人口在"城中村"的居住形式已经发展为"家庭式迁移",多数人是一家人都在"城中村"劳动和生活,这促使聚集区的人口规模增加。

从前文的分析还可以看出,快速增加的外来流动人口依靠亲缘等强关系获得就业机会,但有相当比例的人并没有劳动合同的保障。他们从事的主要是城市中低端行业,多数就是"城中村"中的商业服务业,这些工作需要付出很多的劳动时间,但劳动报酬并未达到他们的期望。不过,生活质量的提高以及低端劳动就业的可操作性,让更多外来流动人口生活在北京。不难理解,以"城中村"为依托的外来流动人口聚集区充斥着大量的"非正规经济"形态,而外来流动人口已经与"非正规经济"融合在一起。只要城市在正规经济之外还需要这些"非正规经济",那么外来流动人口就有了生存与生活的空间,尽管这样的空间环境对他们而言并不理想,但依然会有更多人来到北京,这里成为他们"希望的空间"。

(二)社会生活意识中的理性重塑

传统城市社会学研究指出,外来者居住的"移民社区"往往位于城市的边缘地带,被称为过渡区的"迁移地带"(Zone in Transition),生活在"迁移地带"的外来者被称为城市的"边缘人",是城市适应与同化之间的过渡,是处于两个社会和两种文化的边缘。② "边缘化"不仅是经济意义上的低端行业和"非正规就业",而且是在社会文化上的偏离排斥现状,包括

---

① 项飚:《社区何为——对北京流动人口聚居区的研究》,《社会学研究》1998 年第 6 期。
② 李志刚、顾朝林:《中国城市社会空间结构转型》,东南大学出版社,2011,第 210 ~ 211 页。

生活状态、思想言行等的文化心理。① 边缘群体在特定、缺乏主流价值观、异质性的"社会与文化空间场域"中会形成某种心理偏差和角色错位，产生对生活的"社会压力型"恐慌。②

从前文的分析可以看出，外来流动人口或许已感受到生活质量的改变，并由此产生出生活幸福感，但随着大城市工作生活经历的增加，随之而来的生活压力感也会增强，并产生对当前工作生活的焦虑感。北京的物价、住房、劳动收入以及子女教育等都成为外来流动人口面临的难题，也成为他们对城市不满意的地方。于是，外来流动人口的社会意识并不显得积极，这体现在他们的社会公平感和社会满意感方面，即多数人感受到了社会的不公平，对社会现状也并不是很满意。

外来流动人口为何会产生这样的社会生活意识？对此问题的探讨，需要回到城市本身的特征分析。社会学家韦伯指出城市在本质上是市场的聚落，③ 再加上大城市具有人口规模大、异质性强以及社会分工细等特征，人们扮演的角色常常带有很强的目的性，人们为人处世也更加理性化，即不再以舒适的感性，而是以理解的理性来处理事情和对现象做出反应。④ 因此，不难理解，外来流动人口在北京的聚集是他们理性选择生活的开始。由于城市的需求，就业对于他们而言并不构成问题，但随着城市的不断发展，物价、房价以及工资水平都会影响外来流动人口的生活财富积累，相对较低的工资收入使他们需要付出更多的时间精力来获得财富，理性的计算使其提升了生活质量，获得了比来源地相对更高的社会经济地位。但是，外来流动人口生活质量的比较对象，不仅是过往，也是城市中的其他人。他们期望更高的劳动收入，也期望在子女教育等方面获得保障，"家庭式迁移"的趋势发

① 张展新、侯亚非等：《城市社区中的流动人口——北京等 6 城市调查》，社会科学文献出版社，2009，第 196 页。
② 张鸿雁、谢静：《城市进化论：中国城市化进程中的社会问题与治理创新》，东南大学出版社，2011，第 93 ~ 94 页。
③ 〔德〕马克思·韦伯：《韦伯作品集Ⅵ：非正当性的支配——城市的类型学》，康乐、简惠美译，广西师范大学出版社，2005，第 2 ~ 4 页。
④ 黄凤祝：《城市与社会》，同济大学出版社，2009，第 99 ~ 101 页。

展和城市对他们的经济与保障排斥，使他们产生了社会不公平感以及社会不满意感。

当然，需要看到的是外来流动人口对政府较高的信任感、社会的和谐感以及相对较高的生活幸福感。可以说，在北京的生活实践重塑了其社会生活意识，信任感、和谐感以及幸福感更多来源于外来流动人口通过向上流动形成的家庭生活质量，从这个意义上讲，他们同样具有较积极的社会生活意识，这也是他们的理性判断。因此，本文开始提出的问题或许可以得到这样的回答。外来流动人口在聚集区的生活状态是其劳动生活经历的重新开始，这重塑了他们理性的社会生活意识，应当将外来流动人口视为"城市人"的重要组成部分。外来流动人口在"城中村"的聚集使产业与他们融为一体，这是城市发展的功能性存在。外来流动人口的理性意识发展或许会影响他们在北京"是去是留"的选择，城市也应当理性地看待他们，而不应将其视为产生"城市病"的主要根源。

B.4

2014~2015年北京人口调控与户籍改革形势分析与预测[*]

李晓壮[**]

摘　要：　无论是人口调控，还是户籍改革，归根结底都是人口问题。当前，人口调控与户籍改革政策"一紧一松"，势必会影响未来北京人口治理与户籍改革走势。人口方面，人口规模膨胀不是"城市病"或人口问题的本源性问题，人口结构不合理才是人口问题的根源。为此，应将北京人口政策从控制人口数量转移到优化人口结构上来，使劳动力存量人口继续释放人口红利。户籍改革方面，在人口调控政策的宏观背景下，推进北京户籍制度改革，需探索居住证积分落户政策等"户籍增量"改革创新，同时加快"户籍存量"改革，以顺利推进人口调控中人口治理与户籍改革的有效衔接。

关键词：　北京市　人口调控　人口结构　积分落户　户籍存量

一　导言

2020年，北京人口调控底线是2300万人以下。2015年，在全国"两

　　＊　本文的数据来源于电子版《北京统计年鉴》《北京市2014年国民经济和社会发展统计公报》《中国统计年鉴》。

　＊＊　李晓壮，北京社会科学院助理研究员，首都社会建设与社会管理协同创新中心研究人员，主要从事社会结构、城市治理等领域研究。

会"期间，全国人大代表北京市市长王安顺接受媒体采访时表示，将尽最大努力完成人口调控这项重要任务，今后将用经济、法律等多种手段实现这一目标。由此看来，在过去的 2014 年，人口调控问题无疑是北京市政府各项工作的重中之重；2015 年，北京市人口调控问题仍然将会唱主角。这也预示，北京将有更多的人口"管控"措施出台。

2015 年 2 月 4 日，国家发展和改革委员会下发《关于印发国家新型城镇化综合试点方案的通知》（发改规划〔2014〕2960 号），其中对《北京市通州区国家新型城镇化综合试点工作方案要点》提出，"通州区要加快户籍制度改革，推进积分落户政策，制定通州区积分落户试行管理办法。"2015年，在全国"两会"期间，全国人大代表北京市委常委、常务副市长李士祥接受媒体采访时表示，"北京正在加紧研究居住证政策，预计年内将会出台，积分落户也正在研究中。"

无论是人口调控，还是户籍改革，归根结底是为了解决人口问题；但是，从人口调控和户籍改革两项政策表面来分析，人口调控政策的一紧和户籍改革政策的一松，势必会影响未来北京人口和户籍改革的走势。在此背景下，在完成人口调控目标的前提下，北京户籍改革将会走向何方成为社会各界广泛关注的社会热点话题。为此，笔者对北京人口与户籍改革所面临的形势加以分析，澄清了北京人口问题的实质是人口结构性问题，提供了户籍制度改革的着力点或创新思路，希望能够为破解北京及其他特大城市人口问题和户籍改革问题提供参考思路，以便更好地布置和开展下一阶段的工作。

二 北京人口形势分析

从某种程度上说，对特大城市人口问题的认识走进了一个误区，笔者认为，需要对当前的人口问题进行再认识，走出误区。当前，国内一些特大城市出现了严重的"垃圾围城、交通堵城、雾霾罩城"等"城市病"，而且病得不轻。对于这样的社会现象或社会问题，大众普遍地将诱因归结为特大城市的人口膨胀问题，认为治"病"的办法就是控制人口、疏解人口。然而，在笔者看来，对于这一社会现象或社会问题的认识，还有几个问题有待进一步澄清：第一，"城市病"是城市社会发展无序的产物，虽然不是必然，但也不能将当前"城市病"的出现完全归结于人口规模膨胀。第二，城市人口规模扩张是城镇化发展的必然规律（一般规律是农业社会向工业社会转变、农民向市民转变、农村向城市转变），但受经济社会发展变化等因素影响并不会无限的扩张。第三，人为主观制定的人口调控政策并不能有效控制人们满足自身需要所具有的欲望与自由，控制得了户口，控制不了人口。第四，关于人口规模或人口数量，它仅是人口结构的一个子结构，不能充分解释人口问题整体，人口结构才是人口问题的核心。

所以，笔者认为人口问题或人口膨胀的实质并不在于人口数量本身，是"嵌入"人口数量概念框架中的人口结构性问题。这才是应该着手加以研究和解决的深层次人口问题。也就是说，相对于控制人口规模，更为重要的问题是优化北京人口结构。那么，北京人口结构究竟出了哪些问题，让笔者确认其是人口问题的实质呢？

笔者界定的人口结构，是指一个国家或地区总体人口中各个组成部分的所占比例及相互关系。人口结构的构成包括人口规模结构、人口空间分布结构、人口素质结构、人口年龄结构、人口性别结构五个方面。人口规模结构是人口结构的基础，即对人口数量的考察；人口空间分布结构是人口结构的载体，即对人口空间分布情况的考察；人口素质、年龄、性别结构是人口结构的质量，即对人口文化因素以及再生产等情况的考察。通过分析人口结构的子结构来论证为什么说人口结构出现了问题，这才是人口问题的根源性问题。

第一，人口规模持续扩大，但增长势头有所减缓。进入 21 世纪，北京人口规模处于快速膨胀阶段，常住人口中户籍人口保持稳态的情况下，常住外来人口猛增，并已接近历史最高峰。根据《北京市 2014 年国民经济和社会发展统计公报》，2014 年北京市常住人口达到 2151.6 万人，比 2013 年增加 36.8 万人，增长 1.7%，增量比上年减少 8.7 万人，增速比上年回落 0.4 个百分点。其中，常住外来人口为 818.7 万人，比上年增加 16 万人，增长 2.0%，增量比上年减少 12.9 万人，增速比上年回落 1.6 个百分点。由此可见，对常住人口产生重要影响的常住外来人口增速下降，使总体常住人口表现出明显的下降趋势。在未来一段时期，受经济"新常态"影响，起主要作用的常住外来人口增速将自然放缓。

第二，人口空间向分散化发展，但聚集的势头仍较突出。2014 年，城市功能拓展区、城市功能新区常住人口占全市人口比重仍然维持在 80% 左右，与 2012 年持平。而首都功能核心区、生态涵养发展区的常住人口占北京市人口比重分别为 10.3% 和 8.9%，这比 2013 年分别下降 0.2 个和 0.1 个百分点。因首都功能核心区人口总量较大，下降不明显。随着城区摊大饼式的不断扩张，人口在空间上的分散是必然趋势，但是现代化推进的非均衡性，导致北京各区域发展的不平衡性较为突出，差距较大。城市核心区集中较多资源，从人口居住密度、工作密度来看，聚集城市核心区的现象在短时间内无法有效破解，人口聚集势头仍较突出。

第三，人口素质普遍提高，但人才资源仍较短缺。北京市是各类教育资源，尤其是高等教育资源最为丰富的城市之一，加之国家首都对国内外人才具有较大吸引力，人口素质普遍较高（第六次人口普查中人均受教育年限达到 11.5 年，处于全国较高水平）。但是，由于产业结构质量较低，大规模的人口集中在产业链的最低端，劳动生产率低，就业质量不高。作为国际化大都市，国际化人才匮乏，据外专局统计，在京有外国专家证书的外籍人口中，86.6% 为文教类外籍人口，主要集中在高等院校、中小学以及各类教育培训机构从事语言教学，专业技术类人员仅占 13.4%。此外，由于北京区域发展差异较大，资源配置不均衡，有些郊区县引进人才但留不住成为常态，导致郊区县具备一流的硬件条件，却只是二流的软件条件，人力资源配置效率低。在当前"城市病"的严重期，北京这座城市对人才的吸引力也将下降。另据笔者调查，北京几乎所有人才服务中心（机构）正在实行只出不进的政策。

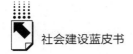

第四，人口红利处于高峰期，但少子老龄的问题将日益凸显。2010年北京人口总抚养比达到20.94%，属于北京历史最低值，2011年出现拐点。但是，2013年北京人口抚养比处于全国所有省份中的最低水平（22.70%），也就是说，人口红利仍处高峰期。客观地讲，正是北京常住外来人口中劳动力年龄人口的不断给力，才从根本上改变了"原住民"的人口年龄结构，延迟了北京人口老龄化程度。但是，少子老龄的问题日益凸显。例如，2014年，北京0~14岁年龄人口有213万人，占常住人口的9.9%，比2000年的13.6%下降了3.7个百分点。2014年，北京65岁以上年龄人口达212.3万人，占常住人口的9.9%，比2000年的8.4%提高了1.5个百分点。当前，北京已经进入少子和老龄"双型社会"，到21世纪中叶，北京对人口的刚性需求又将进一步凸显。

第五，人口性别比失调，性别不平衡问题突出。人口结构中的出生性别比是人口性别结构的自然基础，影响人口及相关社会结构。第六次人口普查公布的数据显示，北京出生人口性别比为109（男比女），高于国际通行标准（107）。性别比例失调易导致"错位婚姻"的产生，错位婚姻由于文化观念等隔阂，又容易导致家庭破裂，影响社会和谐。性别比例失调还容易导致大龄孕妇的出现，进而影响人口生态安全。此外，更为严重的是，就业中对女性的歧视肆无忌惮地蔓延，"宁要武大郎，不要穆桂英"。

总的来说，从五个人口结构的子结构分析来看，其都存在一定的不良状况，而且在笔者看来，这种人口结构的不良状况要比人口数量本身更重要，更切中人口问题的实质。也就是说，人口结构才是人口问题的核心，也是研究特大城市人口问题的出发点和落脚点。为此，"管控"方式无法有效解决特大城市人口膨胀的问题，否则也不会出现"屡控屡败"的局面。据此，笔者认为，在经济发展进入"新常态"、人口红利迅速下降的双重压力下，应将北京市人口工作的重心从控制人口规模转移到优化人口结构上来，特别是对劳动力存量人口的素质提升，使其继续释放人口红利，这对经济持续发展至关重要。

三　北京户籍改革形势分析

在人口调控和《国务院关于进一步推进户籍制度改革的意见》（以下简称"户籍新政"）要求根据城市类型进行"差别化落户"的双重政策影响下，北京等特大城市全面深化户籍制度改革进程将有所放缓。已经实施居住证制度和积分落户政策的广东、上海，非"人才类"落户仍然比较困难，而且，实施的效果并不理想，或因政策不完善，或因门槛太高，或因需求群体有限。例如，早在2010年，北京市委、市政府就将"居住证制度"列为市政府"折子工程"；2014年，"居住证制度"再度被北京市委、市政府列为"折子工程"。但是，到了2015年，《2015年北京市政府工作报告》才表示，2015年即将出台居住证制度，而积分落户政策正在积极研究制定过程中。从这样的话语判断，北京居住证制度2015年应该会出台，但积分落户政策不大好讲，预计很难出台。由此可见，户籍制度改革创新的难点实际上在特大城市。这里需要补充的是，对于没有达到特大城市标准的城市，可能又是一个利好政策，因为没有控制人口的约束。

结合当前北京实际，2300万人口控制目标是红线，那么，北京户籍改革与人口调控如何对接？或者说，在政策"一紧一松"的夹缝中如何找出户籍制度改革空间？一方面须落实控制人口政策，另一面须落实"户籍新政"要求。也就是说，人口调控中北京户籍制度改革路在何方？需要采取怎样的户籍改革方略寻求突破？这是当前北京等特大城市户籍制度改革面临的重大问题。

在北京等特大城市中，能够与人口调控有效衔接，又能推进特大城市全面深化户籍制度改革而取得实质性进展，笔者认为，有两个基本着力点。第一，探索符合"户籍新政"要求的"户籍增量"改革。这项工作北京正在做，广东、上海等已经制定相关政策的要不断加以完善。第二，清理、改革"户籍存量"。北京、上海、广州等特大城市这项户籍改革工作还处于滞后状态，并没有被提上工作日程。总之，户籍制度要全面深化改革，笔者认为

既要改革创新"户籍增量",也要改革掉那些不适合经济社会发展需要的"户籍存量",两手抓,两手都要硬,以实现特大城市人口调控中人口与户籍改革的有效衔接。北京户籍制度改革的两个着力点分析如下。

(一)在"户籍增量"改革方面

户籍制度改革只能以渐进性改革为基础,首先将统一农业与非农业的不同身份,统称为居民,而后逐渐解决与户籍相挂钩的社会福利与社会权利问题,最终实现身份与社会福利、社会权利相匹配的目标。但是,户籍制度改革的终极目标并不是一蹴而就的,因而居住证积分政策应时而生。居住证积分落户政策,实际上是使社会福利、社会权利与户籍制度相剥离,打破传统户籍制度作为社会分配制度安排的口子,使有条件的城市常住外来人口,以居住证制度为载体,利用政策杠杆积分落户,有层次地逐步为城市常住外来人口提供阶梯化的公共服务与管理,有序推进城市常住外来人口市民化的过程。这就为户籍制度改革创新开辟了新的实践路径和制度安排,也符合户籍制度渐进性改革的总体方略。因此,居住证积分落户政策实际上就是户籍制度改革创新,即"户籍增量"。

居住证积分落户政策对北京来说,是规范外来流动人口服务管理,使之融入城市、迈向市民化的重大突破,也是诸多城市常住外来人口翘首以盼的可预期落户京城的一丝希望。

那么,在未来,北京居住证积分落户政策与人口调控政策对接的思路或策略有哪些?笔者认为,北京设计和实施这项政策,应以人口结构均衡为理念或指导思想(居住证积分落户政策向郊区倾斜、劳动力年龄人口补充、人才引进及优化配置等)。以控制增量、疏解存量的同时提质增量、优化存量为工作思路。在坚持人口总量调控红线总原则的前提下,要充分考虑人口与城市承载力相适应(人口、资源与环境可持续发展问题)、人口与城市发展战略相互补(人口与经济"新常态"下经济、社会发展阶段性特征相符合)、人口与城市功能定位相匹配(政治中心、文化中心、科技创新中心、国际交往中心)、人口与城市公共服务供给能力相协调(人口与公共资源配置）、人口与国际一流和谐宜居之都相对称（人才国际化、国际化人才、走出去、引进来）。

关于居住证积分落户制度体系及相关配套制度笔者不再赘述，但是，需要强调的是：首先，需要借鉴广东、上海居住证积分落户政策的实施经验，总结不足。其次，要对北京常住外来人口进行摸底调查，预期获得积分落户条件的人口规模，以便设计积分落户政策以及制定积分落户中长期规划。再次，积分落户政策应该增减挂钩（加分项目和减分项目），坚持一票否决原则。最后，居住证制度实施过程以及积分落户政策实施过程中，要不断进行调查研究，以修正和完善政策体系，同时，加强配套制度体系设计。

笔者预测，对于一些特大城市，在短期内居住证积分落户政策将趋紧、指标有限；从长期来看居住证积分落户政策将放宽，人口将成为特大城市刚性需求。

（二）在"户籍存量"改革方面

改革开放以来，伴随着经济社会剧烈转型，户籍制度结构也发生了深刻变动，加之户籍制度改革的渐进性思路，北京、上海、广州等特大城市对户籍制度进行了积极的动态改革创新，先后推出一些应时代及本地所需的户籍制度供给模式。根据笔者前期研究，北京市现存暂住证、北京市工作居住证、人才集体户、单位集体户、家庭户或个人户五种户籍供给模式。这五种户籍制度供给模式实际上都属于"户籍存量"。笔者通过对证件类型、户口实效、供给对象，特别是享有社会福利与社会权利等状况的分析发现，其中，家庭户或个人户属于坐地户，即京籍户口，不需改革。暂住证，不具有北京户口，一般不享有社会福利和社会权利，根据"户籍新政"的改革要求，应予以取消，可直接对接居住证制度。北京市工作居住证，不具有北京户口，不完全享有社会福利和社会权利，将来预期会落户京城，这种供给模式可与居住证积分落户政策相衔接。单位集体户，属于京籍户口，完全享有社会福利和社会权利，并由其单位提供，暂不需或暂缓改革。人才集体户，这种户籍供给模式是京籍户口，但因单位不具备管理户口与档案的权限，将户口挂靠在人才服务中心（机构），这一群体充分享有社会福利，其社会福利由单位提供，但因其与人才服务中心（机构）签订《集体户口代管理协议》（以下简称《协议》），不完全享有社会权利。例如，其生育、工作变动、结婚等都需按照《协议》要求迁出户口，实际上，人才的生育权、就业权、结婚权受到人才服务中心（机构）的严格限制。同时，人才集体户因具有北京户口，无法与居住证积分落户政策对接。简而言之，人才集体户，缺少的不是社会福利的享有，而是社会权利的使用。仅受人才服务中心（机构）内部条款（《协议》）制约，其无情剥夺人才诸多权利，既不合法，也不合规，更不合情理。可以说，人才集体户是捆在人才头上的"紧箍咒"。

人才集体户作为"户籍存量"的一种户籍制度供给模式在特大城市普遍存在，北京尤甚，涉及的社会群体相当广泛，当前暴露的限制人才社会权利的问题尤为突出，社会反映最为强烈，应当及时加以改革。

实践调查证实，"人才集体户"改革应是当务之急。具体理由有以下几点：就北京市而言，首先，人才集体户属于北京市户籍人口，已经跳过了户籍制度的第一道坎，不应再设置第二道坎，卡住这个群体应有的社会权利。其次，人才集体户已经属于北京市户籍人口，对它进行改革，不会影响人口调控总目标。再次，人才集体户具有北京户口，其社会福利已由单位提供，对它进行改革，不会增加财政支出。最后，人才集体户大多属于引进的较高层次人才，其文化程度高、人口素质好，对它进行改革，有利于人口质量的整体提升。换言之，改革"人才集体户"这一户籍制度供给模式，不需要政府付出太高代价，同时可以取得最佳改革效果，也可以为居住证积分政策等"户籍增量"改革铺平道路。否则，获得积分落户的城市常住外来人口，如果没有自由产权房，其户口落在何方？如果落户到人才集体户上，仍然会陷入一个死循环。

笔者认为，在落实人口调控和户籍制度改革的政策条件下，于缝隙中找寻特大城市户籍制度改革方略，两个着力点的改革创新应是人口调控中特大城市户籍制度改革的必然选择。相对于创新"户籍增量"，目前，清理、改革"户籍存量"尤为重要，否则，推进的"户籍增量"改革也是一碗夹生饭。

总而言之，笔者认为，北京市在控制人口增量、有序疏解人口存量的同时，应更加注重优化人口存量的质量，以适应经济"新常态"下北京经济社会发展全面进入调质阶级（笔者认为，当前是求发展质量的阶段）的新要求，同时，也是在人口红利迅速下滑的背景下，通过提质劳动力人口存量，继续释放人口红利的核心和关键。概括起来，本文中心议题包括以下几点：首先，北京人口工作应从控制人口数量这一重心转移到优化人口结构上来，尽管优化人口结构是一个很漫长的过程，但要有这样的宏观战略考量。其次，北京人口调控中户籍制度改革的实现路径是，加快探索"户籍增量"的改革创新，同时，更加注重"户籍存量"的清理与改革，最终使户籍制度改革与人口调控政策相衔接。在经济"新常态"下，构建与首都发展阶段性特征相适应的人口治理对策。

参考文献

中共北京市委组织部、北京市人力资源和社会保障局、北京市科学技术委员会编《当代科学技术发展前沿与趋势》，北京出版集团公司北京出版社，2013。

段成荣：《北京市人口规模调控：历史与现实的可能性》，《人口与经济》2011年第3期。

赵德余：《广东积分落户管理政策的经验及其对上海的启示》，《科学发展》2013年第8期。

李培林等：《2015年中国社会形势分析与预测》，社会科学文献出版社，2014。

李晓壮：《人才集体户：特大城市户籍制度改革的突破口——以北京市为例》，《理论月刊》2015年第3期。

B.5
北京外地户籍大学毕业生生存状态分析[*]

赵卫华 张 娇**

摘 要： 在北京这样的特大城市，外地户籍的大学毕业生作为外来人口的一部分，受户籍制度的影响，成为一个相对弱势的群体。本文根据2013年对在京外来人口聚居区大学毕业生的抽样调查数据，实证分析北京外地户籍大学毕业生生存状态，涉及就业、收入、消费、居住、业余生活等方面，并探讨他们的未来发展和需求。研究发现，这一群体面临较大的经济压力，特别是居住支出压力，一定程度上影响了生活质量的提高。为此，他们迫切希望政府在户籍、住房及其他福利等方面采取相关措施以减轻其生存压力。

关键词： 外地户籍大学毕业生 就业 生存状态

我国的户籍制度把国民分为城镇户口和农村户口，形成了影响深远的城乡二元经济社会结构。而随着城市化的推进以及大量人口流动的产生，在城市中形成了以户籍为区分的新二元结构，即本地人与外地人的区隔。这种新二元结构不是以城乡户籍为区隔，而是以城市本地户籍和外地户籍为区隔。本地和外地的差别体现在社会福利和社会服务的各个方面。

----

* 本文得到国家社科基金一般项目"社会结构分化与扩大内需的政策选择研究"（11BSH070）资助。
** 赵卫华，北京工业大学人文学院社会学系、首都社会建设与社会管理协同创新中心副教授。张娇，北京工业大学人文学院社会学系2014级研究生。

作为外来人口的一部分，在城市工作但没有本地户籍的大学毕业生是一个特殊的群体。尽管大城市高涨的生活成本给他们施加了很多压力，但是在二、三线城市，留给其施展才华的空间有限，这最终使他们不得不"蜗居"在北京，成为"北漂"。① 他们虽然受过高等教育，但是没有本地户籍使其体制地位与农民工相差无几。一部分接受过高等教育的大学毕业生成为"回不了农村，进不了城市"的社会夹心层。外地户籍的大学毕业生，作为一个高人力资本的群体，在高生活成本时代其生存状态如何？他们能否上升为中产阶层？这是本文关心的问题。

本研究所使用的数据来自由"首都社会建设和社会治理协同创新项目"支持、由中国社会科学院社会学所张翼主持、于2013年在北京外来人口聚居区对大学毕业生进行的调查。该项调查共获得有效问卷967份。问卷内容包括个人情况、工作情况、生活状况、社会参与、网络使用和思想状况六大方面。调查对象中93.2%的被调查者目前有工作，6.8%的人目前没有工作。他们在北京最长的待了14年，平均3.5年。他们全部接受过高等教育，其中研究生及以上学历的占7.7%，本科学历的占45.6%，专升本的占4.8%，专科的占41.8%。约4.8%的被调查者毕业于985高校，14%的被调查者毕业于211高校，65.4%的被调查者毕业于普通高校，还有15.8%的被调查者毕业于民办高校。其中，76.5%的被调查者的户籍在家乡所在地，10.5%在人才市场托管，5.3%寄存在原来的学校，5.5%在单位所在地，还有口袋户籍及其他约占2.2%。其中，54.7%来自农村，13.1%来自乡镇，15%来自县城或者县级市，11.1%来自地级市，4.1%来自省会城区，2%来自直辖市区。另外，已婚的占26%，未婚有对象的占40%，其他占34%。

一 就业状况

职业是经济社会地位的重要决定因素，是社会分层的主要维度之一。职

---

① 胡小武：《摇摆的青春：从逃离"北上广"到逃回"北上广"的白领困境》，《中国青年研究》2012年第3期。

业地位的高低在很大程度上决定了个人社会经济地位的高低。在中国，受体制分割的影响，体制内就业与体制外就业对个人的社会经济地位也有较大影响。体制内的机关事业单位和国有企业因就业稳定、福利待遇好，是很多人趋之若鹜的就业目标。体制外就业则存在就业不稳定、福利待遇差等问题。就业单位的好坏对个人的生活境遇有很大影响。调查结果显示，93.2%的被调查者当前拥有工作，其中全职就业占总体就业人员的90.4%。不过，失业率也比较高，占总体的6.8%，超过国际规定的失业率人口红色警戒线（4%）。

北京外地户籍毕业大学生大多在IT、销售和服务业领域就职，其中专业技术员、普通职员和销售业务员居多，大多属于白领职业。从工作单位的性质来看，83.3%的被调查者在私营或民营企业工作，在国有/集体企事业单位和党政机关工作的比例分别是14.5%和2.2%。这说明，私营或民营企业等非公企业是在京外地户籍大学生就业的主要领域。

从工作权益的保障来看，85.6%的被调查者与用工单位签订了正式的劳动合同，尚未签订劳动合同的占总体的14.4%。从工作时间来看，每天工作时间不足8小时的被调查对象占4.6%，工作8小时的占52.3%，工作超过8小时的占43.1%；问及"如果加班工作，您是否能领到加班工资"时，62.6%的被调查者表示没有加班工资。从社会保险的缴纳情况来看，如图1所示，他们参保比例最高的是医疗保险，达到74.0%，其次是养老保险，占70.6%，再者是工伤保险，达到62.5%，主要险种的参保率还是比较高的。但是也有11.1%的人没有缴纳保险，甚至有6.9%的人不清楚自己是否拥有社会保险。总体来看，"三险"不全者占33.3%，而"五险"不全者则达到51.4%。由此可见，针对外地户籍者的社会保障覆盖面还有待继续扩展。

对于外地户籍大学毕业生来说，在北京找到满意的工作并不容易。从调查数据来看，按照困难程度排序，他们就业面临的最大困难是"缺乏工作经验"，占调查对象的21.5%；其次是"没有社会资源"，占调查对象的19.6%；再次是"业务能力不强"，占13.4%。其他如"学历不高"、"信息不畅通"、"专业不好"和"毕业学校不好"等也是就业面临的困难（见图2）。

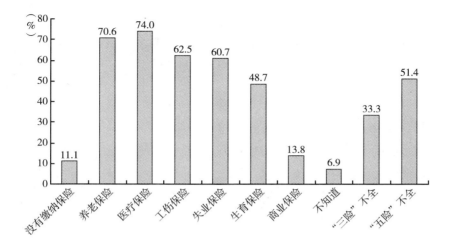

图1　社会保险缴纳情况

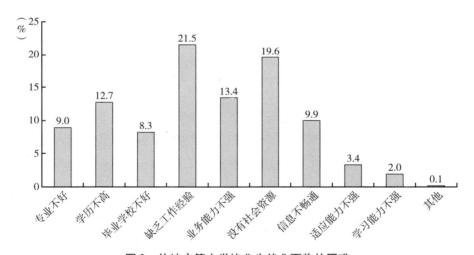

图2　外地户籍大学毕业生就业面临的困难

　　尽管他们找工作并不容易，但是其换工作的频率却比较高。数据显示，调查对象平均换工作的次数为1.7次。其中，换过四次及以上工作的占7.5%，换过三次工作的占16.3%，换过两次工作的占24.1%，换过一次工作的占22.1%，至今没有换过工作的占29.9%。总体来看，这一群体换工作的频率是比较高的。

如图 3 所示，外地户籍大学毕业生在就业方面最迫切需要的帮助是"职业技能培训"，占 26.0%，其次是"权威就业信息平台"，占 20.9%，再次是"规范企业用工行为"，占 15.4%，其他需要帮助的方面还有"岗位见习机会"和"创业资金帮扶"等。

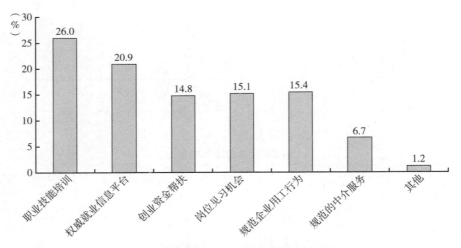

图3　外地户籍大学毕业生最需要的就业帮助

总体来看，大多数外地户籍大学毕业生能顺利实现就业，但就业差别较大。约2/3的就业者有"三险"，能够享受基本的社会保障。但也有小部分被调查者没有任何社会保险，就业质量较差。就业质量不高，可能是因为个人人力资本较低，如缺乏经验、业务能力不强、适应能力不强或者学习能力不强等。但从另一个角度来看，政府需要加大对那些没有劳动合同、没有社会保险者的劳动保护力度，进一步扩大社会保障的覆盖面，维护他们的合法权益。

二　外地户籍大学毕业生的收入和消费状况

（一）收入偏低且低于期望值

根据北京市统计局 2013 年的数据，北京市职工月平均工资为 5793 元，最低工资标准为每人每月不低于 1400 元。① 从本次调查的情况来看，外地户籍大学毕业生 2013 年的月均收入为 5083.5 元，这个数字略低于北京市职工的平均工资。虽然平均值并不算太低，但是调查对象中有 2.6% 的人月平均收入在 1400 元及以下，低于北京市最低工资标准，月平均收入在 5200 元以下的累计达到 74.2%。这表明该群体的收入总体偏低，大多数人的月平均收入在北京市职工月平均工资水平以下。具体数据如表 1 所示。

表 1　月平均收入分布状况

单位：人，%

类　别		频数	有效百分比	累计百分比
月收入	1400 元及以下	25	2.6	2.6
	1400 ~ 3300 元	304	31.8	34.5
	3300 ~ 5200 元	380	39.8	74.2
	5200 元以上	246	25.8	100.0
合　计		955	100.0	—
收入比较	月平均收入 < 预期月平均收入	803	86.9	86.9
	月平均收入 = 预期月平均收入	89	9.6	96.5
	月平均收入 > 预期月平均收入	32	3.5	100.0
合　计		924	100.0	—
预期月收入	1400 元及以下	16	1.7	1.7
	1400 ~ 3300 元	84	8.9	10.6
	3300 ~ 5200 元	260	27.7	38.3
	5200 元以上	580	61.7	100.0
合　计		940	100.0	—

反过来，他们的预期月收入均值为 8977.8 元，比实际月均收入多出 3800 多元。将实际月平均收入与预期月平均收入进行比较，发现大约有 87% 的被调查者认为自己的月平均收入低于预期水平。这些数据反映出这一

---

① 北京市人力资源和社会保障局：《北京市统计局关于公布 2013 年度北京市职工平均工资的通知》，北京统计信息网。

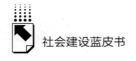
群体对收入的期望值远大于他们的实际收入，可谓是"理想太丰满，现实太骨感"。这种理想与现实的差距可能是引发他们"逃离北上广"的重要原因。

此外，当他们失业无收入时，其主要的经济来源是父母资助（56.6%），其次是以前的个人积蓄（34.6%），而其他经济来源的所占比例总和不到10%（见图4）。问及"在您找不到工作的时候，是否领到过国家的失业救济金等补贴"时，97.8%的被调查者回答"否"。

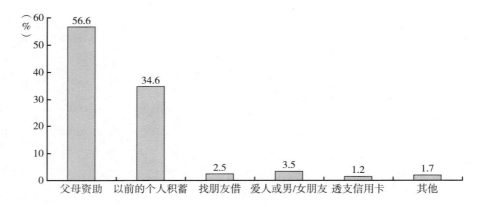

图4 无工作时的主要经济来源

（二）消费结构不合理

消费状况可以从消费倾向、消费水平、消费结构等不同方面来分析。其中，消费倾向又叫平均消费倾向，是指消费支出占收入的比重，用月平均消费支出占月平均收入的比重表示。消费水平是指包括消费总支出水平以及各项消费物品和服务的支出水平，如房租、饮食、交通等各项消费支出。消费结构是指消费中各类消费物品及服务支出的比例关系。

从消费倾向来看，消费倾向小于1，表示支出小于收入；消费倾向等于1，表示收支相等；消费倾向大于1，表示支出大于收入。从表2可以看出，在调查对象中，收入略有盈余的被调查对象占86.6%，收支平衡的占

8.3%，但也有 5.0% 的人入不敷出。从总体来看，这一群体的平均消费倾向为 65%，略低于北京平均消费倾向（65.2%）。①

表2　北京外地户籍大学毕业生消费倾向分布

单位：人，%

消费倾向	频数	有效百分比	累计百分比
消费倾向小于1	811	86.6	86.6
消费倾向等于1	78	8.3	95
消费倾向大于1	47	5.0	100
总　　计	936	100	—

从消费水平来看，他们的月平均支出总额为 3501.7 元。其中，月支出总额在 2000 元以下的占 45.8%，月支出总额在 2000~3000 元的占 30.2%，月支出总额在 3000 元及以下的累计达到 76%（见图5）。可以设想，在房租高昂的北京，月支出总额在 3000 元及以下，其生活水平是不高的。

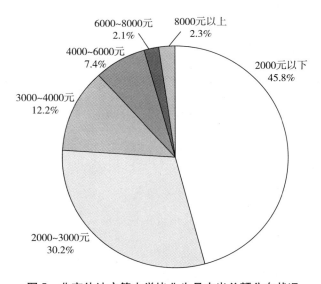

图5　北京外地户籍大学毕业生月支出总额分布状况

① 2014 年北京市统计年鉴显示：城镇居民家庭人均可支配收入（2013 年）为 40321 元，城镇居民家庭人均消费性支出（2013 年）为 26275 元；平均消费倾向（APC）＝消费性支出（C）/可支配收入（Y）＝ 26275/40321 ＝ 0.652。

消费结构更深入地反映了这一群体的消费状况。如表 3 所示，房租支出最高，为 1020.5 元，占总支出的 29.1%；三餐费为 756.6 元，占 21.6%；交通费为 163.2 元，占 4.7%；住、食、行共花费 1940.3 元，占总支出的 55.4%；娱乐社交月均花费 492.5 元，仅占 14.1%。与之相比，2013 年北京市居民居住支出仅占总支出的 8.1%，比其低 21 个百分点；教育文化娱乐支出比重为 15.2%，比其高 1.1 个百分点。这表明，北京外地户籍大学毕业生的消费仍以生存资料为主，享受和发展型消费所占比例较小，消费结构的层次较低，生活质量并不高。

表 3　月均花费

单位：元，%

支出项目	支出均值	支出比重	支出项目	支出均值	支出比重
房租(包括水电费、取暖费等)	1020.5	29.1	上网费	93.4	2.7
三餐费	756.6	21.6	娱乐社交	492.5	14.1
交通费	163.2	4.7	其他花销	840.4	24.0
通信费	135.1	3.8	总　计	3501.7	100.0

最后，通过恩格尔系数进一步考查这一群体的生活水平。恩格尔系数（Engel's Coefficient）是指食品支出总额占个人消费支出总额的比重，它是表示生活水平高低的一个指标，恩格尔系数越低，表明生活水平和生活质量越高，反之则越低。联合国规定的标准是：恩格尔系数在 59% 以上为绝对贫困，50%～59% 为温饱水平，40%～49% 为小康水平，20%～39% 为富裕水平，20% 以下为极度富裕。统计数据表明，北京近年来恩格尔系数缓慢下降，至 2013 年城镇居民恩格尔系数为 31.1%。① 从调查来看，北京外地户籍大学毕业生的恩格尔系数是 29%，单纯从这个系数看，其生活水平并不低。但是考虑到其居住支出占近 30% 的比重，不能单纯以恩格尔系数来判断他们的生活水平。此外，其恩格尔系数的分布也非常不均衡。如表 4 所示，单纯从恩格尔系数来

---

① 《北京市 2013 年国民经济和社会发展统计公报》，北京统计信息网。

看，大约有43.1%的被调查对象的恩格尔系数值大于30%，其中大约7.3%的被调查对象只能勉强度日，甚至仍有2.6%的被调查者处于绝对贫困状态。

表4　在京高校毕业生恩格尔系数分布

单位：人，%

恩格尔系数	频数	有效百分比	累计百分比
20%以下	263	28.3	28.3
20%~29%	265	28.6	56.9
30%~39%	206	22.2	79.1
40%~49%	126	13.6	92.7
50%~59%	44	4.7	97.4
60%及以上	24	2.6	100.0
总　计	928	100.0	—

总体来看，北京外地户籍大学毕业生的住房支出比重大大高于本地居民，住房支出接近支出总额的三分之一，住房压力较大，这影响了其整体生活质量的提高。此外，有小部分人的住房、饮食支出比重非常大，这说明基本生活需要的消费挤压了其他消费，影响其整体生活水平的提高。

三　居住状况

（一）居住方式——以租房为主

在房价高昂的北京，买房对于很多工薪阶层来说几乎是难以企及的梦想，租房是很多外来人口解决居住问题的主要方式。从调查来看，外地户籍大学毕业生的居住也以租房为主，租房比例达87.2%。具体形式如下：42.7%的人是与他人合租；44.5%的人是自己单独租房；9.7%的人住单位的集体宿舍；住亲戚朋友家或者其他居住类型的所占比例较少，合计约3.1%（见图6）。

（二）人均居住面积较低

近年来，随着我国经济的不断发展，城乡居民的住房条件日益改善。北

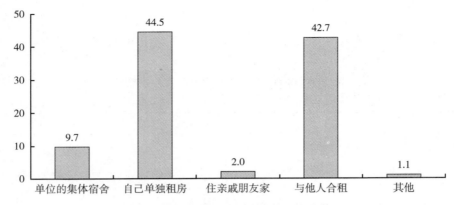

图 6　被调查者不同居住方式比例分布

京市统计局数据显示，2013 年北京市城镇居民人均住房面积为 31.31 平方米。① 另外，为了加强对群租房的治理，北京市最新房屋租赁条例规定，人均居住面积不得低于 5 平方米。在本次调查中，这一群体的人均居住面积是 18 平方米，低于北京市城镇居民的人均住房面积。另外，如图 7 所示，90.5% 的被调查对象的居住面积低于 31 平方米。此外，有 10.0% 的被调查者的居住面积低于 5 平方米。由此可见，大多数北京外地户籍大学毕业生的住房面积低于北京市人均水平，居住面积较小。

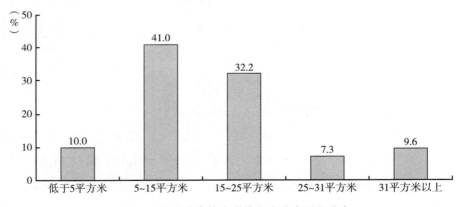

图 7　北京外地户籍大学毕业生住房面积分布

---

① 《北京市 2013 年国民经济和社会发展统计公报》，北京统计信息网。

（三）购房意愿

外地户籍大学毕业生目前面临诸如居住面积狭小、居住成本高、压力大等问题，在北京安居乐业的最大障碍是房子。关于购房地点的选择，调查显示，比重最高的是"视情况而定"，占36.1%，其次是"回家乡购买"，占26.4%，选择"去其他城市购买"的占11.3%，而选择"在本地购买"的占26.2%（见图8）。从中可以看出，住房问题很大程度上左右了他们未来的去向，如果不能在北京买房，很大一部分人会选择离开北京而去其他城市或者回家乡。所以，对于外地户籍大学毕业生而言，能否在北京购房定居下来很大程度上决定了他们的去留。

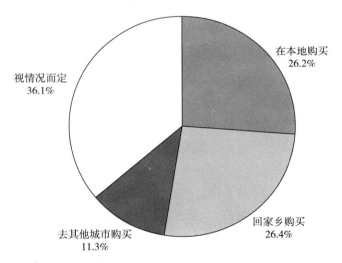

图8　被调查者购房地点选择

（四）居住需求

对于外地户籍大学毕业生而言，他们大多数人通过市场途径获得住房，这使得他们对住房市场和住房福利有自己的独特需求。问及"您目前最希望政府如何帮您解决居住问题"时，该群体最希望政府提供廉租房（58.6%），其次是调控房价（44.6%），对其他如规范房屋租赁市场和稳定房屋租金、提供经济适用房/两限房的购房机会等也有较大期待（见图9）。从这些需求可以看出，对于外地户籍大学毕业生来说，政府需要采取的重要措施首先是通过提供廉租房和规范、稳定租赁市场来保障他们的居住权，其次才是通过调控房价、提供经济适用房或两限房来满足他们的购房需求。

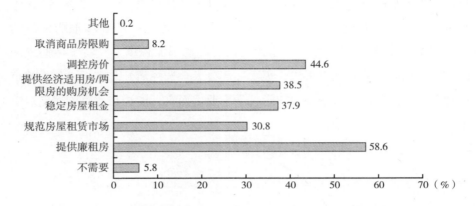

图9　外地户籍大学毕业生希望政府解决居住问题的举措

四　业余生活状况

大学毕业生有较多文化资本，其业余生活是比较丰富多彩的。上网、学习知识技能、社交娱乐、逛街购物、运动健身的比例都比较高，这与农民工有很大不同（见图10、图11）。[①]

---

① 2011年在由国务院发展研究中心组织的关于农民工市民化进程研究的课题中，针对江苏、浙江、山东、山西、重庆等8省市20余个城镇的7000余名农民工进行的问卷调查，调查显示，"看电视"是农民工最主要的业余文化生活，占受访者的73.0%，位居第二位的便是"上网"，约占28.5%（具体参见国务院发展研究中心课题组《农民工市民化　制度创新与顶层政策设计》，中国发展出版社，2011，第119页），而"学习培训"的比例较低，仅为13.3%。这表明新生代农民工很少利用业余时间进行学习，并且网络依赖度较高。但在网络使用方式上，其与大学毕业生有很大的不同。比如，有研究指出，新生代农民工的主要上网活动主要集中在QQ聊天、网络游戏、听音乐、看电影、看社会八卦、看娱乐视频，其娱乐功能所占比重较大，而信息使用功能所占比重较小（具体参见杨英新《网络媒介对新生代农民工影响的现状与问题》，《农业经济》2012年第4期。）

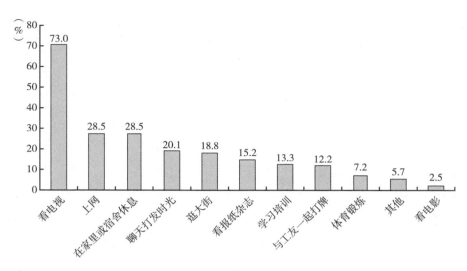

图 10　农民工的业余文化生活

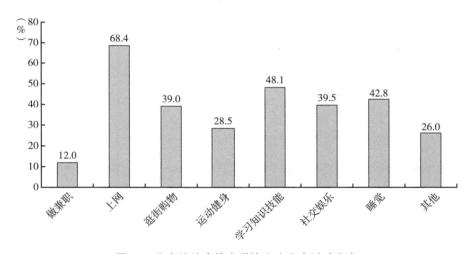

图 11　北京外地户籍大学毕业生业余活动分布

通过对这一群体的业余活动更进一步分析，发现其业余生活呈现以下主要特点。

（一）网络使用理性积极

68.4%的被调查者业余活动选择了"上网"，说明该群体对网络的依存度较高。把网络的功能分为几类，如信息提供、电子商务、社交互动、娱乐，具体分析大学毕业生的网络使用则发现，这一群体上网的主要目的之一是信息使用，约占总体的 55.7%，包括网络新闻（21.2%）、搜索引擎（13.8%）、即时通信（11.8%）、电子邮件（8.9%）等；其次是电子商务，电子商务的网络使用率约占 14.3%，包括网络购物（8.5%）、网上支付（3.5%）、网上炒股/基金（0.6%）、网络求职（1.4%）、旅行预订（0.3%）；数字娱乐的整体使用率为 14.3%，包括网络音乐（3.6%）、网络视频（6.9%）、网络游戏（3.8%），远远低于网络信息使用功能；其他网络功能所占比例较少（见表5）。这些数据表明该群体把网络作为主要工具来使用，娱乐消遣是次要的，其网络使用行为是积极、理性和健康的。

表5 外地户籍大学毕业生网络功能使用状况

单位：人，%

网络功能	响 应		个案百分比
	样本量	百分比	
网络新闻	612	21.2	63.7
即时通信	339	11.8	35.3
搜索引擎	397	13.8	41.3
电子邮件	256	8.9	26.6
网络购物	244	8.5	25.4
网上支付	102	3.5	10.6
网上炒股/基金	16	0.6	1.7
网络求职	39	1.4	4.1
网络教育	57	2.0	5.9
旅行预订	9	0.3	0.9
博客/个人空间	155	5.4	16.1
论坛/BBS	63	2.2	6.6
社交网站	40	1.4	4.2
微 博	114	4.0	11.9
网络音乐	105	3.6	10.9

续表

网络功能	响应		个案百分比
	样本量	百分比	
网络游戏	109	3.8	11.3
网络视频	198	6.9	20.6
网络文学	28	1.0	2.9
合　计	2883	100	300

（二）对未来充满信心者更倾向于坚持继续学习

如图11所示，48.1%的被调查对象的业余活动是"学习知识技能"。很多被调查者在忙碌之余选择学习，是因为他们坚信在不久的将来可以依靠自己的努力实现向上流动。利用 SPSS 21.0 将"业余时间选择学习知识技能"与"未来社会地位变化与否"两变量进行交叉性分析，发现显著性水平 sig. = 0.013，小于显著性水平 a = 0.05，说明两者是显著相关的。这也表明坚持学习能够带来积极的变化。

五　未来需求和发展

由表6可知，从北京外地户籍大学毕业生对自身经济收入、政治地位、社会福利、民主权利等方面的满意度来看，满意度最低的是经济收入，其次是政治地位，再次是社会福利和生活环境。这表明，该群体首要关注的是生活及相关问题；其次才是各项社会权利问题。

表6　北京外地户籍大学毕业生对自身的主观评价

单位：%

类别	非常不满意	不满意	一般	满意	非常满意	满意及非常满意
总体评价	2.3	16.0	63.4	17.4	0.9	18.3
经济收入	7.5	36.8	47.5	7.4	0.9	8.3
政治地位	9.6	24.5	54.9	9.9	1.0	10.9
职业声望	3.5	24.3	53.2	17.6	1.3	18.9

续表

类别	非常不满意	不满意	一般	满意	非常满意	满意及非常满意
工作稳定性	5.1	16.7	46.1	29.8	2.3	32.1
工作前景	4.4	17.1	49.3	25.3	3.9	29.2
社会福利	10.7	23.6	50.2	14.0	1.6	15.6
生活环境	8.2	24.4	51.7	14.4	1.3	15.7
民主权利	14.2	17.9	50.7	15.6	1.6	17.2

（一）需求

在生活条件方面，如图 12 所示，北京外地户籍大学毕业生的主要生活难题是住、食、行等基本生存条件的提高问题。其中，提高"住房标准"的比例最高，为 28.9%；其次是改善"交通条件"，占 16.7%；再次是改善"餐饮条件"和"卫生条件"，比例分别是 13.1% 和 11.9%。

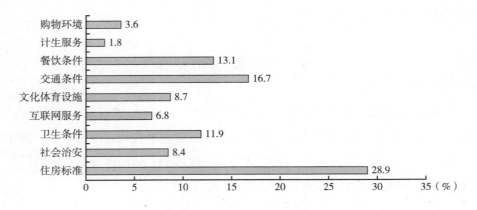

图 12 外地户籍大学毕业生需要改善的生活条件

在公共文化需求方面，如图 13 所示，该群体对公共文化的需求极其迫切。其中，排在前三位的依次是："知识技能等职业培训"的比例为 56.2%，"公益志愿等活动"的比例为 53.0%，"爬山、旅游等户外活动"的比例为 50.4%。

在政府帮助方面，如图 14 所示，21.1% 的被调查者把"住房政策的倾

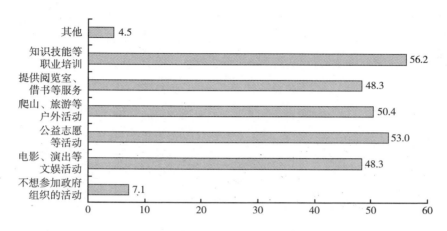

图13 外地户籍大学毕业生对公共文化活动的需求状况

斜"作为希望政府提供帮助的首选，其次是"平等的户口政策"，占19.8%，再次是"平等的工作机会"，占16.2%。总之，该群体希望政府能够适当放开城市户籍政策，使其在住房、就业、社会保障等方面有机会享受到与当地人同等的社会福利和公共服务，缓解其生活及就业压力。

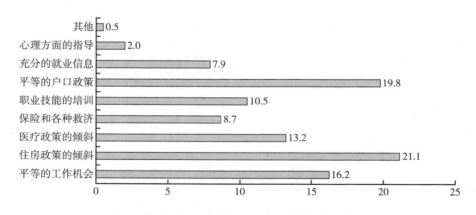

图14 外地户籍大学毕业生需要政府提供的帮助

（二）未来预期

对于未来社会经济地位变化的主观态度，如图15所示，绝大多数受访者认为未来 5～10 年自己的社会经济地位会有所提高。具体来说,72.2% 的调查对象认为自己的社会经济地位会"提升",而认为其社会经济地位"不变"和"下降"的比例分别为 5.8% 和 1.9%,还有 20.2% 的被调查者表示"不清楚"。这表明外地户籍大学毕业生虽生活困窘但并未沉沦,其对生活的态度仍然是积极、乐观和向上的。

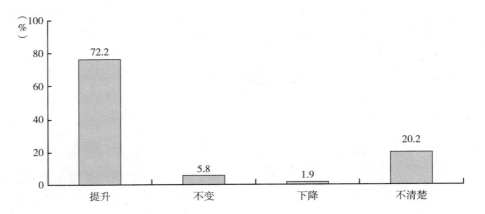

图 15　外地户籍大学毕业生对未来 5～10 年社会经济地位变化的主观态度

但是,对于今后自己是否会留在北京,就没有那么肯定了。所有被调查者中,60% 的被调查者表示未来会离开北京。至于离京原因,如图 16 所示,主要是无法置办房产、看不到职业发展前景、经济状况长期得不到改善等。如果这些困扰始终得不到解决,将近八成的大学毕业生会在 35 岁之前选择离开。

而他们之所以当前还愿意留在北京,看重的是这座大城市给予他们的"机会"。如图 17 所示,他们认为这座城市可以给予他们更多公平发展的机会、学习深造机会、和好的工作条件等。他们希望通过这些"机会"实现自我价值(占应答总数的 19.8%)、成就自己的理想(占应答总数的 19.3%)、让父母和下一代过上更加舒适的生活(占应答总数的 43.7%)(见表 7)。

至于未来发展地,如图 18 所示,将近七成的被调查者选择去二、三线

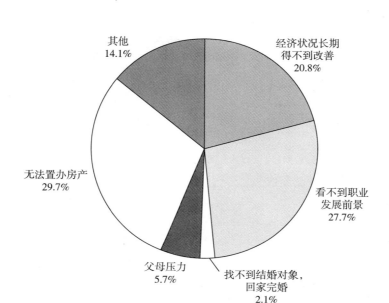

图16　外地户籍大学毕业生离京原因

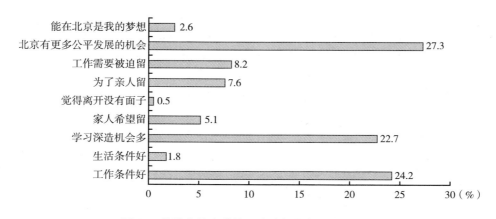

图17　外地户籍大学毕业生选择留在北京的原因

城市。由此可见，他们接受过高等教育，其生活方式也已"市民化"，根本回不了"村"，但又迫于大城市难以承受的生活压力，只能退而求其次，选择在二、三线城市定居。

表7 外地户籍大学毕业生的奋斗目标

单位：人，%

类 别		响 应		个案百分比
		频数	百分比	
奋斗目标	没想过	12	0.8	2.3
	为了自己的理想	297	19.3	57.8
	为了让父母能过上美好的晚年	413	26.8	80.4
	为了配偶(恋人)能过上更好的生活	180	11.7	35.0
	为了下一代能有更好的生活	261	16.9	50.8
	为了衣锦还乡、光宗耀祖	58	3.8	11.3
	为了自我价值的实现	306	19.8	59.5
	其他	15	1.0	2.9
合 计		1542	100.0	300.0

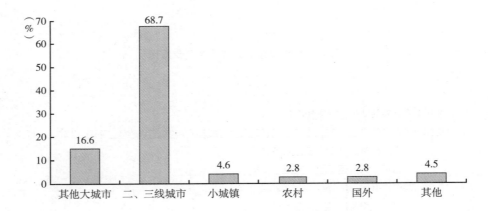

图18 外地户籍大学毕业生未来发展地

总体来看，通过对北京外地户籍大学毕业生生活状况的实证分析可以看出，北京就业机会多是吸引外地户籍大学毕业生在京工作的最大因素。但高昂的生活成本，特别是居住成本，在很大程度上影响了他们生活水平和质量的提高。这是影响他们居留北京的最重要因素。目前来看，这一群体的心理预期与现实之间还有较大差距。他们迫切需要政府采取一定的措施，使他们在住房政策、就业、社会保障等方面有机会享受到与当地人同等的社会福利和公共服务，缓解其生活及就业压力。

参考文献

胡小武：《摇摆的青春：从逃离"北上广"到逃回"北上广"的白领困境》，《中国青年研究》2012 年第 3 期。

国务院发展研究中心课题组：《农民工市民化制度创新与顶层政策设计》，中国发展出版社，2011。

杨英新：《网络媒介对新生代农民工影响的现状与问题》，《农业经济》2012 年第 4 期。

全国总工会新生代农民工课题组：《关于新生代农民工问题的研究报告》，2010。

公共服务篇

Reports on Public Service

B.6
北京市养老服务机构社会
工作专业服务研究报告[*]

蔡扬眉　尚振坤**

摘　要：　购买社会工作服务正成为一种新的创新机制，政府提出建立社会工作者介入养老服务机制，社会工作服务在养老服务机构中全面铺开。本研究选取北京市不同类型的3家养老服务机构，通过访谈、二手资料、观察等资料收集方法，依据老人入院评估建档、探访老人发现优势、制订社会工作专业服务计划、开展社会工作专业服务以及保持老人优势和临终关怀等社会工作专业服务流程来重新梳理北京市养老服务机构

* 本文为北京工业大学人文社科基金项目"北京市政府购买服务的运行机制研究"（项目编号：X5014021201102）的阶段性成果。
** 蔡扬眉，北京工业大学社会工作系讲师，首都社会建设与管理协同创新中心研究人员，主要研究方向为社会政策；尚振坤，北京市第一社会福利院办公室主任。

的社会工作专业服务，并分析入住老人、社会工作者对社会工作专业服务的评价。

关键词： 养老服务机构　社会工作专业服务　老年社会工作

一　前言

北京自1990年步入老龄化社会以来，老年人口逐年增加，并且已经进入快速增长时期，老龄问题是关系国计民生和社会稳定的一个重大社会问题。根据2010年第六次全国人口普查数据，2010年北京市户籍人口中60周岁及以上老年人口为235万人，占户籍人口的18.7%。"十二五"时期，老年人口将以年均17万人的数量增长，老年人口比例将增加2.8个百分点，处于快速增长期。到2015年，户籍人口中60周岁及以上老年人口将达到320万人，占户籍人口的23%；65周岁及以上人口将达到212万人，占户籍人口的15%；80周岁及以上人口将达到54万人，占户籍人口的4%。[①]由此可见，人口老龄化加速发展成为未来一个时期北京市的基本市情。

面对日益严峻的人口老龄化形势和老年人口日益增长的养老保障和养老服务需求，《北京市"十二五"时期老龄事业发展规划》（以下简称《规划》）提出，不断完善"9064"养老服务模式（即到2020年，90%的老年人通过社会化服务在家庭养老，6%的老年人通过政府购买服务在社区托老，4%的老年人入住养老服务机构集中养老），形成以"居家养老为基础、社区服务为依托、机构养老为补充"的多层次、多样化养老服务发展格局。4%的老年人入住养老服务机构集中养老仅是补充的养老服务模式，但是，对于高龄、独居、生活半自理或不能自理的老年人而言，机构养老是他们较理想的选择。

---

① 北京市民政局：《北京市"十二五"时期老龄事业发展规划》，北京民政网，http://www.bjmzj.gov.cn/templet/mzj/ShowArticle.jsp? id =101720。

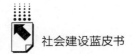

北京市 2004 年 1 月 8 日发布的《北京市地方标准养老服务机构服务质量星级划分与评定》中规定，三星级及以上的养老服务机构，即拥有 150 张床位以上，特别是入住有生活半自理老人的养老服务机构，至少有一名社会工作者负责社会工作服务。[①] 然而，目前北京市养老服务机构中还没有形成统一规范的社会工作专业服务。同时，政府购买社会工作服务正成为一种新的创新机制，政府已提出建立社会工作者介入养老服务机制[②]，社会工作服务在养老服务机构中正全面铺开。

二　研究设计概括

鉴于我国养老服务机构社会工作专业服务标准建设方面的空白状态、社会工作专业服务在养老服务机构中开展水平的参差不齐、岗位要求或服务内容的含糊不清和服务评价机制的缺乏等现状，本研究采用个案研究策略，选取北京市不同类型的 3 家养老服务机构，通过访谈、二手资料、观察等资料收集方法，重新梳理北京市养老服务机构的社会工作专业服务。

社会工作服务是社会福利服务，是秉承社会工作理念、运用专业化方法向困难群体、脆弱群体提供的服务，是解决其基本需要的服务。[③] 虽然在养老服务机构中，社会工作者也可以提供非专业的服务，即当老人需要一般服务时，社会工作者也会施以援手，但这种服务并不是专业服务，比如咨询服务、委托服务、交通服务等。因此，养老服务机构社会工作专业服务是指在养老服务机构中，社会工作者在专业价值观指导下，运用社会工作专业方法为老人开展的服务，既包括社会工作者开展的直接服务，又包括社会工作者

---

① 《北京市地方标准养老服务机构服务质量星级划分与评定》，（标准号：DB11/T 219 - 2004，2004 年 6 月 1 日实施），北京市质量技术监督局网站，http：//202. 106. 162. 203/outerApp/standardFileReadAction. do? method = standardFileList&id = MjM2Ng = = &standardCode = DB11/T 219 - 2004。

② 《养老服务基本情况》，中华人民共和国民政部社会福利和慈善事业促进司网站，http：//fss. mca. gov. cn/article/lnrfl/yewu/201303/20130300431269. shtml，2013 年 3 月 20 日。

③ 王思斌：《社会服务的结构与社会工作的责任》，《东岳论丛》2014 年第 1 期。

为开展直接服务而进行的间接服务。

根据养老服务机构中社会工作专业服务提供方的性质，本研究选取了北京市3家养老服务机构，分别是DY社会福利院、YL老年公寓和FS敬老院（见表1）。这3家养老服务机构都有社会工作者，且提供社会工作专业服务。

表1　研究对象的基本信息

内　容	DY社会福利院	YL老年公寓	FS敬老院
机构成立时间	1988年	2002年	2006年10月
所属级别	市级	区级	街道级
床位规模	1141张床位	130张床位	36张床位
老人特点	自理、半自理、不能自理，平均85岁以上	自理、半自理，平均85岁以上	自理，经济条件较差
社工服务时间	2004年	2009年10月	2010年7月
社工服务性质	养老机构内部设岗位、独立社工科*，工会主席主管	购买社会工作服务**和岗位，隶属行政部	购买社会工作服务，独立运行
社工人数	5人（1科长、1副科长、3一线社工）	3人（1站长—兼职***、2一线社工）	2人（1负责人、1一线社工）
社工资质	社会工作专业毕业、助理社会工作师	社会工作专业毕业、助理社会工作师	社会工作专业毕业、助理社会工作师

注：＊DY社会福利院，2004年成立业务科下的社工部，2010年业务科更名为社工科，成为正式职能科室，负责咨询接待、业务收养、社工服务和老人管理委员会。

＊＊YL老年公寓和FS敬老院均购买了MY社会工作事务所的社会工作服务。MY社会工作事务所是2009年9月由北京市西城区社会工作者联合会与中国青年政治学院社会工作学院合作成立的专业社会工作服务机构。

＊＊＊站长属于既购买服务又购买岗位，一半是MY社会工作事务所的社会工作者，负责社会工作专业工作；一半是YL老年公寓的员工，负责行政工作。其工资的50%来自MY社会工作事务所、50%来自YL老年公寓。

本研究通过访谈、二手资料、观察等资料收集方法，研究养老服务机构社会工作专业服务。访谈法主要涉及DY社会福利院、YL老年公寓和FS敬老院中的社会工作管理者、一线社会工作者和生活能够自理的老人①（老人访谈对象

① 访谈法涉及的访谈对象包括DY社会福利院的1位社工科科长M1，1位一线社会工作者S1，根据入住时间的长、中、短，选取O1、O2、O3 3位老人；YL老年公寓的1位站长M2，1位一线社会工作者S2，根据入住时间的长、中、短，选取O4、O5、O6 3位老人；FS敬老院的1位负责人兼一线社会工作者MS3，由于敬老院装修，老人都回家入住，无法进行老人访谈。

的基本信息见表2)。社会工作管理者的访谈内容包括养老服务机构的详细介绍、社工人数、社会工作专业服务设计、社会工作专业服务管理/督导、社会工作专业服务在养老机构服务中的地位等；一线社会工作者的访谈内容包括社会工作者的工作内容、社会工作者对社会工作专业服务的认知、工作中存在的困难及需求等；老人的访谈内容包括接受过的社会工作专业服务及满意度、提供这些服务的工作人员身份、社会工作专业服务与其他服务的区别等。二手资料主要来自3家养老服务机构提供的社会工作专业服务记录或资料。观察法主要观察社会工作者为老人提供的社会工作专业服务及老人的反应。

表2　老人访谈对象的基本信息

所属机构	访谈对象	性别	年龄	入住时间	家庭情况
DY 社会福利院	O1	男	81 岁	1995 年	孤寡、儿子在上海并断绝关系
	O2	女	81 岁	2004 年	老伴去世、子女在北京
	O3	女	70 岁	2012 年	老伴去世、女儿定居德国
YL 老年公寓	O4	男	83 岁	2003 年	老伴去世、与儿子关系融洽
	O5	女	85 岁	2007 年	老伴同住、家庭关系融洽
	O6	女	73 岁	2012 年	老伴同住、五代同堂、家庭关系融洽

三　北京市养老服务机构社会工作专业服务内容

为了便于清楚地掌握养老服务机构社会工作专业服务内容，本文以养老服务机构社会工作专业服务流程为轴线进行社会工作专业服务内容的梳理。养老服务机构社会工作专业服务流程是指老人入院评估建档、探访老人发现优势、制订社会工作专业服务计划、开展社会工作专业服务以及保持老人优势和临终关怀等步骤。

（一）老人入院评估建档

每位老人入院时，养老服务机构都需要对申请入住的老人进行身心智健康状况评估和家庭状况评估。每个养老服务机构的入院评估都有自己相对固定的评估内容。

> 我们院由社会工作者牵头，医生、护士等工作人员一起给老人做入院评估，填写评估问卷，按照《北京地方标准养老服务机构老年人健康评估服务规范》的标准化规定进行入院评估。（DY社会福利院的M1）

> 我们公寓入院评估主要是借鉴DY社会福利院的入院评估表进行的，由医护（医生、护士长）、行政、社工三个部门对老人进行评估，社工主要负责行为、人际交往能力和功能性评估等，医生负责填写简易智能精神状态检查量表（简称MMSE），护士长负责填写日常生活活动能力量表——巴氏指数。（YL老年公寓的M2）

> 我们敬老院入院评估需要填写基本信息资料、简易智能精神状态检查量表，一年填写一次。（FS敬老院的MS3）

可见，老人入院评估是多专业团队合作进行的，而且基本按照《北京地方标准养老服务机构老年人健康评估服务规范》的标准化规定进行，涉及的评估问卷包括老人多维健康综合评估问卷、简易智能精神状态检查量表和日常生活活动能力量表。

通过查阅《北京地方标准养老服务机构老年人健康评估服务规范》（标准号：DB11/T 305—2005）发现，入住养老服务机构的老人均应接受健康评估，填写老人多维健康综合评估问卷，评估问卷包括以下几点。

第一，基本资料——应包括姓名、居民身份证号、性别、出生日期、文化程度和婚姻状况等个人基本信息，还应包括经济来源、居住情况、主要照顾者等社会信息。

第二，健康史——应包括现病史和既往病史、家族疾病史、外伤史、药物过敏史、目前接受的治疗护理方案等信息，还应包括饮食要求、营养和皮肤等需要特别注明的健康问题的信息。

第三，精神状况——应包括认知、情感和意志行为等方面的信息，还应包括自杀、伤人等需要特别注意的心理和行为问题的信息，可以有选择地使用精神卫生评定量表。

第四，功能活动——应包括言语、视力、听力等沟通能力的信息，还应包括完成进食、个人卫生等日常功能活动的信息，应注明眼镜、助听器、拐杖等辅助器具的使用情况。

第五，社会功能——应包括社会活动的参与程度、自身感受等信息，还应包括社会支持、社会评价等信息，可以有选择地使用精神卫生评定量表。

第六，其他专门项目的评估——应对褥疮、跌倒意外、自杀等需要特别注意的健康问题进行专门评估。

老人入院评估结束后，根据入院评估结果，为入住的老人建立个人档案，并以此为基线，便于社会工作者制订有效的个性化的老人服务计划和评估社会工作专业服务或者其他服务的效果。

（二）探访老人发现优势

老人入院评估建档后，基于老人需要，养老服务机构通过个案工作、小组工作等工作方法发现每位老人的优势，建立社会工作者与老人的伙伴关系，鼓励老人参与各种活动，维护老人与家庭其他成员的关系。在这一环节，社会工作者通常提供的社会工作专业服务包括以下几方面。

1. 个案探访

养老服务机构的社会工作者通过老人个案探访发现不同老人的需要和优势，个案探访时会向老人介绍养老服务机构的设施设备、各项服务和联系方式等。

> 驻区社工每周需要探访 10 户以上的老人，并撰写探访记录。（DY社会福利院的 M1）
>
> 平时以探访为主，走入老人中，新入住老人会第一时间探访，给予支持与建议。（YL 老年公寓的 M2）

> 我们敬老院社工需要固定探访老人，每周 3 ～ 4 次，每位老人都必须探访。（FS 敬老院的 MS3）

可见，个案探访是养老服务机构社会工作者的基本服务，个案探访需要定期重复进行，每次探访后都需要填写个案探访记录。

2. 适应小组

除了个案探访外，养老服务机构的社会工作者还通过开办院内生活适应小组的方法帮助新入住的老人适应养老服务机构的生活。

> 驻区社工会开展入院适应性小组活动，协助新入住老人建立同伴群体关系。（DY 社会福利院的 M1）
>
> 针对新入住的老人，我们会有一些适应支持性小组。（YL 老年公寓的 M2）
>
> 同屋老人或者住在隔壁的老人会主动邀请新入住的老人参加老人入院适应小组。（FS 敬老院的 MS3）

可见，适应小组可以提升新入住老人的参与度，协助新入住老人建立同伴关系，协助新入住老人与社会工作者建立伙伴关系。

（三）制订社会工作专业服务计划

不论是 DY 社会福利院，还是 YL 老年公寓，老人入住的房间或者是一间单人间，或者是包了一间双人间，房间内有常用的家具或者家用电器，如各种柜子、电视机、洗衣机、电冰箱、电脑等。老人还可以布置自己的房间，如照片墙、干花、养花等，有的老人甚至在房间里放有乐器。总之，老人入住房间的硬件条件可以与原先居住的家庭住房条件相比。

因此，DY 社会福利院、YL 老年公寓和 FS 敬老院的社会工作者制订社会工作专业服务计划的主要依据是基于老人的人际交往、归属和自我实现等高层次需求；其宗旨是老人社会功能修护，即使老人居住在养老服务机构

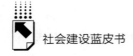

中，但仍希望老人能与社会保持同步，能重新建立社会关系；其目标是"老有所养、老有所医、老有所教、老有所学、老有所为、老有所乐"。比如，DY 社会福利院 2008 年的老人火炬传递活动等。

（四）开展社会工作专业服务

DY 社会福利院、YL 老年公寓和 FS 敬老院的社会工作专业服务既具有共性也具有个性，尤其是 YL 老年公寓和 FS 敬老院的社会工作专业服务，均是购买了 MY 社会工作事务所提供的社会工作服务。

1. 心理/精神支持服务

心理/精神支持服务是养老服务机构社会工作者提供的最重要的社会工作专业服务，主要服务形式有四种。

第一，个案辅导。为养老服务机构中有心理/精神困扰的老人提供情绪疏导或危机干预。比如，DY 社会福利院的驻区社会工作者每年至少需要完成 6 个个案，或缓解老人的悲伤情绪，或鼓励老人的乐观心态。

第二，小组工作。为养老服务机构中有相同心理/精神需要的老人开展支持性或治疗性小组活动。比如，DY 社会福利院的社会工作者为老人开展"一切为了更好"老人人际关系小组活动、"相亲相爱一家人"老人增进了解小组活动；YL 老年公寓和 FS 敬老院的社会工作者为老人开展"康智延年"小组活动，帮助减缓老人身体机能衰退，预防老年痴呆症；FS 敬老院的社会工作者为老人开展"飞屋旅行环游世界"小组活动，分享旅行的经历。

第三，主题活动。为养老服务机构中有同一问题的老人开展主题活动。比如，DY 社会福利院的"生命教育"和"三正三善"等主题活动，YL 老年公寓的"老人智力运动会"和"健康养生讲座"等主题活动，FS 敬老院的"生日会"主题活动。

第四，项目服务。以项目运作的方式为养老服务机构中具有相似需要的老人提供多元化服务。比如，DY 社会福利院的老年痴呆项目，由社会工作者扮演牵头角色，联合医生、护士、护工、康复师、志愿者等共同为老人提供服务。

2. 休闲娱乐活动

休闲娱乐活动主要是丰富养老服务机构中老人的业余生活，运用社会工作专业理念设计活动，社会工作者既是活动的设计者，又是资源的协调者，还是活动的实施者。养老服务机构中休闲娱乐活动的服务形式主要有两种。

第一，常设活动。通过组织开展一系列每周固定有序的康乐活动，鼓励老人积极参与，满足老人的各种需要，丰富老人院内生活。比如，YL老年公寓和FS敬老院的社会工作者带动院外志愿者或院内老人志愿者开展太极拳、手指操、党员学习会、京剧、绘画、唱歌、手工、影视欣赏等活动；DY社会福利院的驻区社会工作者负责设计支持、驻区护士和志愿者负责组织带领，三方协同合作完成摄影、书画、英语、电脑、手工、台球、合唱等活动。

第二，大型活动。主要由养老服务机构的社会工作者主导、其他部门员工合作共同完成面向机构所有老人的一次性节庆活动。比如，DY社会福利院的游艺会、联欢会、艺术品展览、文艺演出活动、运动会、春/秋游等；YL老年公寓的文艺演出、节日联欢会、社区联欢会、友谊会、春/秋游、夏季游园会等。

3. 关系调解

关系调适是社会工作者主要采用个案辅导的方式，协调处理老人之间、老人与护理员和护士之间的关系紧张或冲突。比如，YL老年公寓的护工老人关系协调支持小组。

4. 教育发展

教育发展是引入志愿者资源协助老人学习新的知识，尤其是社会心理方面的知识。比如，DY社会福利院的老年大学是由社会工作者协同志愿者负责全院健康知识、疾病知识、法律知识、安全知识等内容的专业课堂。

5. 资源整合

资源整合，主要是养老服务机构内、外部的资源协调，社会工作者扮演资源整合者，涉及所有社会工作专业服务所需要的内、外部资源——志愿者、资金、物资等。

公寓的老人也有成为常设活动的志愿者，比如党员学习会、健康知识讲座就是由公寓的老人讲授的，京剧小组由老人自己开展活动，社工只是协助。（YL 老年公寓的 M2）

常设活动或者小组工作所需的活动经费是由街道和 MY 社会工作事务所共同承担，各出一半。（FS 敬老院的 MS3）

公寓的老人需要外出时会有志愿者陪伴，由高盛集团的出租车司机免费接送老人。（YL 老年公寓的 M2）

6. 志愿者管理

志愿者是养老服务机构开展社会工作专业服务的重要人力资源，通常由大学生、教师、企业员工、律师等组成。DY 社会福利院、YL 老年公寓和 FS 敬老院的志愿者管理都是由社会工作者完成的，形成了"社工带动义工"的模式，其具体内容包括志愿者培训、志愿者心理小组、志愿者表彰、志愿服务时间记录、志愿服务培训等。

7. 实习生督导

社会工作专业的实习生也是养老服务机构开展社会工作专业服务的重要专业资源。为了保证社会工作专业服务的品质，为了提高社会工作专业实习生的能力，为了培养价值观与技巧并重的人才，养老服务机构的一线社会工作者需要担任实习生督导，给予机构规章、工作流程等行政性督导，给予情感支持等支持性督导，给予老年社会工作理论与实务等教育性督导。同时，养老服务机构的一线社会工作者也有自己的督导，通常是他们的直属领导。DY 社会福利院、YL 老年公寓和 FS 敬老院均接收北京高校社会工作专业本科生或社会工作专业硕士研究生进行社会工作专业实习。因此，养老服务机构的一线社会工作者需要担任督导，协助实习生完成社会工作专业服务。

总之，养老服务机构社会工作者开展的社会工作专业服务包括心理/精神支持服务、休闲娱乐活动、关系调解、教育发展、资源整合、志愿者管理和实习生督导七个方面。其中，心理/精神支持服务、休闲娱乐活动、关系调解和教育发展主要是社会工作者提供的直接服务；资源整合、志愿者管理和实习生督导则主要是社会工作者提供的间接服务。值得一提的是，养老服务机构中社会工作者还需要从事一些非专业服务，如接待参观、行政管理、宣传材料制作（院报）和组织会议等。

（五）保持老人优势和临终关怀

养老服务机构的社会工作流程经过老人入院评估建档、探访老人发现优势、制订社会工作专业服务计划、开展社会工作专业服务后，进入最后阶段——保持老人优势和临终关怀。在这一阶段，老人重新界定自己的价值并能体现主体性，如成为养老服务机构社会工作专业服务开展的志愿者；老人重新建构自己的非正式支持网络，如与养老服务机构的工作人员建立合作伙伴关系，与养老服务机构的其他老人建立合作同伴关系；老人重建具有品质且满意的正常化生活。

随着身体机能的退化，养老服务机构的老人越来越依赖医护人员，死亡成为不可避免的结果，老人的临终关怀越来越受到关注。安宁服务是体现临终关怀的社会工作专业服务，包括陪伴服务、哀伤辅导、伤亲辅导、生命教育、心灵抚慰、身后事处理和遗嘱支持等内容。在 DY 社会福利院中，采用个案管理的工作方法进行多专业团队合作，驻区社会工作者协调医生、护士、十方缘临终陪伴志愿者[①]提供安宁服务，获得老人的肯定。

在生命教育中会有遗嘱、遗体捐赠和临终不插管的知识宣传，老人的接受能力比想象的强，想得比较开的至少占三分之一，三分之一犹豫不定，三分之一抵触。三分之一的比例使我们觉得安宁服务是必要的，三分之一的数据来源于组织生命教育时参加的老人数量、发放宣传资料时老人取走的数量。（DY 社会福利院的 M1）

---

① 十方缘老人心灵呵护中心是由义工伙伴和员工伙伴组成的在北京市民政局登记注册的民办非营利组织。义工伙伴主要是为老人提供心灵呵护服务，特别是为养老机构、医院和社区里没有宗教信仰的临终老人、重症患者及植物人、痴呆症患者提供义务的心灵陪伴服务。DY 社会福利院与北京十方缘老人心灵呵护中心共同合作，提供安宁服务。

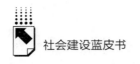

综上所述，北京市养老服务机构的社会工作者基于老人需要，通过对话与合作，遵循老人入院评估建档、探访老人发现优势、制订社会工作专业服务计划、开展社会工作专业服务以及保持老人优势和临终关怀等社会工作专业服务流程来提供服务，增强老人权能，实现老人"老有所养、老有所医、老有所教、老有所学、老有所为、老有所乐"的复原目标。

四　北京市养老服务机构社会工作专业服务评价

（一）老人的社会工作专业服务评价

老人的社会工作专业服务评价主要围绕社会工作者及社会工作专业服务的知晓度和满意度进行的。

1. 社会工作专业服务的知晓度高

社会工作专业服务的知晓度包含三个方面：一是感知度，老人对社会工作专业服务的知晓程度；二是理解度，老人对社会工作专业服务的赞许、同意等态度；三是支持度，老人主动参与各种社会工作专业服务。

首先，通过访谈发现，DY 社会福利院和 YL 老年公寓的老人分别明确知道社会工作者的人数、姓名、职责、隶属，社会工作服务开展的时间、内容、地点等。可见，养老服务机构的老人对社会工作专业服务的感知度高，这需要经过一定时间的社会工作专业服务才能实现。经过 9 年时间，DY 社会福利院老人对社工的认知从陌生、认同感低、处于辅助地位发展到熟悉、认同感高、处于正式地位；经过 2 年多时间，FS 敬老院老人才能区分社工与护理员。

其次，老人对社会工作专业服务并不是一开始就赞许或同意的，他们从开始的观望、不理解发展到后来的参加、理解，并成为志愿者。

一开始都不理解社工折腾那些活动干嘛，慢慢发现社工的娱乐活动起到了作用，让自己觉得老有所用，我可以帮忙写春联、校对院报、写

稿子，还学会了用电脑，可以组织老人党员学习会。（YL 老年公寓的 O4）

最后，由于对社会工作专业服务理解度的不同，老人从被动参与发展到根据自己的需要主动参与。

我自己参加了英语班、唱歌班，社工科组织活动，周一到周五每天都有，这样我每天都过得很充实，不寂寞，学了英语还可以和德国的外孙视频聊天。（DY 社会福利院的 O3）

总之，养老服务机构的老人对社会工作专业服务的感知度、理解度和支持度都较高。

2. 社会工作专业服务的满意度高

社会工作专业服务的满意度是一种心理状态，是老人的需要被满足后的愉悦感，是老人对社会工作专业服务的事前期望与实际使用服务后所得到实际感受的相对关系。

以前想自杀，现在越来越幸福，越舍不得死，福利院对自己的好，让自己想回报社会。（DY 社会福利院的 O1）

社会工作专业服务的各种活动通知都会在颐养生活园地里公布，活动对老人的精神生活很有帮助，而且社工对老人也很关心。（DY 社会福利院的 O3）

社工组织的活动是免费参加的，我对服务满意，没有什么意见。（YL 老年公寓的 O4）

社工组织的活动够丰富，服务满意。（YL 老年公寓的 O5）

社工服务免费，不花公寓的钱，服务很周到，社工还给我和老伴拍了照片，洗好并镶好挂在房间里。（YL 老年公寓的 O6）

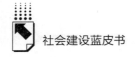

3. 社会工作专业服务范围需要拓展

即使老人对社会工作专业服务知晓度高、满意度高，但是老人仍希望社工能够满足他们的多元化需要，比如遗产纠纷处理、法律知识宣讲、心理辅导等。

> 我自己想得开，已经准备好墓地、遗嘱，处理了财物。健康很重要，社工应该培养老人如何度过晚年时光的理念……社工开展活动只针对能动、能说的老人，忽略了其他老人……老人遗产纠纷多，社工应该给予一些常识的培训……老人还须继续接受各种心理辅导。（DY 社会福利院的 O2）

（二）一线社会工作者的社会工作专业服务评价

1. 社会工作专业直接、间接服务各半

如前所述，一线社会工作者在养老服务机构里既要承担一定的行政服务，又要承担专业服务；同时，社会工作专业服务中既有专业直接服务，又有专业间接服务。通过访谈发现，设岗的养老服务机构中一线社会工作者必须承担一定的行政服务，且所占比例不低；购买社会工作服务的养老服务机构中一线社会工作者以项目化方式运作，专业间接服务所占比例有所上升。

> 我负责的主要工作包括大型活动策划、颐养 2 区的专业服务、三无老人管理、京民社区养老服务券的发放、供管委会议的组织。其中，专业服务——大型活动策划和颐养 2 区的专业服务，大概占精力的 60%；行政服务，大概占 40%。（DY 社会福利院的 S1）
> 一线社工师必须做行政服务的，也不少，因为社工属于行政部管，如制作生日卡、院小报等。（YL 老年公寓的 S2）
> 我们和敬老院是合作平等关系，社工与行政没有交叉，开展专业服务告知院长即可。社会工作专业直接服务种类少、频率高，占 50% 的

时间，间接服务种类多、频率低，也占 50% 的时间。（FS 敬老院的 MS3）

2. 社会工作专业服务的提供依赖资源协调

养老服务机构社会工作专业服务的提供不仅依赖社会工作者的设计，还依赖机构各部门的协调合作，更依赖机构外社会工作专业实习生和志愿者的支持。

个案、小组特别需要科区支持，科区活动由护士组织、社工协助，全院活动由社工组织，主要以颐养区为主，因此，与颐养区护士组织的科区活动会有冲突，需要协调好。（DY 社会福利院的 S1）

志愿者，尤其是有专业背景要求的志愿者，经常换人，这对于社会工作专业服务的顺利开展不大有利，希望能够获得更多外部资源的支持。（DY 社会福利院的 S1）

社区资源链接，敬老院所在地的社区单位，如学校、交警大队、出租车队等，经常提供所需的资源。（FS 敬老院的 MS3）

五　总结

通过不同类型养老服务机构社会工作专业服务的研究，本研究梳理了北京市养老服务机构社会工作专业服务情况（见表3）。由此可见，北京市养老服务机构社会工作专业服务包括直接服务和间接服务两大类。其中，直接服务采用个案、小组、主题活动、常设活动、讲座、培训、个案管理和项目等服务方法，为老人提供入院评估、环境适应、心理/精神支持、休闲娱乐、关系调解、教育发展和临终关怀等服务内容；间接服务采用个案管理、小组、活动和个案等服务方法，为老人提供资源整合、志愿者管理、实习生督导和服务评估等服务内容。

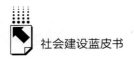

表3　北京市养老服务机构社会工作专业服务

服务性质	服务内容	服务方法
直接服务	入院评估	个案
	环境适应	个案、小组
	心理/精神支持	个案、小组、主题活动、项目
	休闲娱乐	常设活动、大型活动
	关系调解	个案、小组
	教育发展	讲座、培训
	临终关怀	个案、小组、个案管理、项目
间接服务	资源整合	个案管理
	志愿者管理	小组、活动
	实习生督导	个案、小组
	服务评估	—

　　北京市养老服务机构的老人对社会工作者提供的社会工作专业服务做出了知晓度高、满意度高的评价，但仍存在多元化需求有待于满足问题，如遗产纠纷处理、法律知识宣讲等；北京市养老服务机构的社会工作者认为养老服务机构中社会工作专业直接服务与间接服务参半，且服务提供依赖于资源协调。

B.7
新能源汽车与北京绿色交通发展*

朱　涛**

摘　要： 汽车行业把 2014 年称为我国新能源汽车的元年，北京是第一批新能源汽车试点城市，2014 年也是其新能源汽车发展的标志性年份。本文从绿色交通的视角探讨新能源汽车的发展，在回顾 2014 年北京交通建设与发展后，将新能源汽车作为亮点提出，从出台政策、发展氛围、车型种类等方面分析了新能源汽车在北京的现状，并进一步从充电设施建设、车企服务提供、政策红利拓展、宣传方式创新、公共领域应用等方面提出促进北京新能源汽车发展的建议。

关键词： 新能源汽车　绿色交通　政策红利

面对日益严重的雾霾和空气质量恶化以及北京市 561.1 万辆的机动车保有量，① 北京对绿色交通的期望很是热切。从 2014 年开始，北京新能源汽车推广力度骤然加大。

绿色交通秉承可持续性发展理念，强调交通的"绿色性"，即减轻城市交通拥挤、减少周边环境污染、促进社会公平、有效利用资源，其本质是通过建立可持续发展的城市交通体系满足人们需求，用较少的社会成本实现最

---

*　本文获北京市教委科研计划项目（SM201410005003）资助。

**　朱涛，首都社会建设与社会管理协同创新中心、北京工业大学人文社会科学学院社会学系副教授。

①　截至 2014 年 11 月，北京市机动车保有量为 561.1 万辆，驾驶人数为 899.4 万人。

优的交通效率。绿色交通方式包括步行、自行车、公共交通与轨道交通等，交通工具包括各类低污染车辆，如天然气汽车、电动汽车、太阳能汽车等，也涵盖各种电气化交通，如地铁、轻轨、无轨电车、有轨电车等。[①] 而新能源汽车，包括纯电动汽车（BEV）、液化石油气汽车、燃气汽车（液化天然气、压缩天然气）、氢能源动力汽车、混合动力汽车（油气混合、油电混合）。同时，太阳能汽车也是绿色交通工具。

2014 年 2 月 26 日，北京进行 2014 年首次购车摇号，包含首次备受关注的示范应用新能源小客车摇号。在该次摇号中，个人指标申请数仅为 1428 个，小于当期指标配额 1666 个，新能源小客车指标直接配置，无须摇号。2014 年全年北京推广新能源汽车 8050 辆，这中间超过 7 成来自私人用户，累计推广车辆达 1.3 万辆。不过，截至 2015 年初，北京地区能上牌的新能源小客车还只限于纯电动汽车。

一　2014年交通建设与发展回顾

2014 年，北京交通在改革中发展，成就与挑战并存。

1. 票价调整

北京公共交通价格调整方案于 2014 年 12 月 28 日起实施，终结了地铁票价的"两元时代"，地铁起步 3 元坐 6 公里，不含机场线；公交起步 2 元坐 10 公里。[②] 随着公共交通票价的变化，北京同时出台了提高公共交通发展和管理水平的意见，提出了改善公交接驳条件、加快公交专用道施划等 20 条 56 项工作措施。

---

① 黎德阳等：《交通社会学》，中国社会科学出版社，2012，第 234 页。
② 地面公交：10 公里（含）内 2 元，10 公里以上部分，每增加 1 元可乘坐 5 公里。市政一卡通刷卡，市域内普通卡打 5 折，学生卡打 2.5 折；市域外按现行政策不变。轨道交通：6 公里（含）内 3 元；6 ~ 12 公里（含）4 元；12 ~ 22 公里（含）5 元；22 ~ 32 公里（含）6 元；32 公里以上部分，每增加 1 元可乘坐 20 公里。使用市政交通一卡通，每张卡支出累计满 100 元后，超出部分打 8 折；满 150 元后，超出部分打 5 折；支出累计达 400 元后，不再打折。

2. 道路建设

快速路与高速公路新增里程 11 公里和 59 公里，总里程分别达到 377 公里和 981 公里。万寿路南延工程、京良路等"城南行动计划"重点项目以及黄楼路、白马路东延、怀长路联络线等工程相继通车，苹果园枢纽和 110 国道二期工程实现开工。完成百子湾路等 147 项疏堵工程，畅通微循环道路 100 公里。完成西长安街和五环路大修等 11 项养护工程，组建了 90 个"巡养一体化"作业小组，确保道路病害 24 小时内修复。

3. 地面公交

地面公交年客运量达 51.7 亿人次，日均客运量为 1417 万人次。提供多样化公交服务，新开定制公交线路 80 条，开通微循环线路 20 条，首次开通公交旅游观光线，新增优化 34 条夜班线路，实现三环内主干道公交运营 24 小时全覆盖。开通京开高速及西南三环公交快速通勤走廊，新增公交专用道 30 公里，沿线地面公交车提速 34%。完成 10 批次 239 条公交线路优化，削减中心城重复线路 316 公里。推出手机 APP，实时提供 241 条公交线路查询服务，用户达 76 万。改善公交站台候车环境，完成 100 处公交站台改造。建成 10 个郊区客运站。

4. 轨道交通

地铁 7 号线、14 号线东段、6 号线二期和 15 号线一期西段四条新地铁线开通，新增里程 62 公里，总里程达 527 公里，实现了轨道交通突破 500 公里的里程碑。全路网年客运量达 34 亿人次，日均客运量为 931 万人次，轨道交通占公共交通出行比例达到 47%。缩短运行间隔提高运力，先后 8 次对 6 条线路的运行图进行调整，1 号、2 号线加装安全门全面开工。实施 1 号线信号系统、5 号线供电扩容和 13 号线乘客信息系统改造工程。

5. 交通调控

继续实施小客车数量调控措施，指标额度削减至每年 15 万个。继续实施机动车尾号限行措施，扩大对载货汽车、外埠车、黄标车的限行范围。开展 9 月缓堵专项行动，公交出行周、"无车日"等活动取得良好效果。制订自行车道步道建设和环境整治三年计划，完成 80 条城市道路整治工程。公

共自行车新增1.5万辆。加强停车管理，30个老旧居住区试行停车自治管理，挖潜居住区停车位9900个、错时停车位5300余个，通州北苑P+R停车场改造为机械式智能立体停车库。

6. 绿色交通

落实北京市清洁空气行动计划，在公交、出租等行业推广应用3600余辆新能源和清洁能源车辆，淘汰省际和旅游客运行业第三阶段排放标准以下车辆，城市货运保障"绿色车队"总规模达到4万辆。实现14个省市ETC联网，本市用户达145万，ETC通行率位居全国第一。完成交通领域节能减排统计与监测平台一期工程，发布了4项交通节能减排标准。路政系统旧路沥青材料回收率达96%，循环利用率达63%。交通行业汽柴油消耗较2013年底下降了10%。

7. 交通运行

2003~2014年，北京市机动车保有量增长346万辆，公共交通出行比例从28%提高到48%，中心城平均交通指数控制在6以下，交通运行总体平稳，交通拥堵状况得到改善。可以说，交通为首都经济社会发展提供了强有力的支撑。①

2014年北京交通发展的成绩可圈可点，与此同时，北京交通面临的整体困境与局部困难依然存在，表现为：交通需求仍将持续增长，交通供给仍存在较大缺口；交通拥堵加剧的势头有所放缓，但形势依然严峻；公共交通出行比例持续上升，小客车出行基本稳定，但自行车出行下降较多，交通出行结构仍需进一步优化；城市交通的便捷程度、出行的舒适程度、个性化需求的满足程度等服务水平仍不高；北京新的功能定位以及京津冀协同发展的部署，给首都交通提供了更大的发展空间，也带来了新的挑战；交通建设面对资金、土地、环境等外部因素的刚性约束将进一步凸显。

党的十八届四中全会提出"全面建设法治国家"，运用法治思维和法治

---

① 参见《2015年北京市交通工作会议召开》，http://zhengwu.beijing.gov.cn/gzdt/bmdt/t1380672.htm。

方式成为交通治理体制改革、治理方式优化的指导，北京市交通发展面临新形势。

二 2014年：新能源汽车元年

中国新能源汽车从 21 世纪初开始研发起步，"发展新能源汽车"的呼声已经喊了多年，国家也进行了三批城市示范运行①等多项优惠措施。但出于种种原因，新能源汽车的推广步履蹒跚，效果并不明显。2013 年国内新能源汽车销量不足两万辆，占当年国产汽车销量不足千分之一。2014 年，中国汽车工业协会统计数据显示，我国新能源汽车的销量达 7.8 万辆，比 2013 年增长 3 倍。② 截至 2014 年底，中国新能源汽车保有量已经超过 12 万辆。因此，汽车行业把 2014 年称为我国新能源汽车的元年，预计 2015 年将会是新能源汽车进一步发展的春天。2015 年，在实行小汽车限购政策的北京，在 15 万个摇号指标不变的情况下，新能源汽车指标由 2 万个增至 3 万个。

2014 年 7 月 13 日，国家机关事务管理局联合财政部、科技部、工业和信息化部、国家发展和改革委员会印发了《政府机关及公共机构购买新能源汽车实施方案》，该方案提出"2014~2016 年，中央国家机关以及纳入财政部、科技部、工业和信息化部、发展改革委备案范围的新能源汽车推广应用城市的政府机关及公共机构购买的新能源汽车占当年配备更新总量的比例不低于30%，以后逐年提高"。③ 7 月 21 日，国务院办公厅正式下发《关于加快新能源汽车推广应用的指导意见》，共在 8 个方面提出了 30 条具体政策措施，助力新能源汽车的推广。

---

① 我国新能源汽车试点城市第一批：北京、上海、重庆、长春、大连、杭州、济南、武汉、深圳、合肥、长沙、昆明、南昌；第二批：天津、海口、郑州、厦门、苏州、唐山、广州；第三批：沈阳、呼和浩特、包头、成都、南通、襄阳。
② 《应给予新能源汽车"特殊待遇"》，http://news.youth.cn/gn/201503/t20150312_6522283.htm。
③ 《一锤定音：今年才是新能源汽车元年》，http://auto.qq.com/a/20140716/013539.htm。

社会建设蓝皮书

統計顯示，2014 年國家共出台了 16 項新能源汽車政策，在 2014 年下半年，國家發改委、財政部更是密集推出了一系列新能源汽車推廣政策，如明確新能源汽車在新增公車中的所占比例、免除購置稅、破除地方保護主義等，政策對銷量上漲起到了明顯的推動作用。[1]

此外，2014 年不少城市陸續啟動新能源汽車推廣工作。在汽車限購的北京、上海等地，均給新能源汽車以"特殊待遇"。此外在價格上，除獲得中央財政補貼，地方政府也追加補貼。

目前，我國在新能源汽車自主研發上的努力已展現出可喜成果，比亞迪、宇通等一批企業的新能源汽車市場表現良好。同時，隨著國家與地方新能源政策的陸續推出，車企紛紛試水新能源，新能源汽車也呈現密集發布的態勢，為消費者提供了更廣闊的選擇空間。不過，在全國新能源汽車欣欣向榮的同時，隱憂也隨之出現，新能源汽車特別是純電動汽車的續航里程、安全性能和充電樁都是消費者最擔心的問題。也正是這些原因讓新能源汽車並不被普遍接受。充電樁的數量不足、充電接口的標準各異都阻礙了新能源汽車的發展。

三 新能源汽车在北京的发展现状

作为第一批新能源汽车试点城市，新能源汽车在北京获得了政策的大力支持，2014 年成为北京新能源汽车发展的标志性年份。

1. 新能源汽车推广政策紧密出台

2014 年，北京市新能源汽车形成了较完整的政策体系，包括 1 个办法、3 个细则。其分别为：2014 年 1 月 28 日发布的《北京市示范应用新能源小客车管理办法》；2014 年 2 月 11 日发布的《北京市示范应用新能源小客车生产企业及产品审核备案管理细则》（细则一）和 2014 年 6 月 11 日发布的

---

① 《盘点汽车行业的 2014：新能源纪年元年》，http://auto.163.com/15/0112/07/AFOAOA84 00084TV1.html。

《北京市示范应用新能源小客车财政补助资金管理细则》（细则二）及《北京市示范应用新能源小客车自用充电设施建设管理细则》（细则三）。其中，细则一重点突出对企业服务能力及产品质量的要求，细则二明确财政补助标准、申请流程等，细则三规范自用充电设施建设等。①

在摇号上牌方面，在北京购买符合补贴条件的新能源汽车，可享受单独摇号政策得到新能源车号牌。北京市在 2013 年 11 月底出台新能源汽车购车摇号政策，即 2014 年起新能源汽车单独摇号，2015 年示范应用新能源小客车指标达 3 万个。其中，个人指标为 2 万个，依据整数平均分配，前 5 期每期为 3333 个，剩余 3335 个指标在第 6 期分配。总体来说，新能源汽车摇号的中签率比一般汽车要高出很多。而 2014 年 7 月起，市政府进一步出台鼓励购买新能源汽车的规定，对于摇到新能源汽车号牌的消费者，如在号牌有效期内未购买，有效期可顺延一个周期。反观此前发布的相关规定，普通号牌有效期是 6 个月，倘若消费者不能在该时段内购车，号牌将作废，重新归到摇号池。新政策出台后，消费者将再获得半年的选择周期。

2014 年，北京市政府曾先后公布过两批新能源汽车 7 款车型进入目录，国内其他新能源汽车车型则无法在北京作为新能源汽车销售。业内人士分析认为，在北京实施新能源汽车备案制后，将有更多的新能源汽车产品进入北京市场销售。不过，此前就不在北京新能源汽车目录中的插电式混合动力汽车，依然无法在北京备案，因为北京新能源汽车的备案仅限于纯电动汽车，这也就意味着插电式混合动力在北京依然无法作为新能源汽车享受单独摇号、地方补贴等政策。

2015 年 3 月，《北京市充电设施布局图》涵盖了全市 73 个已投入运营的充电站点和 123 个正在调试中的站点。当前，充电桩的自用建桩率约为 50%。此外，根据北京市政府相关规定，新建或改建的居住小区，需有 18% 的配建机动车停车位留给电动车。

---

① 《解读：北京市发布新能源小客车新政策》，http：//news. xinhuanet. com/tech/2014 – 06/11/c_ 126606597. htm。

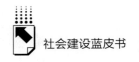

2. 新能源汽车有所增长，但形成氛围还需时日

2013 年 11 月底，北京出台摇号新政，自 2014 年开始四年内，将在 60 万辆新增小客车中，设置 17 万辆新能源汽车指标。2015 年新能源汽车指标增至 3 万个，而普通汽车指标则减少了 1 万个。实际上，普通汽车摇号的中签率已低至 150.9∶1，一号难求；而新能源汽车摇号并未出现疯抢（见表 1）。

表 1　2014 年购车摇号盘点

单位：辆

期数	月份	普通汽车		新能源汽车	
		申请数	中签比	申请数	中签比
第一期	2 月	1841213	110.7∶1	1701	全中
第二期	4 月	2012497	123.9∶1	2420	1.08∶1
第三期	6 月	2206067	137∶1	1763	全中
第四期	8 月	2087556	134.5∶1	2056	全中
第五期	10 月	2158865	140.9∶1	2108	全中
第六期	12 月	2294454	150.9∶1	2385	全中

尽管如此，自新能源汽车摇号开始，弃号现象表明新能源汽车在北京购买、使用的氛围还没有真正形成，购买条件有待成熟。从依然节节升高的普通汽车申请数来看，消费者不会因为有几万块钱的补贴，轻易放弃传统动力汽车转而买电动汽车，想买车的消费者普遍担心，鉴于目前北京的电动汽车发展情况，买了之后会有不少麻烦。这突出体现在如下方面。

一是目前在北京销售的新能源汽车充电还是"瓶颈"。北京是特大型城市，很多人上班要跑几十公里，目前电动车的行驶里程大多只有 100 多公里，一个人如果上班往返 50 公里，电量三天就用完，而充电障碍很多。很多人家住十几、二十层的高楼，不可能抻根电线下去。在单位找个停车的地都不好找，更不要说还能充电的地儿。现在很多人喜欢自己开车去外地旅游或者出差，一旦在高速上没了电，更是麻烦。①

---

① 《北京取消新能源汽车目录　地方保护真的没了？》，http://auto.163.com/15/0209/14/AI14D5EA00084TV1.html。

二是自用充电桩建设推进困难。虽然北京市要求车企确保消费者可以充电，即车企是私人建充电桩的责任主体，但真正实施难度较大。例如，自用充电桩必须有固定车位，固定车位还需要和物业或电网公司的电箱距离合适，否则依然不具备充电条件。但北京一些小区一个固定停车位的价格就在25万~50万元，这会拦住一批消费者。不满足条件的消费者可能会直接从阳台牵出一根线，将电动车开到楼下解决充电问题。这些问题会直接导致车企发现安装难度比较大而直接放弃潜在用户。退一步来说，即使有固定车位，在很多小区，因为线路安全问题、小区变压器容量问题，与物业协商建充电桩也并不容易。

三是众多潜在消费者对新能源汽车的稳定性存有疑问。北京的汽车市场相对成熟，可供选择的汽车很多，与电动汽车太多的未知相比，大家更愿意买比较成熟的传统汽车，其安全性、稳定性更有保证。此外，媒体报道近年关于电动汽车电池着火的新闻也不少，就连大名鼎鼎的特斯拉都着三次火了，消费者对于电动汽车的安全性也存在疑虑。[①]

四是新能源汽车的政策红利依然不足。目前，在北京购买新能源汽车的车主主要是两部分人群：一类是急需用车，但由于迟迟没有摇号成功，而选择购买新能源汽车。其内心还是希望购买成熟的传统汽车，只是因为摇号上牌的困难才转而购买新能源汽车；另一类是其家庭成员已至少有一辆传统汽车的车主。这类车主将购买新能源汽车作为"第二辆车"，用于短距离出行、接送小孩上下学、通勤上班等。使用新能源汽车能节约一部分用车成本，同时也相对"潮流"一些。因此，在购买补贴、摇号优待之外，新能源汽车在北京的推广使用还需研究其他的政策红利，如停车优惠、少受限行、高速路收费优惠等。

3. 纯电动还是插电

新能源汽车在北京的应用氛围不足，还与北京目前特殊的限制政策有

---

① 《北京取消新能源汽车目录　地方保护真的没了？》，http：//auto. 163. com/15/0209/14/ AI14D5EA00084TV1. html。

关，即把插电式混合动力车排斥在新能源汽车销售之外。截至 2015 年初，这类车在北京的上牌，需与传统汽车一块摇号。而在上海，插电式混合动力车作为新能源汽车而上牌销售。但是其弊端也很明显：在上海，一些人打着买新能源汽车的旗号，但还是用传统动力来开。一是因为确实存在充电难的情况，二是图个免费上牌的优惠政策。插电式混合动力用传统动力来开，并没有达到节能减排的作用，而是钻了新能源汽车政策的漏洞。因为插电式混合动力车设计的初衷主要是以电的方式行驶，所以才有了电池，使它的车重相对于普通车更重，比普通车还重的车燃油的结果只能是比普通车的耗油排放更多。

此外，限制将插电式混合动力车纳入新能源汽车单独摇号，也是出于控制机动车总量的考虑。因为北京目前的交通状况在限号限牌的情况下依然很堵，一旦将插电式混合动力放进来，买插电式混合动力的车主会增多，这样对控制北京市的汽车总量不利。

但是，从目前纯电动汽车推广的实际情况看，在私人消费领域可以说很不理想，行驶里程短、找不到充电设施，虽然有补贴，但扣除补贴后，价格依然不便宜。插电式混合动力既可以做到节能减排，也不用担忧行驶里程不够的问题。因此，北京对各类型新能源汽车还需制定更为细致的区别化政策。

四　促进新能源汽车发展的建议

为发展绿色交通，新能源汽车是未来北京机动车发展的方向。近些年来，北京的雾霾严重困扰市民生活，有研究显示，在北京这样的超大城市，机动车尾气排放是第一污染源。因为在北京城区，机动车排放是近地排放，强度又与人群活动密度正相关，所以尾气排放对人们健康的影响尤为重大。[①]为此，推广清洁、环保的新能源汽车势在必行。针对当

---

① 朱涛：《京城雾霾与绕不开的汽车尾气》，宋贵伦、冯虹主编《2014 年北京社会建设分析报告》，社会科学文献出版社，2014。

前北京新能源汽车的发展现状，有必要多管齐下，为新能源汽车在北京的推广加力。

1. 统筹推进充电设施建设，破解充电难题

统筹、适度超前规划布局充电基础设施。实施双轮驱动，以公用快速补电、自用慢充主导的能源供给方式，政府主导建设布局，政策引导建设规范。[①]

政府主导建设布局。调动社会力量参与，给予资金支持，加快形成建设、运营、管理的一条龙机制。鼓励在加油站、公园、机场、商场超市停车场等地建设充电设施。此外，北京需进一步优化、扩大公用充电桩规模，解决新能源汽车车主的"里程焦虑"。同时，通过信息化手段，进一步细化智能充换电服务管理平台，着眼于利于公众预约、查询等使用需求。更为关键的是，要加快快速充电，甚至是无线充电技术的研发，从根本上破解充电难题。

政策引导建设规范。依照《北京市示范应用新能源小客车自用充电设施建设管理细则》，自用充电设施将按"桩随车走""一车一桩"的原则，由新能源汽车生产企业或其委托机构（如4S店）负责"全过程管理"。同时，物业若不配合安装自用充电设施，或向购车人和安装单位收取额外费用的，由各区县住房城乡建设委、房屋管理局责令改正，并可依规定（京建发〔2010〕658号），给予物业处分或公开曝光。

2. 车企提供全面无忧服务，便利新能源汽车使用

本着"标准公开、过程公开、对象公开"的原则，以"安全"和"服务"等为标准，全面开放纯电动汽车市场准入。要求企业建立完善的销售服务体系，车企应积极提供服务保障。如北汽、比亚迪等企业借势北京车展、科技周等，积极开展试乘试驾等多种多样的销售推广活动，[②]向消费者传递完善服务保障的信息，包括免费为客户安装充电桩，维修时长不超过

---

① 《北京取消新能源汽车目录　地方保护真的没了?》，http://auto.163.com/15/0209/14/AI14D5EA00084TV1.html。

② 2015年3月7日，北京市第一次举办新能源汽车试驾活动，覆盖了所有在京销售的新能源汽车品牌。在3月份的每个周六都举办这类新能源汽车试驾活动。

48 小时推出超时免费提供代步车和站内充电全免费等服务，增强消费者体验，消除顾虑。同时，改善监管模式，变事前为事中事后监管，强化企业和产品退出机制，保障示范应用新能源小客车安全运行。

3. 进一步拓展政策红利

为了推广应用新能源汽车，政府相关部门已经出台了多项政策，接下来还有两个方面需重视。一是落实已有的政策，破除不利于新能源汽车推广应用的制度壁垒，消解人为阻力，如对不按要求执行规定的车企、物业、停车位管理方等进行有效监督。二是继续研究推出有利于新能源汽车使用的优惠政策，如研究停车收费的优惠、通行收费的优惠、工作日不受尾号限行①的可行性，吸引更多的潜在消费者购买新能源汽车。

4. 创新宣传方式

在宣传新能源汽车方面应该改变传统方式。除了宣传有补贴、减免购置税、免费上牌等优惠政策外，也可以从"环保责任或义务"等角度进行宣传。比如在新能源汽车形象上，应通过平面媒体、新媒体等对新能源汽车进行宣传，倡导环保节能的汽车消费方式，突出环保性，塑造积极形象。② 此外，购买新能源汽车有一定的购车补贴，不管是国家还是地方政府给的补贴，都是纳税人的钱。用纳税人的钱来补贴车主购买新能源汽车，意味着新能源汽车主买后应承担减少车辆排放污染的义务。在经济杠杆的推动外，也要更加鼓励车主绿色环保意识的提升，只有发自内心地想通过自己的行为来减少污染，新能源汽车才能真正走入千家万户。

5. 推动新能源汽车在公共领域的应用

每辆公交车产生的二氧化碳大约是私家车的 18 倍。倘若让公交车走新能源之路，对绿色交通意义非凡。除了公交车，北京还有大量政府公务车、

---

① 从 2015 年 6 月 1 日至 2016 年 4 月 10 日，北京地区的纯电动汽车无须执行每周一天的限行政策。参见《6 月 1 日起京城电动车不限行你打算租还是买》，http：//auto. sina. com. cn/news/2015 – 06 –02/08401443309. shtml。

② 王月辉、王青：《北京居民新能源汽车购买意向影响因素——基于 TAM 和 TPB 整合模型的研究》，《中国管理科学》2013 年第 S2 期。

出租车、邮政快递和电商物流车等。① 所以，接下来，使用新能源汽车是公共领域用车的一大重点。

市场拉动与政府推动行成合力，新能源汽车在北京的发展才能跃上新的台阶。不过，绿色交通是一个综合交通系统，新能源汽车只是绿色交通工具的一种。为了发展北京的绿色交通，还需从交通方式的转变等多个方面入手，如大力发展步行、自行车、公共轨道交通等。本文挂一漏万，仅仅从新能源汽车在北京的状况来探讨北京交通，特别是北京绿色交通的发展，目的在于希望引起公众对新能源汽车的重视。为建设与首都功能定位和国际一流的和谐宜居之都相匹配、出行"安全、便捷、高效、绿色、经济"的北京现代化综合交通体系，还需要研究更多的内容。

---

① 王海蕴：《从桩开始 新能源汽车北京提速》，《财经界》2014 年第 7 期。

B.8

2014年北京市自住房发展情况报告

韩秀记*

摘　要：　2013年底北京市推出自住型商品房项目，进一步丰富和完善了住房类型及调控政策。自住房面向社会"夹心层"群体，在销售价格、户型面积、申购程序等方面都做出了严格的规定，具有共有产权性质，介于保障房和商品房之间，属于政策性住房范畴。经过一年多的实践，北京市自住房建设和销售火热，并受到社会的广泛关注，不过也暴露出一些问题。未来，自住房将可能成为解决北京市中等收入者群体住房问题的重要方式。

关键词：　自住型商品房　政策解析　实施分析

　　住房问题关系千家万户，是安居乐业和社会稳定的重要民生问题。改革开放以来，我国通过一系列的住房改革，建立了社会主义住房市场体系，从过去的计划分配性住房逐渐演变为市场性购房和政策性保障房相融合的新体系。北京市自1998年实行住房市场化改革以来，在商品房建设蓬勃推进的同时，同社会中低层群体密切相关的政策性、保障性住房规模也不断扩大。2013年底，北京市推出自住型商品房，用于解决"夹心层"的住房问题，以利于实现"低端有保障、中端有支撑、高端有控制"的总体住房要求。

---

*　韩秀记，社会学博士，北京工业大学人文社会科学学院社会工作系讲师，研究方向为北京住房政策、社区治理。

北京市自住型商品房政策实行一年多来，其政策有哪些特别之处？一年有余的规划和建设情况如何？社会对此的反应如何？本文将就这些问题展开进一步的分析。

一 北京市自住型商品房的政策解读

自住型商品房是北京市为进一步完善本地住房供应结构，支持居民自住性、改善性住房需求，稳定市场预期，促进长效机制建设而推出的中低价位自住型改善型商品性住房，简称"自住型商品房"或"自住房"。自住房是房地产开发企业通过"限房价、竞地价"等出让方式取得土地使用权，按照限定销售对象、限定销售价格的原则，满足居民自住性、改善性住房需要的商品住房。在性质上，自住房既区别于以往的公租房、经济适用房、限价房等保障性住房，又不同于完全产权私有的商品房，具有共有产权性质。在政策定位上，北京市自住房仍从属于住房市场调控的政策范畴，延续了2011年《国务院办公厅关于进一步做好房地产市场调控工作有关问题的通知》（国办发〔2011〕1号）和《北京市人民政府办公厅关于贯彻落实国务院办公厅文件精神进一步加强本市房地产市场调控工作的通知》（京政办发〔2011〕8号）以及《关于落实本市住房限购政策有关问题的通知》（京建发〔2011〕65号）等国家和省市政策的总体思路。

自住型商品房的特点主要有以下几个。

（1）在政策出台方面，2014年北京市住房与城乡建设委员会已经发布了关于自住房建设、申请和质量保障等方面的一系列部门文件。其中，《关于加快中低价位自住型改善型商品住房建设的意见》（京建发〔2013〕510号）是在2013年10月最早发布的，它首次提出了自住型商品房这一新的政策性住房形式，并系统阐述了自住房的总体思路，土地管理、套型面积、价格标准、销售对象、登记管理、房屋转让等方面的实施规范。该文件引发社会的广泛关注，它为京城高房价背景下的住房困局打开了一个突破口。实际上，第一个自住房楼盘所引爆的巨大申购量，也表明这一新的住房政策引发了市民的强烈关注。① 此后，北京市住房与城乡建设委员会又陆续发布了两项关于自住房销售与建设等管理问题的部门条例，即《北京市自住型商品住房销售管理暂行规定》（京建发〔2014〕2 号）和《关于进一步加强自住型商品住房建设过程监管工作的通知》（京建发〔2014〕352 号），进一步规范自住房建设和销售行为，努力实现自住房建设和销售的质量保障和程序公平，回应社会对自住房建设和销售环节的质量和公正的质疑。②

（2）在销售对象方面，自住房主要面向社会"夹心层"群体。这与保障房形成相对清晰的定位差异，后者主要针对的是中低收入群体。社会"夹心层"群体主要是指那些具有住房刚性需求的无房群体，或具有改善性住房需求的小面积有房家庭。社会"夹心层"群体往往具有如下特征：首先，他们没有私有住房或大面积住房，普遍面临住房短缺这一"刚需"问题，同时又迫切希望解决住房问题，购房意愿非常强烈；其次，"夹心层"群体属于社会的中层群体，与那些具有多套住房或大面积住房的高收入群体不同，他们只具有一定的购房支付能力，不足以用自身力量来解决住房问题，需要外部给予一定的资金帮助或政策扶持。换言之，自住房面向的社会"夹心层"群体是一群具有一定住房支付能力的无房或有改善性住房需求的"刚需"家庭。

基于上述情况，在政策界定方面，自住房轮候家庭包括两类群体，即优先购买家庭和非优先购房家庭两类。其中，优先购买家庭的要求是：本市户籍无房家庭（含夫妻双方及未成年子女），其中单身人士须年满 25 周岁；或经济适用住房、限价商品住房轮候家庭（无房家庭）。

---

① 据媒体报道，恒大御景湾作为北京市首个自住房项目自 2013 年 11 月 30 日开始接受网上申购的约 15 天时间（截至 2013 年 12 月 14 日晚）内，网上申购数据统计表明约有 14.8 万个家庭有意购买该项目自住房。其中经济适用房、两限房轮候家庭 8023 组；另本市户籍家庭 12.4 万户，非本市户籍家庭 1.58 万户。恒大官方依购房人自行填报信息初步估算，优先购房家庭占总申请量的 70% 左右。具体参见《14.8 万户网上申购恒大御景湾》，《北京青年报》2013 年 12 月 17 日第 B6 版。

② 《吐槽自住房质量引争议》，《北京晚报》2014 年 7 月 9 日第 12 版。

只要符合上述任一条件的家庭，都可成为自住房的优先购买家庭。非优先购房家庭则是指那些已经有房但迫切需要改善性住房的家庭，这类家庭购买自住房的优先权要次于第一类家庭。这两类家庭在政策执行程序上，表现为优先家庭优先选房，然后潜在购房家庭依次选房。无论哪一类购房群体，凡符合条件的家庭只能购买一套自住房，且购房家庭的成员今后不得再申请购买自住房。

要特别说明的是，在销售对象限定上，自住房不同于各类保障房的重要区别就是前者没有了户籍限制。政策认可那些持有有效暂住证，连续5年（含）以上在本市缴纳社保或个税，且名下无房的非京籍家庭，都可以购买一套自住房。换言之，凡持有北京市居住证且名下无房的非京籍家庭也可以申请购买自住房。

（3）在户型面积、价格标准上，自住房套型建筑面积以中小户型为主，价格要比同区域周边商品房价格低30%以上。根据《关于加快中低价位自住型改善型商品住房建设的意见》（京建发〔2013〕510号）的规定，自住房面积以90平方米以下为主，最大套型建筑面积不得超过140平方米；销售均价，原则上按照比同地段、同品质的商品住房价格低30%左右的水平确定，房屋总价不超过200万元。具体定价会参考周边的商品房项目和二手房价格，按照该地段一年后的价格预期制定限价。

（4）在购买流程上，自住房购房程序大概分为项目公示和购房申请、审核及结果查询、摇号选房、房屋登记四个阶段，而每个阶段又具体包括多个环节，具体流程如图1所示。

其中在购房申请阶段，政策对购房申请准入的标准出现变化。在自住房推出早期，购房者可网上申请多个自住房项目，后来新的标准要求申购者限报购房项目。出现这一政策界定变化，原因在于随着后续工作的展开，政策制定者发现早期网上自由申请多个项目的成本非常低，间接导致部分自住房项目在摇号后出现大面积弃购，于是便限定购房者的申请数目，使其慎重做出选择。

而在摇号选房阶段，为了维护自住房的公平公正分配，北京市住建委投

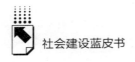

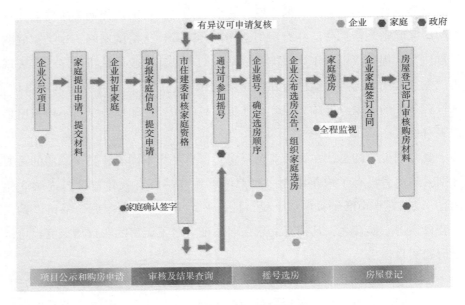

图1 自住房购房流程

资料来源：首都之窗，http：//zhengwu. beijing. gov. cn/zwzt/zzfzn/default. htm。

入自住房摇号软件来选取购房者。自住房的选房摇号软件同北京市购车摇号软件类似，采用的是双重随机（摇号编号随机和种子号随机）、结果可验的设计思路。具体来说，摇号编号随机是指自选了一个4位数的号码，并由系统自动生成了随后的9位数，组成了13位数的唯一摇号编号。这组编号和报名先后、项目名称都没有关系，消除了报名先后对摇号结果的影响。而种子号随机是指每个项目摇号前，将邀请不少于12位购房家庭代表到现场，并用抽球的方式抽取6位购房家庭代表上台，每人在电脑前随机拍出1位数字，组成6位数的种子号，每个项目有一个种子号，摇号软件将种子号带入一个事先设定的公式，从通过审核的家庭数据库中随机抽取申购家庭编号，确定选房顺序。此外，结果可验是指北京市住建委还提供验证软件下载，摇号结束后，社会各界可自行下载当期购房家庭数据包，验证摇号结果。该购房摇号软件经第三方测试和公证处公证，会确保申购家庭能有平等的中签机会。

自住房现场摇号流程

①摇号前3天，房地产开发企业在市住建委网站和销售现场进行摇号公告。

②3天内申购家庭自愿报名，由开发商选择申购家庭代表参加摇号活动，摇号家庭应最少有12个。

③摇号前1天刻录项目申购家庭数据库光盘，全部交由公证员封存，备摇号当天使用。

④摇号当天，公证处负责提供专用电脑、12个抽签球、密封箱、抽签箱等摇号工具，供摇号时使用。

⑤现场用12个抽签球，从购房家庭代表中抽出6个家庭，再由6个家庭在电脑上顺序摇出6位种子数。

⑥各项目将视申购家庭和房源套数情况，按最低2倍的比例摇取购房家庭。

⑦工作人员操作电脑，使用摇号软件进行摇号，产生摇号结果。将产生的摇号结果现场进行展示并刻盘。主持人公布摇号结果查询方式及时间，宣布摇号结束。

⑧先组织优先家庭摇号选房，优先家庭选房后如仍有剩余房源，再组织非优先家庭摇号选房。

资料来源：《市住建委发布自住房摇号流程》，《北京日报》2014年6月7日第6版。

在销售和登记阶段，房地产开发企业在申请办理自住型商品住房预售许可或者现房销售备案手续前，应在市住建委网站和销售现场公示房屋套数、户型、价格等信息。公示期不少于15天。购房家庭应当在公示期内向房地产开发企业提出购房申请。对申请购房家庭的资格审核，按照本市住房限购相关规定执行。自住型商品住房项目在取得商品房预售许可证或办理现房销售备案后，由房地产开发企业组织向符合购房资格的申请人销售。选房顺序，由房地产开发企业组织公开摇号确定。摇号应当进行全程公证，并接受所在区县建设房管部门的监督。自住型商品住房进行房屋权属登记时，登记部门应将房屋性质登记为"自住型商品住房"。

（5）在产权性质和转让管理上，自住型商品房在销售价格上低于同地段、同品质的住房，是因为购房人购房经济能力有限，由政府给予支持。这也决定了自住型商品房在产权上的共有产权性质。因此，2014 年北京市政府工作报告明确提出"推出 2 万套共有产权性质的自住型商品住房"①。

自住型商品住房购房人取得房屋所有权证后，原则上 5 年内不得转让。购房人取得房屋所有权证 5 年以后转让的，如有增值，应当按照届时同地段商品住房价格和该自住型商品住房购买时价格差价的 30% 交纳土地收益等价款。换言之，自住房再上市交易时根据产权比例，政府要获取房屋 30% 的收益。此外，购房人将自住型商品住房转让后，不得再次购买自住型商品住房。

（6）在相关处罚措施上，对通过隐瞒家庭住房状况、伪造相关证明等方式弄虚作假、骗购自住型商品住房的家庭，一经查实，房地产开发企业应与其解除购房合同，购房家庭承担相应经济和法律责任，且 5 年内不得在本市购买住房。构成犯罪的，依法追究刑事责任。

二　北京市自住房建设和供应情况

北京市自 2013 年底开始自住房建设后，在接下来的一年多时间里，自住房项目不断被推出。截至 2015 年 2 月 28 日，北京市住建委已陆续推出 55 宗自住型商品房地块（包含 3 个商品房转化成自住房项目），其中 37 个自住房建设项目获得取证摇号资格。按照计划，2014 年北京市共推出约 5.5 万套自住房，其中取得取证摇号资格的 37 个自住房项目共供应约 4 万套住房，大概占年内计划推出自住房总量的 73%。未来预计还将有一大批自住房陆续入市。接下来，将以这 37 个已取证摇号自住房项目为例，对 2014 年自住房建设供应情况做出相关分析。

---

① 王安顺：《政府工作报告：2014 年 1 月 16 日在北京市第十四届人民代表大会第二次会议上的讲话》，《北京日报》2014 年 1 月 24 日第 1、3 版。

（1）从开发企业性质来看，当前自住房购地建设的主力仍是国有企业（包括央企和北京市地方国企）。在37个自住房楼盘中，央企负责的项目有8个（占22%）；北京市属国企负责开发的项目有15个（占40%）；而民营企业负责的项目有14个（占38%）（见图2）。央企有中铁建、中国水电、保利、国电等负责房地产开发的下属子公司参与；北京市属国企主要有金隅集团、首都创业集团、首都旅游集团、首都农业集团、北京住总集团、北京建工集团等参与开发建设，而民营企业多是一些国内知名房地产开发公司，如恒大当代置业、华远、金地等。

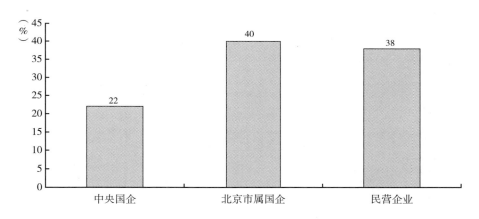

图2　2014年北京市自住房开发企业的性质分布

资料来源：根据北京市住房与城乡建设委员会公布数据整理获得，http：//www.bjjs.gov.cn/publish/portal0/tab4021/。

（2）从功能区划和区县分布来看，自住房楼盘主要分布于城市功能拓展区和城市发展新区，尤其是朝阳区和顺义区最多。在北京市16个区县中，已有朝阳区、顺义区、大兴区、房山区、门头沟区、昌平区、丰台区、通州区、海淀区开建自住房项目。而这些区县基本都是城市功能拓展区和城市发展新区，承载着城市核心区功能和人口转移安置的重担。其中，朝阳区自住房项目最多，达到9个，约占总数的1/4（24.3%）；第二名是顺义区，共有7个自住房项目，约占18.9%；排名第三的则是大兴区，共有5个自住房项目，约占13.5%。

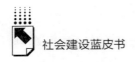

　　而从各区县提供的自住房总套数来看，朝阳区以 13050 套最多，占全部总套数（39668 套）的近 1/3（32.9%），成为唯一一个建设总套数过万的区县，当之无愧地成为自住房建设大区。此外，昌平区、通州区、大兴区、顺义区等区县的自住房建设也比较多（见表 1）。

表 1　自住房项目楼盘的区域分布

单位：个，套

功能区划	区　县	项目（比重）	总套数（比重）
城市功能拓展区	朝阳区	9（24.3%）	13050（32.9%）
	丰台区	2（5.4%）	847（2.1%）
	海淀区	1（2.7%）	2070（5.2%）
城市发展新区	昌平区	2（5.4%）	5373（13.5%）
	大兴区	5（13.5%）	4327（10.9%）
	房山区	3（8.1%）	1524（3.8%）
	顺义区	7（18.9%）	3606（9.1%）
	通州区	2（5.4%）	4400（11.1%）
城市生态涵养区	门头沟区	3（8.1%）	1403（3.5%）
	平谷区	3（8.1%）	3068（7.7%）
合　　计		37（100%）	39668（100%）

　　资料来源：根据北京市住房与城乡建设委员会公布数据整理获得，http：//www. bjjs. gov. cn/publish/portal0/tab4021/。

　　（3）从自住房楼盘的套数分布来看，自住房楼盘建设规模总体偏小，大多数在 1500 套/项目以下。截至 2015 年 3 月，37 个已取证摇号项目共计提供约 39668 套自住房。实际上，各项目提供的自住房套数存在很大差异。其中，位于昌平区的龙冠·冠华苑自住房项目建设套数最多，为 4703 套，而提供套数最少的项目则是丰台区的中国铁建·北京山语城项目，仅提供 48 套。从图 3 可以看出，自住房以小型楼盘为主，多数在 1500 套/项目以下，尤其以 500～1000 套/项目为主，这也表明自住房楼盘建设规模总体偏小。

　　（4）从自住房单位售价的区间分布来看，主要集中在 10000 元到 25000 元之间，整体价格水平低于同期商品房价格。如表 2 所示，当前 37 个自住

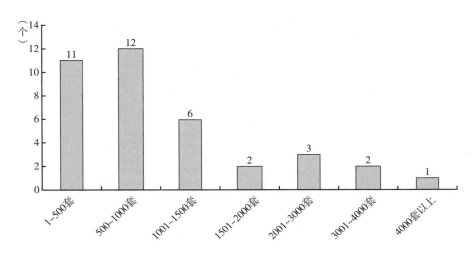

图3　自住房套数分布区间

资料来源：根据北京市住房与城乡建设委员会公布数据整理获得，http://www.bjjs.gov.cn/publish/portal0/tab4021/。

房项目中，售价在 10001 ~ 14999 元的有 12 个楼盘；而在 15000 ~ 19999 元和 20000 ~ 24999 元的分别有 11 个楼盘。反过来，价格低于 10000 元或者高于 25000 元的楼盘数量非常少。由此来看，自住房项目的单位售价低于同期商品房均价，实行"一口价"政策，达到了自住房政策的规定。不过需要指出，在 2014 年底推出的个别自住房定价出现松动迹象，允许自住房根据户型、楼层、朝向做出 5% 的上下浮动。

表2　自住房售价区间分布

单位：个

区县 ＼ 价格区间	10000 元以下	10001 ~ 14999 元	15000 ~ 19999 元	20000 ~ 24999 元	25000 元以上
昌平区	0	0	2	0	0
朝阳区	0	0	0	8	1
大兴区	1	2	2	0	0
房山区	0	3	0	0	0

续表

区 县 \\ 价格区间	10000 元以下	10001 ~ 14999 元	15000 ~ 19999 元	20000 ~ 24999 元	25000 元以上
丰台区	0	0	1	1	0
海淀区	0	0	0	1	0
门头沟区	0	0	2	1	0
顺义区	0	4	3	0	0
通州区	1	0	1	0	0
平谷区	0	3	0	0	0
合　计	2(5.4%)	12(32.4%)	11(29.7%)	11(29.7%)	1(2.7%)

资料来源：根据北京市住房与城乡建设委员会公布数据整理获得，http：//www. bjjs. gov. cn/ publish/portal0/tab4021/。

（5）从自住房的户型分布来看，以中小户型为主，大多数自住房楼盘可选购两居室自住房。如表3所示，在全部37个自住房项目中，有32个项目提供两居室房屋，占比达86.5%；而有28个项目提供三居室自住房，占比达75.7%；而提供一居室的楼盘项目有18个，占比达48.6%；仅有2个楼盘提供四居室选择，比例非常低。由此来看，自住房多以中下户型为主，以解决刚需和改善性住房需求为主要目标。这与政策设计目标是一致的。

表3　自住房户型分布

单位：个，%

房型分布	频数	百分比	房型分布	频数	百分比
一居室	18	48.6	三居室	28	75.7
两居室	32	86.5	四居室	2	5.4

资料来源：根据北京市住房与城乡建设委员会公布数据整理获得，http：//www. bjjs. gov. cn/ publish/portal0/tab4021/。

（6）从自住房项目实施阶段来看，目前大多数自住房已经完成选房签约，后续自住房正陆续推出。北京市住建委计划在2014年推出5万套自住房，到目前为止已经完成项目登记等程序的近4万套。实际上，2014年北京市共规划自住房地块54宗，新的自住房项目正不断推出。

表4   自住房项目实施程序进展情况分布

单位：个，%

项目实施阶段	频数	百分比	项目实施阶段	频数	百分比
申购登记	2	5.4	选房签约	23	62.2
联网审核	9	24.3	合　　计	37	100.0
审核完成	3	8.1			

资料来源：根据北京市住房与城乡建设委员会公布数据整理获得，http://www.bjjs.gov.cn/publish/portal0/tab4021/。

（7）从购房者分布情况来看，在购买自住房的人群中，26～35岁的购房者占78.5%，申购优先家庭占97%，贷款买房家庭占96%。综合三项数据可知，青年刚需族是购买自住房的绝对主力军。他们有强烈的购房需求和意愿，但却不具备承受高房价的经济实力，这也是为何买自住房的青年比例高出买普通商品房30个百分点的原因所在。[①]

三　小结

自住房项目为北京市"夹心层"的住房困难群体提供了很好的政策支持，使其刚需或者改善性住房需求得到满足。自住房建设和销售总体上表现出"随行就市"的发展特征，入市快速、建设加速、销售火爆，总体上受到社会"夹心层"住房困难群体的欢迎，成为2014年北京市房地产发展的重要一极。受地块、位置、配套设施等因素的影响很大，未来自住房价格有走高的趋势。

不过，目前自住房购房者也逐渐回归理性，从最初的火热申购到后来的大规模弃购。自住房刚入市的时候，轰轰烈烈的申购场景让人产生了自住房一定不愁卖的错觉。直到选房，人们才发现现实远没有想象的美。2014年，

[①]《2014年自住房年度数据报告：十大维度全解读》，网易房产，http://bj.house.163.com/15/0111/17/AFMQ3A0V000747K1.html？f=jsearch，2015年1月11日。

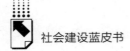

很多自住房存在层高缩水、窗户太小、采光不佳等问题①，甚至个别自住房楼盘建设暴露出质量问题②，这导致购房者对自住房的设计户型和建设品质提出了很大的疑问，使得购房者热情受到很大的影响，这是导致后期部分自住房项目高弃购率的重要原因。例如，首次选房弃购率最低的金隅汇星苑，有约 18.5% 的购房者选择弃购；而位置较为偏远的富力惠兰美居、首创·悦树湾等项目，则出现了超过 99% 的惊人弃购率。③ 对于那些无法一次售罄的自住房项目，在经历递补选房、二次选房后，如仍无法售罄，则转为公开销售。截至 2014 年底，包括中国铁建·原香嘉苑、新国展满庭芳等在内的 5 个项目，共计 1800 余套房源已开始公开销售。这次房源的价格和共有产权属性保持不变，不同的是不再区别优先与否，只要有购房资格都可以买。

　　总的来看，随着北京市逐渐减少具有部分产权的经济适用房和两限房建设量，具有共同产权的自住房将成为以后解决中低收入者住房问题的重要方式。

---

① 《自住房未交房先曝质量问题汇星苑疑挑高缩水》，中房网，http：//www.fangchan.com/news/9/2014–07–18/370960.html；《自住房质量问题频现　专家：品质一样谁还买商品房？》，中国新闻网，http：//finance.chinanews.com/house/2014/09–17/6598107.shtml。
② 《采育自住房三栋楼停工》，《北京日报》2014 年 9 月 11 日第 6 版。
③ 《2014 年自住房年度数据报告：十大维度全解读》，网易房产，http：//bj.house.163.com/15/0111/17/AFMQ3A0V000747K1.html？f＝jsearch，2015 年 1 月 11 日。

北京市2014年政府购买助残服务报告[*]

宋国恺　李歌诗[**]

摘　要： 2014年北京市残疾人联合会在探索推进政府购买助残服务方面取得了一系列成绩，初步形成了政府购买服务的"北京样本"。北京市残联在前期实践探索的基础上，继续探索和有序推进2014年政府购买助残服务实践，形成了购买助残服务政策的主要框架。在此基础上，本文分析了北京市残联在推进政府购买助残服务中面临的具体问题，并相应地提出如进一步扩大承接政府购买助残服务的社会组织规模等政策建议。

关键词： 北京市　政府购买助残服务　助残社会组织

2013年党的十八届三中全会通过的《中共中央关于全面深化改革若干重大问题的决定》指出，"推广政府购买服务，凡属事务性管理服务，原则上都要引入竞争机制，通过合同、委托等方式向社会购买。"这是第一次将"政府购买服务"写入党的文件中。"政府购买服务"将发挥更加重要的作用。实质上，21世纪以来，我国在政府购买公共服务方面已开展了大量有益的探索，

---

[*] 本文为中国残疾人联合会2014~2015年度研究课题"政府购买助残社会组织服务机制研究"（编号2014&ZZ006）的阶段性成果,亦为北京市残疾人社会组织研究中心、北京市残疾人联合会社会工作部委托成果。

[**] 宋国恺，首都社会建设与社会管理协同创新中心、北京工业大学人文社会科学学院副教授；李歌诗，北京工业大学社会学系硕士研究生。

如深圳、上海、北京、广州等地创造了不少具有鲜明地域特色和重要推广价值的实践经验。近年来，北京市残疾人联合会在政府购买助残服务方面进行了一系列探索实践，取得了重要成就，这些成就不仅为残疾人群体提供了更加个性化的服务，同时也为政府购买公共服务提供了一个北京新样本。

一 近年北京市残联购买助残服务取得的成绩

（一）着力培育助残社会组织，形成政府购买助残服务的承接主体

自 2009 年北京市委、市政府认定北京市残联为首批"枢纽型"社会组织以来，市残联从服务入手，加强对残疾人社会组织的行业管理，开展了认定、评估、扶持、党建、购买服务等系列工作，残疾人社会组织呈现良好的发展态势。一是助残社会组织数量持续保持高增长率。2009 年，全市共有残疾人社会组织 97 家。经过几年的发展，截至 2014 年 5 月，已有包括在京国际组织和草根组织在内的各类残疾人社会组织 315 家，其中符合市残联认定和资金扶持条件的 119 家。[1] 残疾人社会组织连续四年保持超过 20% 的增长率，为满足残疾人个性化、类别化和多层次的服务需求提供了有效载体。[2] 二是助残社会组织生存现状明显得到改善。四年来市残联投入 2000 多万元社会组织建设专项资金进行项目扶持，举办 100 多场次 5000 多人次不同层次、不同规模、不同内容的法人能力素质培训和业务培训等。全市残疾人社会组织呈现"能成立起来，能运转起来，能发展起来"的健康态势。三是助残社会组织服务领域日益拓展。残疾人社会组织的服务领域由四年前集中在康复、托养等传统服务领域，逐步拓展到现在的教育培训、就业、日间照料、文化咨询、体育活动和法律援助等 10 余种服务领域，年均服务残

---

[1] 该数据根据调研座谈资料整理获得，以下如不专门说明则相同。
[2] 王长红、杨明：《北京市残疾人社会组织建设的实践与思考》，陆学艺等主编《2013 年北京社会建设分析报告》，社会科学文献出版社，2013，第 76 ~ 83 页。

疾人规模超过 10 万人次，服务项目与北京市残疾人服务体系设定的 11 类 99 项基本符合，服务人群数量与公办服务机构基本相当。

（二）制定规范文件为推进政府购买助残服务提供制度保障

为推动政府购买助残服务健康可持续发展，北京市残疾人联合会先后制定了《北京市残疾人服务类民办非企业单位登记审查与管理暂行办法》《残疾人社会组织行业自律公约》《北京市残疾人社会组织服务质量评估标准》《北京市残疾人社会组织奖励扶持资金方案》《残疾人社会组织资金扶持办法》《市残联使用专项资金购买残疾人社会组织服务暂行办法》。在此基础上，针对政府购买助残服务，市残联进一步制定了《购买助残服务工作规范》《购买助残服务工作领导小组与办公室工作职责》《购买助残服务工作流程》《购买助残服务试点项目中标合同文本》《购买助残服务项目管理办法》《购买助残服务申请购买项目评审办法》《购买助残服务工作档案管理制定》《购买助残服务保密工作制定》等。这些规范文件的出台，逐步形成了政策体系，为推进政府购买助残服务提供了有力的制度保障。

（三）形成购买助残服务政策的主要框架

政府购买服务是指政府在社会福利的预算中拿出经费，向社会各类提供社会公共服务的社会服务机构，直接拨款资助服务或公开招标购买社会服务。[①] 尽管政府购买服务在西方发达国家已有了一段时期，并且成为现代社会重要特征之一，但是，在我国还属于新生事物，需要不断地认识、探索和实践，如在购买服务的范围、购买服务的方式以及资金的管理等方面，需要形成政府购买服务政策的主要框架。

1. 明确购买助残服务的承接主体

其主体是在北京市行政区域内举办，以服务残疾人为主，在北京市民政部

---

① 罗观翠、王军芳：《政府购买服务的香港经验和内地发展探讨》，《学习与实践》2008 年第 9 期。

门登记注册，通过所属辖区残联认定的民办非企业单位、社会团体和基金会等社会组织。

2. 确定灵活的购买助残服务方式

一是定向购买服务。市残联根据《北京市残疾人基本公共服务目录》《北京市"十二五"时期残疾人事业发展规划》和市社会工作管理部门颁布的《政府购买社会组织服务项目》制定购买助残服务目录。根据实际工作的优先性、急迫性，确定每年购买的具体服务项目和数量，于年初向社会公布，并按照《招标投标法》及本市有关规定组织招投标，确定承接项目的残疾人社会组织和项目购买金额。二是申请购买服务。凡通过市残联每年认定的残疾人社会组织，都可依据购买助残服务目录，向市残联提出购买服务的申请，市残联进行评估审定后，纳入第二年公布购买的具体服务项目和数量中，并按照定向购买服务的程序组织实施。

3. 严格规范政府购买服务的资金管理

购买助残服务的资金是保障这项工作的重要基础，而严格监管政府购买助残服务资金则是关系这项工作有效、可持续发展运作的关键。北京市残疾人联合会根据相关制度文件，将其购买服务项目所需资金从市级残疾人就业保障金列支。将定向购买服务标准确定为 100 万元，政策要求承接购买服务的服务机构将通过履行政府采购招投标程序确定。将申请购买服务标准确定为 50 万元。在实际运行中，亦照此严格规范操作。

自 2010 年起，北京市残联开始向残疾人社会组织购买服务，包括的项目有：5 万元的公益周活动展示、15 万元的《残疾人保障法》实施办法知识竞赛、147.7 万元"走出孤独的自闭症"支持项目和 180 万元的残疾人社会组织融合项目。通过几年的实践：一是逐步引导残疾人社会组织参与到首都残疾人事业当中来；二是通过政府购买服务，让各类助残社会组织逐步适应作为社会治理机制创新之一的政府购买服务①；三是通过购买服

---

① 宋国恺：《政府购买服务：一项社会治理机制创新》，《北京工业大学学报》（社会科学版）2013 年第 6 期。

务，残疾人社会组织的能力得到加强，强化了部分社会组织参与市场竞争的能力。

二　2014年北京市残联购买服务的实践与成就

（一）购买服务总体工作情况

2014年，北京市财政批复北京市残联用于购买服务的资金为1322.55万元，实际用于购买服务的资金为1301万元。项目包括定向购买共14大项分为43个小项，申请购买共23个小项，总计66个小项。经过两轮招投标程序，2014年正式进入实施阶段的项目共计61个，总资金为1205.29万元，占总预算的91%。购买项目内容涵盖了康复技术服务、残疾人就学、融合活动、精神残疾人入住机构、盲人与聋人导医服务、无障碍服务、就业岗位实践、就业跟踪与指导服务、志愿助残服务和心理咨询服务等。预计2014年购买助残服务将为10万人次残疾人提供服务，使数千个残疾人家庭受益。

（二）项目的确定与承接单位的产生

项目的确定与承接单位的产生是购买助残服务的重要环节。一是按照政策法规严格执行，定向购买项目的招标工作按照《政府采购法》《招标投标法》和北京市残联招投标工作的有关规定，依据《北京市购买社会力量兴办残疾人服务机构（组织）服务暂行办法》严格执行。二是项目产生根据残疾人实际需要，紧密围绕"就医、就学、就业、就养"等残疾人最广泛、最实际的需求设计项目，由市残联各业务部门根据工作实际提出。三是项目承接单位的产生符合法定程序，首先是从市财政局提供的政府采购单位中，以随机抽取的方式确定新华国际招标公司作为第三方招标公司承接招标工作；其次是评标专家由第三方招标公司在开标前从财政部专家库中随机抽取；最后是招标、开标、评标过程合规合法，在规定的期限、指定的地点、按照法定的程序执行。四是项目执行采取过程化、个性化监管，通过公开招标，聘请

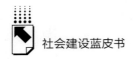

明德公益研究中心作为第三方监督与评估机构，对每一个项目制定了考评标准，并全程监督项目的实施工作。五是项目资金管理严谨规范，严格按照《北京市残疾人就业保障金征缴管理办法》进行管理，经第三方监督评估机构中期评估合格后，拨付70%的项目首付款；经末期评估合格后，拨付剩余的30%。

（三）实现购买助残服务的全过程监督

监督政府购买助残服务过程不仅是整个政府购买服务的重要组成部分，同时也是促进政府购买服务工作健康、科学、可持续发展的必然要求。在购买服务实现全过程监督中，一是北京市残联理事会集体领导。北京市残联理事长办公会，专题研讨2014年度市残联购买助残服务工作，明确市残联购买社会组织服务工作领导小组要发挥好统筹协调作用，强调购买助残服务工作是一项全局性、系统性的新工作，各单位要相互配合、密切协作。二是北京市残联纪委全程介入。定向购买分别于5月第一次开评标，6月第二次开评标，市残联纪委安排专门的纪检人员全程监督了开评标工作。另外，购买服务工作始终在纪委指导下认真做好各个环节的风险防范工作。三是全部过程进行公示。北京市残联注重在购买助残服务工作过程中的信息公开，招标公告与中标公告均在中国政府采购网和北京市采购中心网站以及北京市残疾人联合会网站同时发布。四是专门组织开放日活动。北京市残联在购买助残服务结束后，召集所有残疾人社会组织参与的"阳光运行"社会组织公共开放日，展示了所有购买服务的工作流程、往来公文等。另外，根据问卷调查统计，残疾人社会组织对残联的购买服务工作"满意度"达到72%。

三　实施过程中面临的问题及其分析

2014年政府购买助残服务工作总体上结束，现就这一阶段遇到的主要问题分析如下。

（一）购买服务工作配套政策与支持系统不足

继2013年国家层面出台购买服务政策以来，中国残联和北京市政府在 2014 年先后出台了购买服务的实施办法，为市残联开展购买服务工作提供了依据。但是，政府购买服务作为一个复杂的系统工程，特别需要顶层设计、系统支撑、有序推进。具体到市残联的购买服务工作有以下几方面亟待完善：一是缺少购买服务的配套政策，例如实施细则、工作流程等规范性办法等；二是缺少购买服务的整体规划，造成已有社会组织没有相应的发展规划、新孵化的社会组织不好准确定位等；三是购买目录的编制不合理，市残联购买服务项目应该成为全市购买服务目录下的子目录，而且应该根据需求的缓急度、项目的成熟度、社会的稳定度，实行每年一微调的动态化编制的模式，另外，目录的产生应根据残联各部门的工作和社会力量承接情况来综合考虑；四是缺少政府部门之间的信息共享，市、区两个层面以及市级层面多部门之间开展购买服务，造成个别社会组织"逢标就投""一标多投"，从而导致中标后质量得不到保证。

（二）对购买服务工作的重视程度和严肃性不够

购买服务的重要意义在于通过市场竞争的方式改变残疾人服务的供给模式，是残疾人服务由粗放向精细转变的重要手段，既需要残联理事会层面的高度重视和整体设计，更需要各业务部门以积极开放的心态支持改革的实际行动。在 2014 年购买助残服务工作的实践中，项目提出过程中暴露出以下问题：一是项目提出的随意性。10% 的项目提出时没有仔细论证，由于资金标准低、工作标准高，项目经过两轮招标后仍然流标。二是项目提出缺乏统筹协调，内容基本相同的项目，不同部门项目之间的标准不一，造成在招标过程中一个项目竞争激烈，另一个项目无人问津。三是项目提出时考虑要素不全，60% 的项目方在设计时没有提出应该具有什么资质、达到什么标准、通过什么验收才能作为承接主体，7% 的项目在招标时公布的内容简单，最后导致中标单位的资质能力与承接项目内容严重不对应，影响了残联在社会组织中的信誉和形象。

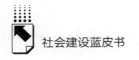

（三）残疾人社会组织的市场竞争意识和能力不高

通过 2014 年的购买服务工作，社会组织方面主要存在的问题主要有：一是对于新形势的适应能力不足，个别机构仍然停留在传统的普惠制扶持观念上，对市场竞争严重排斥，甚至以书面形式表达对这种改革的不满；二是竞争意识和能力严重不足，部分残疾人社会组织对采取招投标这种竞争方式争取项目缺乏信心，主动放弃参与购买服务的机会，还有超过 20% 的机构由于项目策划人才缺失、不熟悉政府招投标政策等多次竞标未果，造成62% 的残疾人社会组织未参与竞标或者竞标不成功。

四　政策建议

（一）继续努力扩大政府购买助残服务的承接主体

目前，北京市参与政府购买助残服务的承接主体，也就是 315 家社会组织，这个数字相对前些年的确提高不少，但与北京市现有持证残疾人 44.9 万的规模相比，与这个庞大人群多样化、个性化的需求相比，还有很大的差距。根据国际经验，现代社会三分建设、七分管理，社会组织在社会管理中发挥着重要作用。发达工业化国家平均约每 100 人就有一个社会组织，如果北京市按照持证残疾人 44.9 万的规模计算，那么需要大约 4500 个助残社会组织为残疾人群体服务。

因此，为了适应当前政府购买助残服务的实际需要，要求扩大承接政府购买助残服务的主体，增加购买对象数量，提升服务能力，如以《国务院办公厅关于政府向社会力量购买服务的指导意见》为基础，紧密结合财政部、民政部、住建部、人社部、计生委、中国残疾人联合会联合发布的《关于做好政府购买残疾人服务试点工作的意见》和北京市人民政府办公厅发布的《关于政府向社会力量购买服务的实施意见》文件精神，将购买服务承接主体，由原来依法在民政部门登记成立或经国务院批准免予登记的社会组织，进一步扩展延伸到依法在工商管理或行业主管部门登记成立的企业、机构，乃至个人等社会力量，有效解决了当前政府购买助残服务承接主体严重不足的问题，同时形成了相互补充、相互竞争的良好氛围。当然，这对于助残社会组织而言，更多的是挑战，将来仍需要积极培育和发展各类助残机构，推动出台扶持办法，增加机构数量，丰富服务种类，提升服务能力。针对能力较弱的新机构或远郊区县的助残机构的实际情况，专门设置一定数量的规模较小、操作性较强的引导性项目，逐步扩大社会组织规模，提升服务能力。

（二）延伸政府购买助残服务的纵向链条

北京市残疾人联合会探索的政府购买助残服务实践具有鲜明的地方特色并形成了北京经验。其主要特色是以市残联为主体，走出了一条自上而下的路子。[①] 即以市残联为主导，通过市残联整合各类资源，直接面向各类社会力量开展政府购买助残服务。这条路子在一定程度上有利于整合各类社会力量，有利于改革体制机制，有利于加快推进政府购买助残服务，北京市残疾人联合会之所以在政府购买助残服务方面取得主要成就并形成北京样本，是自上而下推进的结果。这条路子不同于上海、广州等地自下而上开展购买服务的路子。今后北京市残联在政府购买服务探索方面，需要加大力度试点推进区县、乡镇街道一级开展政府购买服务的力度，使这项工作能更好地服务残疾人群体。

（三）建立国家层面的政府购买助残服务信息发布工作平台

购买助残服务作为政府购买服务的一项基本公共服务内容，向社会购买，需要得到社会的了解和关注。在国家层面建立一个购买残疾人助残服务信息发布的工作平台，将全国各省市残联购买助残服务的信息进行汇总并统

---

① 王长红、刘杰、杨明：《政府购买助残服务的实践与思考——以北京市为例》，《残疾人研究》2014年第3期。

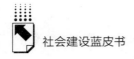

一发布，既可体现残联的公信力，发挥"代表、服务、管理"的职能，同时也有利于加大购买助残服务工作的宣传力度，增加此项工作的影响力和社会参与度，促进残疾人服务机构的发展，有效发挥市场导向的作用。尤其重要的是，形成全国各省市各级残联相互借鉴、相互学习政府购买助残服务的良好范氛围。

（四）继续规范购买服务工作机制和流程

规范购买服务工作机制和流程是探索政府购买助残服务常抓不懈的工作。在2014年购买服务实践的基础上，以问题导向为抓手，采取"边探索边总结，边实践边规范"的工作思路，一是完善好一个配套规范制度，即《购买助残服务工作规范》；二是完善7个规范性的工作制度，即《购买助残服务工作领导小组与办公室工作职责》《购买助残服务工作流程》《购买助残服务试点项目中标合同文本》《购买助残服务项目管理办法》《购买助残服务申请购买项目评审办法》《购买助残服务工作档案管理制定》《购买助残服务保密工作制定》等；三是采用信息化手段逐步与政府部门建立购买服务信息共享机制。

（五）形成科学的助残服务项目提出与产生机制

政府购买助残服务的目标就是通过向社会各类提供社会公共服务的社会服务机构，直接拨款资助服务或公开招标购买社会服务，一方面实现政府职能转变，将政府从具体的事务中解脱出来；另一方面使得公共服务更加高效、更加贴近符合服务残疾人的需求。因此，建立科学的项目提出与产生机制至关重要。北京市残联需要做好如下几个方面的工作。第一，激发申请购买服务项目的活力。采取适当、适度、适时的鼓励措施，激发申请项目独特的创新性、前沿性，不仅可以激活政府设计定向购买服务的新思路，而且可以满足残疾人个性化、多层次、类别化的需求。第二，科学设计定向购买服务项目。在项目设计上，定向购买服务项目所谓"基本的、公共的、兜底的"原则，具体到项目提出应该体现"少、大、长"的特点。"少"是指每年提出的定向购买服务项目要少，一年 3～10 个即可；"大"就是指项目直接的受益面要大，最好能覆盖到一个残疾类别或者一个类别的某一个特定阶段；"长"是指这个项目要本着长期性。这是通过项目实施转化为出台长期稳定政策的重要实践依据。在标书的制定上，要充分认识到项目由设计到落地各环节的风险，这些明确的条件、标准以及特别的支持条件都要考虑周全。

（六）建立灵活机动的购买服务提供方式

首先是购买服务预算的编制，按照项目的实际情况，对于残疾人迫切需要、长期需要的，应当适当放宽项目的执行期限，譬如精神残疾人托养等项目，可以分别做 2～3 年的项目经费预算，缓解目前一年一批、项目变化大的局面。其次是在项目监督与评估工作中，项目承接单位社会反映良好，评估结果优秀，可以适当追加项目经费，或在第二年同一项目招标中，采用直接委托的形式，保证项目的延续性。

（七）进一步优化项目评审和招标工作

在申请购买助残服务过程中，对项目的评审是一个关键环节。在项目的评审标准中，要结合申请单位规范化建设评估的结果，同时要考虑项目的可行性、必要性等因素；在评审过程中，为保证公正性，应通过招标形式委托第三方进行；在评审专家的选择上，应至少保证专家中有一名市残联相关领域的业务能手，确保项目的可操作性，应至少保证有一名财务方面的人员，对经费预算进行把关。在定向购买服务项目的招标工作中，委托第三方代理机构作为招标单位是比较稳妥的方式，为保证项目承接单位与项目的匹配度，在评标过程中增加了投标方讲标的环节。

（八）激发社会组织的竞争意识和提高其竞争能力

目前，北京市助残社会组织除了规模小之外，其参与市场竞争的能力、直接服务的能力等还需要进一步提升。一是通过培训进行激发。与港台机构

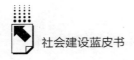

合作搭建培训平台，以社会组织自愿的形式组织人员进行培训；通过举办法人能力培训和项目策划与管理的专题培训班，灌输社会组织购买服务的相关理论知识，提升项目策划的能力。二是通过专项进行激发。市残联适时定向购买招投标设计项目服务，通过社会专业团队，重点对未中标的残疾人社会组织进行一对一、面对面的专业服务，提升其获取资源的能力。

（九）打造政府购买助残服务的品牌效应

北京市残联在探索政府购买助残服务方面取得了一些重要成就，形成了政府购买服务的北京新样本，但在打造购买服务品牌方面还有大量的工作要做。一是通过购买服务工作树品牌，争取三年左右打造出如盲人速录嵌入特殊教育课堂、盲人导医和聋人导医以及志愿者服务等"北京服务"的品牌效应。二是通过购买服务工作制标准，既完成服务工作的一整套流程标准，又能在每个项目评估检查验收指标体系的基础上，争取到"十三五"期间北京能做出一整套服务类项目业务指标体系规范化标准，丰富残疾人服务体系的内涵。

社会治理篇

Reports on Social Governance

B.10

首都社会治理创新的探索与思考

北京市委社会工委研究室课题组

摘　要：　首都经济社会快速发展，由此衍生的人口、资源、环境、公共安全、服务管理等一系列问题，给经济社会协调发展、社会治理以及城市管理等带来巨大压力。近年来，北京市委市政府高度重视社会建设与社会治理，注重顶层设计，着力推动基层基础建设，积极构建具有时代特征、中国特色、首都特点的社会建设与治理体系，但也面临社会治理理念有待优化、社会治理体系有待完善、社会服务体系有待提升、社会治理法治化水平较低、社会治理基础较薄弱、社会矛盾纠纷化解机制有待完善等问题。因此，在加快推进社会治理体系和治理能力现代化的过程中，应进一步完善社会治理体系，健全基本公共服务体系，构建现代社会组织体制，创新社会运行机制，规范社会工作机制，形成社会动员机制，深化街

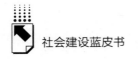

道社区体制改革，加强社会领域党建。

关键词： 社会治理　治理体系　治理机制

党的十八届三中全会从推进国家治理体系和治理能力现代化的总目标出发，提出了创新社会治理的理念，适应了当前以及今后一个时期我国经济社会大发展、大转型、大变革的客观要求，标志着我们党关于社会治理的理论与实践创新进入了新的发展阶段。当前，首都经济社会快速发展，由此衍生的人口、资源、环境、公共安全、服务管理等一系列问题，给经济社会协调发展、社会治理以及城市管理等带来巨大压力。应对这些问题和挑战，必须全面深化改革，着力创新社会治理体制、深化社会体制改革、改进社会治理方式，进一步增强首都社会发展活力，不断推进社会治理体系和治理能力现代化。

一　首都社会治理的基本现状

近年来，北京市委市政府高度重视社会建设、改革与治理工作，始终将其当作大事、创新工程、办实事工程来抓，着眼发展全局，注重顶层设计，着力推动基层基础建设，积极构建具有时代特征、中国特色、首都特点的社会建设与治理体系，不断推进首都社会治理体系和治理能力现代化，社会建设与社会治理创新成效显著，有力推动了首都科学发展、社会和谐稳定。

一是加强理论创新，完善政策法规体系。理论创新是实践创新的先导。北京市大力加强社会建设理论体系创新，深入研究探讨社会建设、社会体制改革及社会治理的重大现实问题，社会建设理论与实践不断深入探索、创新发展和丰富完善，具有首都特点的社会建设理论体系逐步完善，并向法治化方向拓展延伸。从加强社会建设"1＋4"文件首次提出社会公共服务、社区管理、社会组织管理、社会工作运行、社会领域党建"五大体系"，到

《中共北京市委关于加强和创新社会管理 全面推进社会建设的意见》《北京市"十二五"时期社会建设规划纲要》明确提出社会服务更加完善、社会管理更加科学、社会动员更加广泛、社会环境更加文明、社会关系更加和谐、社会领域党建工作全覆盖的目标，标志着以社会服务、社会管理、社会动员、社会环境、社会关系和社会领域党建"六大体系"为框架的具有时代特征、中国特色、首都特点的北京社会建设与治理体系基本形成。

二是加强顶层设计，深化体制改革创新。顶层设计是全面深化改革的关键。党的十七大闭幕不久，北京市成立了市委社会工作委员会、市社会建设工作办公室。同时，为加强全市社会建设与治理工作的统筹协调和综合指导，2008年下半年成立社会建设工作领导小组，建立市社会建设工作领导小组全体会议和专题协调会议制度。2009年底，北京市各区县社会工作机构和社会建设工作领导小组及其办公室全部成立，并在街道（乡镇）建立社会工作党委，初步形成全市社会建设和社会治理统筹协调新格局。这一体制创新加强了党的领导，强化了政府职责，促进了社会协同，扩大了公众参与，推动了法治保障，进一步健全和完善了党委领导、政府负责、社会协同、公众参与、法治保障的社会建设与治理体制，进一步完善了社会建设与治理工作统筹协调机制。

三是统筹城乡发展，完善社会服务体系。社会服务体系是城乡社会协调发展的重要保障。多年来，北京市社会建设与治理工作始终坚持"以人为本、关注民生、构建和谐、服务社会"的理念，以保障和改善民生为体制机制创新的根本出发点和落脚点，加快完善社会服务体系。健全和完善城乡一体的社会保障体系，着力推进城乡基本公共服务全覆盖和均等化，不断完善社区基本公共服务体系。制定并实施《北京市社区基本公共服务指导目录》，明确十大类、60个基本公共服务项目进社区，健全覆盖各类人群的城乡社区公共服务体系；不断创新社会公共服务方式，设立社会建设专项资金，同时规范专项资金的使用办法和投入方向，形成了以社会需求为导向、以改善民生为重点的项目申报、评估、立项的制度体系。2010年以来，围绕社会基本公共服务、社会公益服务、社区便民服务、社会管理服务、社会

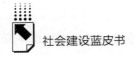

建设决策研究和信息咨询服务五个方面的 40 类，投入 3.47 多亿元，购买 2252 个服务项目。

四是推进政社分开，创新社会组织体制。社会组织是党和政府联系并服务社会的重要桥梁。近年来，北京市始终把深化社会组织服务管理体制改革、构建现代社会组织体制作为社会治理体制改革的重要突破口，按照"推进政社分开、管办分离，把各级各类社会组织纳入党和政府主导的社会组织工作体系"的总体思路，加快推进社会组织管理体制改革，大力构建"枢纽型"社会组织体系，加快培育和发展社会组织，初步形成政社分开、责权明确、依法自治的现代社会组织体制。从 2009 年起，市社会建设工作领导小组先后分四批，共认定了 36 家市级"枢纽型"社会组织。目前，36 家市级"枢纽型"社会组织管理和联系各级各类社会组织 4 万多家，比认定之前的 4367 家增加了 3 万多家，增长近 10 倍。另外，区县级"枢纽型"社会组织已认定 211 家，街道（乡镇）级已认定 403 家。全市"枢纽型"社会组织市、区县、街道（乡镇）三级网络体系框架基本形成。

五是整合力量资源，创新社区治理模式。社区治理是社会治理创新的基础性工程。北京市着力创新社区治理体制机制，探索实践社区区域化党建、多元性自治、开放式服务"三位一体"的工作格局，搭建社区综合服务管理平台，推动形成以社区党组织为核心、以社区自治组织为基础、以社区服务站为依托、以社区社会组织为补充、驻区单位密切配合、社区居民广泛参与的现代社区治理结构，从而建立健全党委政府领导、部门密切配合、社区依法自治、社会积极协同、公众广泛参与的社区治理新格局。2009 年以来，北京市开展社区规范化建设试点工作，围绕社区服务站建设、社区工作职能、社区运行机制、社区志愿服务、社区工作者管理、社区基础设施配置、社区经费投入七个方面，加快推进社区规范化建设，目前全市所有城市社区基本达到规范化要求，社区办公和服务用房达标率由 18% 上升为 86%。

六是健全运行机制，激发社会生机活力。增强社会发展活力是深化社会治理体制改革的重要目标。近年来，北京市不断加强社会工作者和志愿者队伍建设，进一步增强社会发展活力，加快推进社会工作队伍专业化职业化、志愿服务常态化规范化，完善社会工作者与志愿者互动、社区与社会组织互联、政府社会市场互补的协同机制，推动社会建设与治理成果共建共享。出台《首都中长期社会工作专业人才发展规划纲要（2011－2020年）》，实施大学生社工计划，建立健全社区工作者管理使用长效机制，大力推进社区工作者专业化职业化建设。2009年以来，扶持和培育社工事务所75家，探索购买专业社会工作岗位机制。加快推进社会领域志愿服务体系建设，推动市级"枢纽型"社会组织、商务楼宇、规模以上非公企业、社工事务所建立志愿服务组织，初步形成志愿服务"1＋5"工作体系。着力推进志愿服务常态化规范化，通过及时转化奥运志愿服务成果建立长效性和应急性志愿服务机制。

七是抓住党建龙头，实现党建工作全覆盖。党建工作是社会建设与治理的龙头。北京市充分发挥社会领域党组织的政治优势和组织优势，以党建工作创新引领和推动社会服务管理创新、以党建工作全覆盖引领和推动社会治理全覆盖。着力完善街道社区区域化党建工作格局，在市、区两级社会工委成立党建工作处（科），在全市所有街道（乡镇）组建社会工作党委，具体指导辖区社区党建工作，初步形成市、区县、街道（乡镇）、社区四级社区党建工作新格局。探索社会组织党建工作体制机制，充分运用社会组织"枢纽型"工作平台，在市级"枢纽型"社会组织建立党建工作"3＋1"工作机制；同时，着力健全非公有制经济组织党建工作机制，建立健全非公有制企业党建工作联席会议机制，探索向非公经济组织购买管理岗位机制，聘请离退休党员干部担任非公有制企业党建工作指导员。完善商务楼宇社会工作站、党建工作站、工会工作站、团建工作站、妇联工作站"五站合一"工作机制，在全市1244个商务楼宇实现"五站合一"，覆盖1297座商务楼宇、4.9万余家"两新"组织、93万多名就业人员、4.3万余名党员。

二 当前首都社会治理面临的主要问题

面对新形势、新要求，特别是按照加快推进社会治理体系和治理能力现

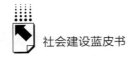

代化的目标要求，在当前实际工作中，社会治理思想认识不够清晰、体制机制不够顺畅、能力水平不相适应的问题依然突出，亟须以问题和需求为导向，着力创新社会治理体制，改进社会治理方式。

一是社会治理理念需要进一步深化。党的十八届三中全会提出了社会治理的理念，反映了我们党执政理念的转变更新。但总的来看，当前我们对社会治理的内涵实质把握得不深入，还没有形成统一的思想认识。尤其是社会治理理念所强调的多元化主体还未真正形成，社会力量发育比较缓慢，还不能完全适应社会时代的新变革，不能满足适应广大人民群众的新期待。政府与社会的治理边界尚未清晰，政府职能还需进一步转变。实践中，特别是在基层社会治理中，政府管理的色彩还较浓，公共服务意识还不强，居民广泛参与不够，社区自治基础薄弱，社会发展活力不足。

二是社会治理体制需要进一步完善。当前，首都社会建设与治理的体系框架刚刚形成，需要在实践探索中进一步发展和完善。特别是体制机制不适应经济社会协调发展的现象依然存在，社会治理面临的主要突出问题还是体制机制不能适应社会治理的现代化要求。全市社会建设与治理顶层设计系统且全面，但综合协调力度不够，政社关系仍不够清晰，社会治理模式还需进一步完善，社会治理体制机制创新的任务艰巨繁重。

三是社会服务体系需要进一步健全。近年来，北京市公共服务体系建设快速发展，公共服务水平和能力不断提升，但仍然存在诸多不完善、不协调、不可持续的问题，如公共服务供给水平与经济发展水平、人口结构变化不相适应，特别是大量外来流动人口对基本公共服务的需求日益迫切；基本公共服务均等化水平还不高，城乡与区域之间、中心城区与远郊区之间的基本公共服务水平仍存在较大差距；公共服务财政保障机制还有待完善；公共服务以政府直接提供为主，供给模式低效、单一，社会力量参与的作用发挥得不够，与群众息息相关的社会公共服务问题尚未得到根本性扭转，社会服务体系亟待完善。

四是社会治理法治化水平还比较低。党的十八届四中全会从全面推进依法治国的高度，提出了法治国家、法治政府、法治社会一起建设的重大部署。当前，全市社会治理法规体系不完善、政策法规滞后的问题还比较突出。虽然经过近年来的不断探索和实践，北京社会建设与治理有很多成熟的实践模式和经验，但这些宝贵经验及相关的政策文件还没有上升到法律法规的层面，社会治理的法治化水平依然较低。因此，必须按照党的十八届四中全会的精神，高度重视社会治理政策法规体系建设，使社会建设、社会治理真正做到有法可依、有法必依，真正做到依法加强社会管理、协调社会关系、规范社会行为、化解社会矛盾、促进社会公平。

五是社会治理基层基础还比较薄弱。总体来看，首都社会治理基层基础性工作，随着大量流动人口的快速流动迁徙，无论是在组织结构方面还是在人群分布方面，都使得城乡社区治理环境变得更加复杂，社会治理的基础较薄弱。社区服务管理行政化倾向十分突出，社区承担了大量的政府行政事务；社会组织参与社会治理的活力还未充分激发，作用还未完全发挥；社会单位参与社区治理的潜力有待进一步挖掘，志愿服务还未实现常态化；社会工作人才队伍专业化职业化水平有待进一步加强；公众参与社会治理的热情还不高、途径还不多、渠道还不畅。

六是社会矛盾纠纷化解机制有待完善。当前，社会矛盾纠纷的化解，重"堵"不重"疏"、重"处置"不重"预防"的问题依然突出。群众诉求表达机制还不完善，矛盾调处还未形成合力；日常潜在的社会矛盾还较多，容易引发突发事件，成为影响社会和谐稳定的导火索；互联网等新媒体带来许多社会治理的新现象、新问题，对其的有效治理还处于探索阶段，没有现成的办法可循。

三　首都社会建设与社会治理现代化的对策思考

当前，首都社会建设与社会治理面临新的历史发展机遇，要深入贯彻党的十八大和十八届三中、四中全会以及习近平总书记系列重要讲话精神，按照"四个全面"的战略部署，全面深化社会治理体制改革，创新社会治理方式，把"坚持党的领导、人民当家做主、依法治国有机统一"的治国理政理念落实到社会治理具体实践中，通过不断完善治理结构、改进治理方式，完善和发展具有中国特色、首都特点、时代特征的社会治理体制，加快推进社会治理体系和治理能力现代化，全面建设国际一流的和谐宜居之都。

（一）进一步完善社会治理体系

一是完善工作体制。按照党委领导、政府负责、社会协同、公众参与、法治保障的总要求，进一步完善北京社会建设与治理工作格局。坚持和完善社会建设领导小组及其办公室统筹协调、有关部门各负其责的工作运行机制，进一步整合资源、形成合力、统筹协调、整体推进。

二是完善工作体系。进一步发挥市、区县社会工委、社会办的牵头作用和社区（村）的基础作用，特别是要强化街道（乡镇）和"枢纽型"社会组织承上启下、横向联系的作用，进一步健全纵向到社区（村）、横向到"两新"组织（商务楼宇）的工作网络，实现社会领域党建、社会服务管理工作全覆盖。

三是完善政策法规体系。进一步完善北京社会建设"1＋4＋X"政策体系，特别是加大社会治理重点、难点、热点问题的调查研究和政策出台力度，加快推进立法工作，在社会治理法治保障方面积极探索创新。

四是创新社会治理机制。抓住社会领域党建这个龙头，夯实社区建设、社会组织建设两个基础，建设社会工作者、志愿者两支队伍，推动政府治理、社会治理、市场治理三维良性互动，实现社会领域党的建设和社会服务治理全面覆盖，不断完善党的领导、政府管理、社会自治相结合的社会治理体制，加快推进社会治理体系现代化建设。

五是创新基层社会治理模式。探索完善社区区域化党建、多元性自治、开放式服务治理模式，并以此为枢纽将社区各类组织纳入工作网络，形成多方共治的社区治理体系。创新农村社会治理模式，推动农村社会服务站试点建设，开展村改居试点工作，加快推进村庄社会服务治理社区化。进一步完善"枢纽型"社会组织工作体系，完善政府购买社会组织服务和依法监管等制度，健全社会组织党建工作机制，形成党建引领、政府支持、依法自治相结合的社会组织治理体系。创新商务楼宇治理方式，健全党建工作站、社会服务站、工会工作站、共青团工作站、妇联工作站工作体系，完善商务楼宇"五站合一"治理体系，实现商务楼宇党务、政务、社务全覆盖。

（二）进一步健全基本公共服务体系

一是加快推进社会服务体系全覆盖。坚持以需求为导向，加快完善社会服务体系。通过加快推进"一刻钟社区服务圈"全覆盖，加快推进社区公共服务体系"十大覆盖工程"，即社区就业服务全覆盖、社区社会保障服务全覆盖、社区社会救助服务全覆盖、社区卫生养老服务全覆盖、社区文化教育体育服务全覆盖、社区流动人口服务全覆盖、社区安全服务全覆盖、社区环境美化服务全覆盖、社区便民服务全覆盖、社区志愿服务全覆盖。

二是加快推进社会服务方式转变。在教育、就业、医疗卫生、住房保障、文化体育、养老助残服务等基本公共服务领域，不断扩大购买服务的范围。在非基本公共服务领域，更多更好地发挥社会力量的作用，凡适合社会力量承担的，可以通过委托、承包、采购等方式交给社会力量承担。加大政府购买社会服务的力度，向社会发布年度政府购买社会服务指导目录、有资质承担公共服务职能的社会单位（社会组织、企业等机构）名录，公示年度购买社会服务项目，促成供需对接。

三是加快推进政府向社会力量购买服务。深化行政审批制度改革，取消和下放行政审批项目，进一步简政放权。创新政府基本公共服务投资体制，加大引进社会资本参与基本公共服务设施建设和运营管理的力度。推进经营性公共服务产业化，建立政府主导、社会参与、多元供给的公共服务模式。深化事业单位体制改革，扶持社会企业发展，促进社会组织发展，有序引导社会力量参与公共服务。

（三）进一步构建现代社会组织体制

一是推进政府向社会组织转移职能。进一步规范政府、市场和社会三者关系，厘清边界、让渡空间，培育并增强社会依法自治功能。进一步转变政

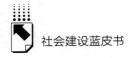

府职能，凡是社会主体能够自主解决、市场机制能够自行调节、行业组织能够自律解决的事项，都应转移或委托出去；凡是政府继续承担但适合社会组织承办的事项，都应通过政府购买服务等形式委托社会组织办理。制定政府向社会组织转移职能的指导意见和转移、购买事项的目录。

二是加强"枢纽型"社会组织工作体系建设。加快完善市、区县、街道（乡镇）三级"枢纽型"社会组织工作体系，将社会组织日常服务管理工作纳入相应的"枢纽型"社会组织职责范围。支持"枢纽型"社会组织通过备案管理、吸纳会员、活动引导等方式，将各级各类社会组织有效聚合起来。

三是改革社会组织登记制度。降低登记门槛，行业协会商会类、科技类、公益慈善类、城乡社区服务类社会组织由民政部门依法直接登记。成立社会团体和民办非企业单位，可以降低或减免注册资金；探索取消行业协会、商会"一业一会"限制。取消社会团体、基金会分支机构的登记审批，可将基金会和异地商会登记管理权限下放至区县。委托第三方机构对申请登记的社会组织进行评估。

四是完善社会组织支持服务体系。鼓励和支持社会组织发展，支持其在提供社会服务、规范行业关系等方面发挥积极作用。完善北京市社会组织孵化中心职能，加快完善"一中心、多基地"社会组织服务（孵化）网络。通过公益创投、公益博览会等形式，撬动市场和社会力量，促进企业、社会组织及相关主体间的资源对接。研究制定社会企业培育发展政策，培育发展新兴社会主体。

五是完善社会组织治理结构。充分发挥党建政治引领、政府依法监管、"枢纽型"社会组织日常服务管理的作用，加快形成政社分开、权责明确、依法自治、发挥作用的现代社会组织体制。

（四）进一步创新社会运行机制

一是完善流动人口服务管理。健全全员人口管理体制，完善全员人口管理信息系统，建立实有人口属地服务管理机制。加快实行居住证制度，为流动人口提供基本公共服务，逐步推进基本公共服务全覆盖。保障流动人口正常生活水平和合法劳动权益，科学调控流动人口分布和规模。统筹规划、引导劳动力有序转移和合理配置，完善外来务工人员继续教育培训和就业服务政策。

二是完善互联网新媒体服务管理。提高政府运用互联网新媒体的能力，提高政府的虚拟社会管理能力。建立健全网上网下综合防控体系和网上动态监管机制，依法打击网络违法犯罪。加强网络舆情收集、研判，准确掌握网络舆情和热点，有针对性地进行跟踪引导和管控。加强依法治理，完善网络社会管理、网络问政、微博微信使用等政策措施。加强互联网新媒体舆论监督机制、依法监管和行业自律建设。

三是加强社会诚信体系建设。建立健全政府主导、专业机构监管、行业组织自律、社会舆论监督、公众参与的社会诚信体制。加快建立社会诚信制度，建设覆盖全社会的征信系统，加强信用服务市场培育和监管，加大信用行为激励和惩戒力度。完善政府信息公开机制，健全社会听证、公示制度，提高施政的公信力和透明度。完善企业信用发布、信用档案和信用系统，推动各类企业依法纳税、守法经营。健全事业单位信用评价、信用公开和信用奖惩机制。加强社会组织诚信建设，完善信息公开机制和信用管理制度。加强个人诚信建设，建立个人信用档案。

四是加强网格化工作体系建设。构建条块结合的服务管理模式和支撑保障体系，实现对人、地、物、事、组织的精确定位、精准服务、精细管理。加快推进社会服务网、城市管理网、社会治安网"三网"融合，基本实现区县、街道（乡镇）、社区（村）三级网格化体系全覆盖。制定发布社会服务管理精细化测评指标体系，加快社会领域信息化建设，完善网上社会管理和公共服务平台建设，加快推进智慧社区创建。

（五）进一步规范社会工作机制

一是着力推进社会工作者职业化进程。逐步将社会工作师纳入全市专业技术职务制度统一管理，制定社会工作专业技术职位设置管理办法及职级体系。制定职称、待遇、管理、培训等配套政策，建立社会工作师专业技术职务聘任制度，实行评聘分离。在非公经济组织和社会组织开展政工人才职称评定，实行专业技术资格与岗位挂钩、岗位与工资待遇挂钩。探索建立与国际接轨的社会工作执业制度。

二是积极拓宽社会工作者发展空间。重点在社会福利、社会救助、精神卫生、残障康复、矫治帮扶等领域积极引入社会组织服务，培育一批专业社工机构。民政、人力社保、卫生、教育、信访、工会、共青团、妇联、残联等有关单位，探索开发设置符合单位业务需求的专业社工岗位，并向社工事务所或专业社工机构购买社工服务。

三是健全社区工作者管理使用机制。推行社区工作者"准编制化"管理，建立社区工作者队伍总额控制机制，确保队伍规模合理、有序发展。加快社区工作者职业体系建设，探索社区工作者职业资格认定标准和职业晋升制度。在社区聘任一定数量的专业社工，实现评聘分离。完善配套薪酬体系及福利制度，进一步加大激励保障力度。

（六）进一步形成社会动员机制

一是健全应急社会动员机制。完善统一指挥、分级负责、部门联动的应急社会动员领导体系，着力加强街道（乡镇）、社区（村）等基层应急动员组织体系建设，完善统一权威的应急动员信息发布渠道。加强应急动员宣传教育，提高公众风险意识和自救互救能力。分类做好自然灾害、事故灾难、公共卫生事件、社会安全事件等应急动员预案，在街道（乡镇）、社区（村）开展社会动员试点工作，完善常态动员与应急动员相互衔接的工作机制。

二是推进志愿服务常态化专业化。进一步完善全市社会领域志愿服务体系，加快实现社会领域志愿服务组织全覆盖。加强应急志愿者队伍建设，分级分类开展专业志愿者和应急志愿者培训，提高专业服务和应急救援能力。有序推进为老服务、交通秩序维护、环境保护、关爱农民工等志愿服务项目。以"志愿北京"网站等为依托，建立全市志愿服务项目与需求信息发布平台，探索科学有效的志愿服务供需对接机制。

三是引导企业积极履行社会责任。建立企业社会责任领导协调机制，引导企业积极构建和谐劳动关系，维护消费者合法权益，支持公益事业，参与驻区建设。分类制定企业社会责任标准体系，健全企业社会诚信监督机制，适时公布企业履行社会责任情况。加大宣传表彰力度，营造企业积极履行社会责任的良好氛围。

（七）进一步深化街道、社区体制改革

一是转变街道服务管理职能。进一步把社会服务与城市管理职能下沉到街道，加强街道落实公共服务、统筹辖区治理、组织联合执法、指导社区建设、促进社会和谐的职能。按照专业管理、属地统筹的原则，由街道对各派出机构的工作进行统筹调度。建立和完善街道层面联合执法机制，开展城市管理综合执法和各类专项联合行动，形成长效的常态工作机制。

二是加强街道资源力量整合。进一步理顺街道与政府专业管理部门、驻区单位的工作关系，建立和完善街道层面社会服务管理委员会及其职能作用。深化街道"大部制"改革，建立分工合理、职能清晰、关系理顺、协调配合，结构优化、效能提高的工作机制。优化街道"一站式"办公服务大厅运行机制，拓展街道社区服务中心的功能。清理面向街道、社区层面的各级各类考核评比，减轻街道、社区负担。整合优化协管员队伍，建立各类协管员队伍建设统筹协调机制，形成条块结合、以块为主的管理体系。

三是完善社区民主自治。不断完善基层群众自治机制，发挥居民在基层社会治理中的主体作用，推广和完善参与式协商、民主治理、社区居民代表常务委员会等模式，拓宽居民参与范围和途径，丰富居民参与内容和形式。引导居民积极参加社会组织的活动，动员居民有序参与社会治理，鼓励和支持居民协助政府做好社会服务工作，依法保证居民对社会治理和社会服务的知情权、参与权、决策权、监督权。逐步建立健全社区事项准入机制，减轻社区负担，强化社区自治功能。

（八）进一步加强社会领域党建工作

一是健全社会领域党建领导体制。完善社会领域党建工作联席会制度。

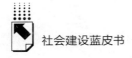
探索区县直接联系、双重管理规模以上非公有制企业和社会组织的体制机制。形成市、区县、街道（乡镇）三级"枢纽型"社会组织党建工作网络。进一步完善街道（乡镇）社会工作党委和社区区域化党建工作机制，健全党凝聚社会各方力量的区域化党建格局。

二是构建社会领域党建组织体系。统筹推进区域内党组织设置、党员发展和教育管理、党建阵地建设。完善商务楼宇"五站合一"、社区联建门店、街区商管协会、自律组织、网格化党建等工作机制。依托市、区县人才（职介）服务中心、街道（乡镇）社会工作党委、新居民互助服务站，建立流动党员联合党组织。加大综合市场、产业基地、行业协会等党组织组建力度，推进构建园区统筹、街区统筹、商圈统筹、楼宇统筹、行业统筹等区域化党建模式，实现区域化党建格局全覆盖。

三是完善社会领域党建运行机制。健全在职党员进社区、党员责任区、党员志愿服务机制。健全区域协商议事会议制度，建立区域党建信息资源库，建设党群服务活动中心，创新流动党员教育管理方式，推动区域内各类组织结对共建、党群活动一体化，提升社会领域党组织服务群众、整合资源、畅通诉求、协调利益的能力。

转型、整治与"新常态"

——首都城乡接合部社区治理思考

王雪梅

摘 要: 在大都市快速城市化的背景下,流动人口在城乡接合部的聚居,引致城乡接合部社区转型。转型社区普遍存在诸多治理难题,北京市曾在 2010 ~ 2012 年集中整治了 50 个"重点村",整治在付出巨大的行政成本并取得一些预期成果的同时,也产生了"意外后果"。后整治时代的城乡接合部呈现四大"新常态",深入分析"新常态",本文提出以"善治"替代"整治"的首都城乡接合部社区分类治理思路。

关键词: 社区转型 "重点村"整治 善治 分类治理

一 城乡接合部社区转型

在大都市快速城市化背景下,大量流动人口进入城市,逐渐聚集到城市内部特定的空间区域——城乡接合部,并在那里的"城中村"聚居,形成了一种特殊形态的社区,这就是城乡接合部社区。

这些社区都坐落在城市空间区位中的城乡接合部。随着城市化的发展,城市中心的产业和住宅区不断向外围扩散,将城市周边的农业用地转变为城市用地。逐渐地,大城市周边地区转变为城乡接合部。城乡接合部类似城市"摊大饼"的外缘,随着城市的扩展,"大饼"的外缘不断向外延伸。2000 年以来,首

157

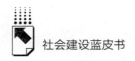

都处在空间快速扩张阶段，城乡接合部亦具有很强的时段性。目前，首都城乡接合部在行政界线上主要集中在首都功能拓展区四区。① 城乡接合部是首都流动人口的主要聚居地，而这里的流动人口占流动人口总量的比例高达85%（1%的人口抽样调查）。

城乡接合部具有"三交叉"的区位特征：城、乡地域交叉，农民、居民生活交叉，街、乡行政管理交叉。在此区位主要有两类居住社区，一是纳入城市规划的商品房小区，二是城中村。随着城市开发建设征地，有些城中村的部分村民已经实行了"农转非"，并同时建立了居民委员会，成为村居并存社区。近10年来，各地陆陆续续地实施城中村改造，在管理体制方面就是"村转居"，即从农村的行政村建制转为"居民社区委员会"建制。在一些地区，"村转居"社区也被称为"村改居"社区或"撤村建居"型社区或"村改社区"。这样，"城中村"由于管理体制的不同，出现了三种变化形态：村委会型、村改居型、村居混合型。三种形态的城中村拥有一个共同的重要特点，那就是吸引了大量进入城市的流动人口。由于流动人口的高度聚居，城乡接合部社区发生结构与功能的转型。一方面，在人口构成上具有异质性，既有本地人，也有外地人。本地人中既有城市户籍人口，也有农村户籍人口。另一方面，流动人口比重逐渐增大，甚至出现倒挂。据统计，北京市流动人口超过户籍人口的"倒挂村"达667个，倒挂且聚居总量在万人以上的81个。"倒挂社区"实质上是以流动人口为主体，为流动人口提供居住、生活服务的功能社区，这使得城中村在人口构成上具有异质性。

二　转型社区的整治

城乡接合部社区普遍存在人口密度高、违建严重、公共服务缺失、基础设施不足、环境卫生恶化、安全隐患突出等治理难题。2010～2012年，北

---

① 城乡接合部是功能拓展区四区（即朝阳、海淀、丰台、石景山）与城市发展新区（大兴、通州、顺义、昌平、房山、门头沟六区）接壤地带，涉及77个街道乡镇、1673个社区（村）。

京市政府投资 1800 亿元,对问题凸显的 50 个"重点村"(即市级挂账整治督办"重点村",同时也是流动人口倒挂在 5 倍以上的流动人口聚居社区)进行集中整治,同时推进城市化改造工程,即通过拆除旧村、盖回迁楼,建设新型城市社区,使得原有社区生活环境改善、安全隐患消除、聚集的流动人口解散。

"重点村"分布在朝阳、海淀、丰台、石景山、房山、顺义、大兴、通州、昌平 9 个区 34 个乡镇(街道),涉及 61 个行政村 127 个自然村。其中,位于中心城区的有 38 个、规划新城地区有 12 个。村域总面积约 85.3 平方公里,户籍人口达 21.4 万人,流动人口超过 100 万人。

研究发现,整治虽取得了一系列成果,消除了既有的"城市病灶",但还是产生了"意外后果"。一是流动人口向周边地区转移聚居,周边地区问题再度凸显。以唐家岭为例,拆迁尚未正式启动,该地聚居的外来人口就陆续向周边的马连洼、史各庄、永丰乡、六里屯、小牛坊等地转移。与唐家岭一路之隔的定福皇庄、西半壁店村、昌艺园社区也随即"兴盛"起来。显然,50 个被拆除的"重点村"的周边地区成为人口激增的受害区。基础设施严重不足,违章建设难以遏制,社会管理面临更大的挑战。二是城乡接合部迅速向外推移,流动人口聚居区加速扩散、蔓延。根据城市扩散的趋势预测,城乡接合部从一个乡镇扩展到邻街乡镇需要 3~5 年的时间,由此推断北京市城乡接合部将向东部和南部大规模扩散,未来 10~20 年,目前乡村所在的平原地区将完全变成城乡接合部,仍然是流动人口的主要聚居地。由此,城乡接合部地区出现"新常态"。

三 后整治时期的"新常态"

(一)城乡接合部仍是满足流动人口住房需求的主空间

首都经济高速增长,就业容量扩大,吸引大量流动人口。2000 年以来,北京市流动人口总量加速膨胀,2000 年为 256.1 万人,2012 年增长到 773.8

万人，12年间增加了517.7万人。首都流动人口就业领域集中在低端三产，广布于市郊各地，因此，他们大多就近租赁房屋。冯晓英认为北京市公共住房制度排斥流动人口，正规住房市场则以价格门槛将收入普遍偏低的流动人口排除在外。因此，流动人口只能寻求非正规租赁渠道，流动人口巨大的住房需求在城乡接合部找到了出口。（冯晓英，2011）

2008年北京市流动人口和出租房屋管理委员会统计，城乡接合部地区有出租房屋79.7万户、367.2万间，占全市出租房屋总户数（92.9万户）的85.8%，占全市出租房屋总间数（404.3万间）的90.8%。北京市公共住房制度排斥流动人口，正规住房市场以价格门槛（高昂价格与租金水平）将收入普遍偏低的流动人口排除在外。然而，流动人口的住房需求、对城乡接合部的空间要求均是刚性的，未来20年，城乡接合部仍是解决外地人住房需求的主空间。

（二）转型社区的功能之一是为流动人口提供缓冲性生存空间

聚居区流动人口可以大体分成三类，第一类以单身为主，仅在聚居区里租赁房屋居住，在聚居区以外的地方就业；第二类以已婚夫妇为主，不仅在聚居区租赁房屋居住，而且在聚居区内或附近就业；第三类以家庭为主，已婚夫妇及其子女和其他家庭成员均在此租赁房屋居住，在聚居区就业或聚居区以外的地方就业，但子女在聚居区附近接受教育，家庭在社区内有社会交往，展开较多的日常生活。

三类流动人口对聚居区的依赖程度不同。聚居区满足他们的居住需求、就业需求，或者是社会交往需求。对他们而言，聚居区不仅是住宅区而已，其与其中的居民形成繁复紧密的联系网络，并且利用其中的空间做生意并经营非正式企业，借此在社会上实现向上流动。

无论如何，聚居区从来不是终点。在乡村移民精心筹划的社会流动旅程中，进入聚居区只是第一步。城乡接合部流动人口聚居区的主要功能是作为他们迁徙过程的落脚，是外来人口融入城市的跳板，聚居区为流动人口提供了缓冲性生存空间。

（三）城乡接合部地区依然是首都社会建设与治理的"软肋"

流动人口聚居并不必然构成"问题"，但不能及时控制流动人口的"过度聚居"必然引发一系列严重问题，使城乡接合部面临诸多社会制度困境，成为城市公共服务与社会管理的"软肋"。研究表明，一旦流动人口的家庭团聚无法实现、社会支持网络遭到破坏，就比较容易陷入孤立而缺乏社交生活的状态，引发犯罪行为。犯罪不是外来移民在大城市立足造成的结果，而是未能成功立足导致的后果。

当流动人口在村域范围内的聚居总量达到万人，并且超过户籍人口 5 倍以上时，就属于过度聚居。过量人口造成社区内部公共空间与公共资源的竞争性使用，进而引发冲突，引起一系列社会服务和管理问题，如治安秩序乱，环境卫生差，交通拥堵，房屋、用水、消防存在安全隐患，违法违章建设泛滥，基础设施和公共服务压力增大等。这些问题凸显了城乡接合部的社会制度困境，如城乡规划体制、公共服务投入机制、人口二元管理体制、城乡交叉管理体制等。城乡交叉管理在城市化进程中难以避免，作为一种现存的行政管理模式，由于管理主体、管理对象、管理权限、管理重点、管理方式、管理目的等不尽相同又相互交叉，且交叉管理地区大多为待拆迁或改造的地区，在人力、物力、财力、精力等方面的投入很少能够纳入乡镇或街道的重点，权责分配不清、公共服务提供不足、资源力量凝聚不够等问题普遍存在。

（四）流动人口合理聚集社区和流动人口过度聚集社区将在城乡接合部地区长期并存；既有治理难题并未根治，重建社区的治理问题有待破冰

据上文分析，城乡接合部地区存在 667 个"倒挂村"，拆除了其中 50 个"重点村"后，未来城乡接合部地区将是两种类型社区长期并存的局面：一种是经过整治改造后重建的新型社区，这些新型社区仍然会吸纳流动人口暂时居住，但流动人口数量将会控制在合理范围内，甚至改变社区人口结构的"倒挂"性，笔者称之为流动人口合理聚居社区；另一种是流动人口过

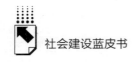

度聚居社区，包括城乡接合部流动人口聚居区存量和增量。

虽然首都在城市化改造地区大力推进社区建设，但往往忽视流动人口的需求与影响，导致重建社区面临种种新的治理难题。在实施 50 个"重点村"改造之初，北京市出台了《关于加强城乡结合部社区建设工作的意见》（京社领办发〔2011〕10 号）。文件要求，"在旧村拆迁、撤村建居的同时，逐步规范社区组织体系、社区工作者队伍、社区服务设施、社区服务体系建设，不断提高城乡结合部地区的社区服务管理水平"。要求到 2013 年底，城乡接合部 50 个"重点村"基本实现城市社区服务管理模式或村庄社区化管理模式；力争到 2015 年，目前的城乡接合部地区所有社区（村）基本实现城市社区服务管理模式。

这份文件提出的社区建设的目标是"通过加强社区建设，逐步形成城乡社区建设一体化新格局，使城乡居民都能够享受到均等的基本公共服务"。显然，社区建设的重点是当地农民的市民化和新建社区的城市规范化。因此，相关政策中虽提及流动人口，但并没有充分考虑新建社区中流动人口的需求与影响，导致重建社区面临种种新的治理难题。

四 "新常态"下城乡接合部社区治理的思考

由城乡接合部地区的"新常态"可知，聚居在此的流动人口有两大需求：一是住房需求，二是生存空间需求。既有的社区建设政策并没有明确地对此做出回应，以致重建社区在实践过程中面临种种新的治理难题。比如新租户的需求满足、公租房的物业管理、"蚁租"房（仅在海淀区唐家岭试点）管理中社区与产业园和驻区单位的合作与冲突。基于以上背景，笔者认为当前迫切需要加强城乡接合部社区建设的理论研究与先进经验的总结，推动有关转型社区治理理论的创新和实践的突破。

（一）以"善治"理论为基础

"善治"理论是治理理论的核心内容，俞可平总结善治的基本要素包括

6 个方面："①合法性，即社会秩序和权威被自觉认可和服从的性质和状态；②透明，即政治信息的公开性，使每一个公民都有权获得与自己利益相关的政府政策信息；③责任性，即人们应当对自己的行为负责；④法治，其直接目标是规范包括政府官员在内的公民的行为，管理社会事务，维持正常的社会生活秩序，终极目标在于保护公民的自由、平等和其他政治权利；⑤回应，即责任性的延伸，它要求公共管理人员和管理机构必须对公民的要求做出及时和负责的反应；⑥有效，即管理必须有效率。"（俞可平，2000）

聚居区"善治"的前提是善待流动人口，实现三个转变：从忽视到重视流动人口的住房需求，从漠视到回应流动人口的居住、就业、日常生活、社会支持、社区归属、城市社会融入等多方面的利益诉求，从误解到理解流动人口聚居区问题的根源。

"善治"理论体现了不同社会群体之间的互动关系。运用"善治"理论，创新流动人口聚居区治理，就是要统筹考虑城市发展、城乡接合部当地农民和聚居在此的流动人口的利益和需求，寻找共同利益，寻求公共利益最大化。政府要问政于流动人口，为其提供必要的服务，致力于缩小"群沟"。

（二）适应流动人口对低廉住房的刚性需求，放缓拆迁

在未来 20 年，流动人口对城乡接合部的空间要求、住房需求均是刚性的。首都中心区的生活成本排斥、城市公共住房的制度排斥以及正规住房市场的价格排斥（高昂价格与租金水平），使得收入普遍偏低的流动人口只能到城乡接合部寻求非正规租赁渠道。有鉴于此，笔者建议放缓对流动人口聚居区的拆迁。满足流动人口对低廉住房的需求，同时也就维续了低成本的劳动力再生产——这是首都经济社会发展的"城市红利"所系。

（三）聚居区实施有机更新，推动城市"精明"增长

首先，采纳旧城改造中的有机更新方法，着眼于城乡接合部社区的功能修复，而不是功能破坏。其次，放手低端住房市场，让利于民。可以出台相关政策，规范个体农民私房建设和出租行为，使其合法化。在集体土地上建

租赁房的模式采用占地而非征地的方式，农民会有租赁房屋收入的逐年分红，收入持续稳定。最后，向城市规划要效益，用足既有的城市建设用地。通过规划紧凑型社区，在新的发展和既有社区改善之间取得平衡，从而对抗城市蔓延、城市空间"摊大饼"式的扩张，推动城市"精明增长"（Smart Growth）。

（四）在流动人口过度聚居社区实施差别化管理

流动人口过度聚居社区的问题实质是城市公共服务与管理在城乡接合部地区的制度性缺位与不到位。对策是借鉴上海市做法，实施有别于中心城区的差别化管理政策。

2015 年 1 月 5 日，中共上海市委、市政府发布《关于进一步创新社会治理加强基层建设的意见》，提出"实施乡镇差别化管理，推动执法管理力量和公共服务资源向城乡接合部、人口集中导入地区倾斜。具体地，可适当增加流动人口聚居村镇的编制数量、严格执行梯度化公共服务政策；加快村庄规划编制；切实加强'城中村''空壳村''空心村'等综合治理；在包括大镇、大居在内的人口密集地区，合理确定基本管理单元，设立分中心或服务点"。需要进一步研究差别化管理的理论依据、内涵要求、体制机制条件以及具体的可操作性政策。

（五）在流动人口合理聚居社区探索以流动人口融合为导向的社区合作治理模式

政府注重规划和政策；注重培育服务流动人口的社会组织；重视、支持流动人口自我组织和自我管理的发展，吸纳流动人口进入基层治理体系，提升流动人口社会参与能力。企业要承担流动人口权益保护的责任。

总结基层社区在流动人口融合和合作治理方面的经验、方法；发现基层社区在流动人口融合和合作治理过程中的障碍和难题。需要进一步展开实证研究，在总结个案社区治理模式的前提下，比较不同个案社区模式的相同与不同；比较实践中的合作治理模式与合作治理理想模式的差距，修正、完善理想模式。

参考文献

王雪梅:《流动人口聚居区从"整治"走向"善治"》,北京社科规划项目"成果要报",2015 年 2 月。

〔加〕桑德斯:《落脚城市》,上海译文出版社,2012。

王雪梅:《首都流动人口聚居区形成与变动分析》,《北京市哲学社会科学研究基地成果选编 2011》,首都师范大学出版社,2011。

冯晓英、高勇:《北京社会服务管理创新》,社会科学文献出版社,2011。

姚永玲:《北京市城乡结合部管理研究》,中国人民大学出版社,2010。

冯晓英:《由城乡分治走向统筹共治——中国城乡结合部管理制度创新研究:以北京为例》,中国农业出版社,2007。

俞可平:《治理与善治》,社会科学文献出版社,2000。

B.12
北京市社会矛盾指数及
居民行为倾向调查报告

郑广淼　刘二伟　张晓锐*

摘　要： 2014年北京市社会矛盾总体趋于缓和，随着政府积极推进住房保障、教育、医疗等公共服务改革，以公共政策为主的矛盾缓解机制起到了积极作用。本研究发现，2014年北京市经济社会改革取得成效，依法治国方面的主观矛盾水平降低。不过，经济社会发展中存在的局部利益矛盾值得关注，以民生问题为主的物质性矛盾是社会矛盾的主要方面。人们在遇到矛盾问题时，七成以上会以较为平和的行为方式解决，但在网上抱怨问题的比例上升。居民在遇到物质性矛盾时，更倾向于选择自助行为，且行为选择倾向受到阶层认同的影响。社会矛盾水平与居民对矛盾的主观认知相关联，政府应关注社会公众的隐性不满，通过对社会矛盾的量化研究，挖掘社会矛盾的深层次原因，有针对性地缓解和解决社会矛盾纠纷。

关键词： 社会矛盾　利益受损　行为选择　隐性不满

近年来，经济社会发展过程中的深层次矛盾逐渐显露出来，民众对民生

---

* 郑广淼，北京信访矛盾分析研究中心主任；刘二伟，北京信访矛盾分析研究中心专题部主任；张晓锐，北京信访矛盾分析研究中心研究人员。

问题的诉求日益增多，对政府解决社会矛盾和切身利益问题的期望更加强烈。在这样的社会环境和背景下，研究首都社会矛盾的发生、发展变化情况尤为必要。为了科学研究北京市社会矛盾的变化，把握公众在日常生活中的切身权益受到制度性损害或群体性压抑的情况，了解应对利益受损的公众行为选择，北京市信访矛盾分析研究中心从 2010 年开始，持续开展社会矛盾指数研究。

该研究将社会矛盾分为物质性矛盾和价值性矛盾，通过科学指标测量体系的建立，将具体的社会矛盾数量化，发现当前社会矛盾的形式、程度、公众利益受损时行为选择的倾向，这在社会矛盾研究领域具有开创性的意义。社会矛盾的量化研究结束了人为评价社会矛盾激烈程度的历史，开启了连续性量化监测社会矛盾的先河。2014 年社会矛盾指数研究采取拦截访问的调查方法和多段随机抽样方式，按照"市—区县—社区"的顺序，在北京市最新社区名录的基础上形成本次调查的调查地点以及基本样本。抽取的社区和村覆盖北京 16 个区县，并保证每个抽取社区和村的实际调查样本在 20 个左右。本次调查共发放样本量 2528 个，最终共获取有效样本量为 2459 个。

一 2014年北京市社会矛盾总体趋于缓和

2014 年北京市社会矛盾①主观水平得分是 44.3 分，② 较 2013 年下降了 3.9%，为五年来的最低值，处于中度矛盾区间的低水平，临近轻度矛盾区间。

---

① 该研究将社会矛盾分为物质性矛盾和价值性矛盾，物质性矛盾是指有关权利、地位与资源的冲突，是公众需求与客观现状之间的对立与冲突。在本项研究中，物质性矛盾具体指涉社会生活中的直接物质资源冲突，与民生问题息息相关。价值性矛盾指的是人们关于价值、信仰、观念的冲突。它可以分为普通大众之间的价值观念冲突以及普通大众与政府之间的价值观念冲突，后者尤与社会矛盾相关，也更容易引发社会运动等不稳定因素，因此本项研究中价值性矛盾只关注后者。换言之，关注普通大众对目前我国政府与体制的执政基础的认同程度。

② 按照目前关于社会预警的实证研究，将社会矛盾主观水平总得分为 0~20 分视为无矛盾区间，将 20~40 分视为轻度矛盾区间，将 40~60 分视为中度矛盾区间，将 60~80 分视为重度矛盾区间，将 80~100 分视为巨重矛盾区间。

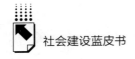

价值性矛盾①的降低成为拉动社会矛盾主观水平下降的主要因素。总体来看，社会矛盾自 2011 年以来呈现历年下降态势，说明北京市社会矛盾总体趋于缓和。

2014 年北京市社会矛盾指数是 0.90，与 2013 年的 0.77 相比有所提升。社会矛盾指数等于社会矛盾主观水平的变化率与矛盾缓解机制效果的变化率之比，2014 年社会矛盾主观水平变化率为 96.1%，社会矛盾缓解机制变化率为 106.5%。虽然公众对社会矛盾的主观感知有所降低，但由于社会矛盾缓解机制的边际效用减弱，2014 年北京市社会矛盾指数有所提升。2014 年北京市在保障住房安居、改善交通出行、优化生态环境、整治市容环境、提升养老服务、改革医疗体制、提高公共安全等方面采取多项政策措施，但由于政策措施从实施到产生社会效应存在时间差，2014 年的社会矛盾缓解机制效应有所下降，这成为 2014 年社会矛盾指数升高的主要原因。

近年来，北京市深入推进社会领域改革，全面深化教育体制改革和医疗卫生体制改革，不断加强社会保障和就业工作，全面提升基本公共服务水平，社会管理和社会治理取得明显成效。随着《北京市人民政府关于加强法治政府建设的实施意见》的出台，政府职能转变和依法行政能力建设的步伐加快，行政程序依法得到规范，行政行为亦得到法制约束。自 2011 年以来，立法和行政决策的重心由经济建设向社会治理、民生保障、依法行政转变，社会矛盾缓解机制的建设力度明显加大，对于减少和缓解社会矛盾起到了积极作用。

二 社会矛盾最为突出的重点领域

（一）居民对市政环境方面的利益受损敏感度高

目前，社会矛盾多集中在与基础民生或民众切身物质利益直接相关的领域。因此，社会矛盾指数研究将物质性矛盾分为教育、医疗、住房、公共安

---

① 价值性矛盾包括经济体制、治理绩效、民主建设和法制建设四大方面，每一方面又包括 2~3 种具体矛盾。物质性矛盾包括教育、医疗、住房、公共安全、劳动就业、社会保障和市政环境等方面。

全、劳动就业、社会保障和市政环境七个方面，通过考察北京市居民对以上问题的态度，来了解各种矛盾的激烈程度。

整体来看，2014年物质性矛盾有所下降，但仍处于中度矛盾区间。从社会矛盾主观水平得分的变化来看，就业、医疗、公共安全、住房和社会保障同2013年相比均呈现不同程度的下降，就业和社会保障都处于轻度矛盾区间。就业矛盾的下降幅度最大，说明居民对就业状况和就业服务的满意度较高。2014年教育和市政环境的主观矛盾水平有所提高，尤其是教育矛盾主观水平得分增长了22.1%，由轻度矛盾区间上升至中度矛盾区间。从社会矛盾主观水平得分的排序来看，公共安全、住房和医疗是矛盾主观水平得分最高的三个领域，需要引起有关部门和社会的持续关注。

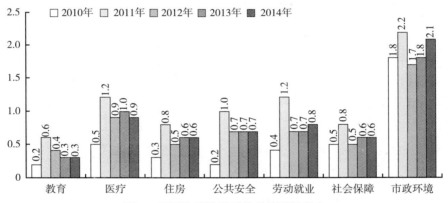

图1　不同物质性矛盾的利益受损程度

从物质性矛盾利益受损程度来看，市政环境、医疗位列前两名。从图1可以看出，市政环境的利益受损程度显著高于物质性矛盾的其他方面，环境污染和交通拥堵成为市政环境利益受损最主要的两个方面。调查显示，五年间，环境污染利益受损比例从116.5%上升到122.6%，交通拥堵利益受损比例从56.6%上升到91.1%，市政环境利益受损覆盖的人群有所扩大。由于市政环境问题具有较高的非排他性，加之近年来民众的环保意识越来越强，居民对良好有序的市政环境的诉求更加强烈，在市政环境方面的利益受损具有更高的敏感性。

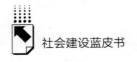

（二）经济社会改革取得成效，依法治国方面的主观矛盾水平降低

北京市价值性矛盾的主观矛盾水平在 2014 年有所下降，说明价值性矛盾趋于缓和。具体而言，经济改革、治理绩效、民主建设和依法治国四个方面主观水平得分均有不同程度的下降。从价值性矛盾的主观水平得分来看，经济改革矛盾居首，治理绩效和民主建设次之，依法治国最低，这从侧面说明民众对当前法治中国建设的认可度提高。党的十八届四中全会以来，中央和地方各级政府及司法系统在依法治国方面制定和实施了多项改革措施，法治建设取得了一定成就，民众期待政府在推动执法和司法公平公正方面更加积极主动作为。2011 年以来，以上四方面的价值性矛盾均逐年减弱。其中，经济体制改革矛盾①持续缓解，2014 年已接近中度矛盾区间，说明北京市推进经济社会改革取得了一定成效，如物价上涨态势得到控制、贪污腐败和贫富分化问题平缓下降等，这些得到了公众的肯定。

民众对贪污腐败的不满情绪比例为 57.2%，高于对物价上涨的不满情绪比例（55.9%），这可能是 2014 年中共中央加大反腐力度以来，公众对贪污腐败矛盾的认知有所提升导致的。贪污腐败和物价上涨共同构成经济体制改革中的主要矛盾，说明公众对涉及社会公平正义的矛盾更加敏感。此外，民众对官员职责履行、司法不公较为关注，政府在加强法治建设的同时，尤其要注重对司法公平的维护。

（三）社会结构具有稳定性，以民生问题为主的物质性矛盾是社会矛盾的主要方面

社会分层是依照共同的社会经济状况将人们区分为不同群体的分类方式，包括经济、政治、社会和意识形态等维度，每一个社会阶层的成员具有类似的价值观、兴趣爱好和行为方式。社会矛盾指数研究借鉴韦伯的财富、声望与权力的标准，将收入和职业作为社会分层的标准。以家庭年收入为基

---

① 在该调查研究中，经济体制改革矛盾包括贫富分化、贪污腐败和物价上涨。

础，结合个人的职业状况，将北京市常住居民划分为五个社会阶层：下层、中下层、中层、中上层和上层。①

整体而言，社会中间阶层的社会矛盾趋于缓和，随着社会阶层的向上和向下流动，总体矛盾趋于加重。也就是说，上层和下层的社会矛盾相对较重，而中间层和中下层的社会矛盾相对较轻，呈现"U"字形分布。中间阶层和中下阶层作为北京社会结构的主体，其社会矛盾水平与其他阶层相比处于较低水平，意味着北京社会具有一定的稳定性。但中上层和上层居民的社会矛盾主观得分水平比较高，对北京市的社会状况满意度偏低。具体来看，各社会阶层在物质性矛盾和价值性矛盾方面的主观水平得分也显现这一特点，且物质性矛盾主观水平普遍高于价值性矛盾主观水平，可见各阶层居民社会矛盾总体得分主要被关系民生的物质性矛盾拉高，这也再次印证了以民生问题为主的物质性矛盾是社会矛盾的主要方面。

三　居民利益受损时行为选择的特点

（一）居民解决矛盾的方式以柔和为主，在网络上抱怨问题的比例上升

当利益受损时，有三成多的居民会选择向亲友同事或邻居诉说抱怨问题，而选择不采取任何方式和自行想办法协商解决（即无倾向行为②）的居民比例为28.5%，可见，居民的应对行为以柔和为主。居民选择自助行为的比例为28.1%，仅比无倾向行为低0.4个百分点，两者基本持平。这说

---

① 家庭年收入的4个分界点分别为2万元、5万元、20万元和50万元。在此分层基础上根据个人职业状况进行阶层上调，最多上调1层。

② 根据不同行为选择的激烈程度，笔者将其分为无倾向行为、倾向行为、自助行为和冲突行为。具体来看，无倾向行为包括"不采取任何方式"和"自行想办法协商解决"；倾向行为包括"向亲友同事或邻居诉说抱怨问题"和"在网络上抱怨问题，如发帖跟帖、写博客等"；自助行为包括"致电、写信或发邮件向相关部门投诉等"、"个人到相关部门或信访部门上访"、"上法院或到上级部门控告相关组织或部门"和"向新闻单位曝光，寻求媒体支持"；冲突行为包括"参加集体上访、请愿或游行示威等集体行动"。

明居民寻求制度内合理合法渠道解决矛盾的意愿增强。四种行为中，倾向行为的选择比例最高，为41.8%。值得关注的是，在网络上抱怨问题的比例逐年上升，从2010年的6.0%增加到8.5%，充分表明随着信息技术的不断发展，网络成为居民抱怨问题的另一种渠道。此外，倾向于选择冲突行为①的比例达到1.6%，近五年来这一数据呈现略微波动上升的趋势，从侧面反映出如果具体的矛盾纠纷解决不好，利益相关者的隐性不满有可能在短期内集聚，存在群体性维权行为的潜在风险。

　　居民在遇到社会矛盾和利益受损时，超过七成的调查者会采取一定的行动，小到网上抱怨和向周围的人倾诉，大到诉讼、控告，甚至是群体性行动，而不采取任何行动的人群比例显著降低（见图2）。无倾向行为和倾向

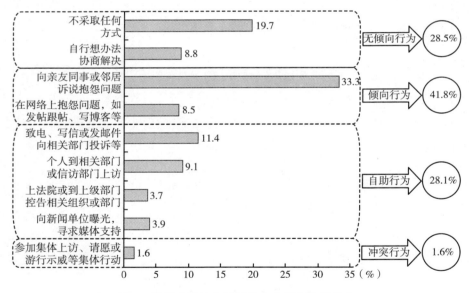

图2　居民应对社会矛盾的主动行为选择分布

---

①　在社会矛盾指数研究中，笔者将参加集体上访、请愿或游行示威等集体行动视为冲突行为。虽然从国际视角来看，以上行为可能还不到"冲突"的程度，但是从中国的实际国情来看，很多集体访、在政府机关驻地聚集和静坐等行为，都是由于社会矛盾累积到一定程度，甚至是达到冲突的程度才引发的集体性行为。为此，笔者将上述行为统一为"冲突行为"来进行分析。

行为的行为选择占据主导，基本上都能做到依法维护自身权益，在现行体制内做到依法维权。总体来看，绝大多数民众在应对矛盾纠纷时的行为选择是比较理性的。在寻求解决矛盾的渠道和方式中，实现目的的成本付出是人们必须考虑的因素，在当前社会组织发育相对滞后的制度环境下，大量的利益诉求要通过相关部门才能得到有效解决。在如拆迁安置、劳资纠纷等涉及经济利益的矛盾纠纷中，如何使自身的利益诉求得到充分表达，让政府知道此事的重要性，认真介入并解决，便成为许多社会成员考虑的问题。[①] 就此而言，较为平和的利益诉求方式便成为当事人的现实选择。

（二）居民在遇到物质性矛盾时，更倾向于选择自助行为

对比价值性矛盾与物质性矛盾引发的行为选择倾向，调查结果显示，面对价值性矛盾，向亲友同事抱怨问题和在网络上抱怨的选择比例要高于物质性矛盾；在应对物质性矛盾时，居民采取自助行为（包括投诉、信访、诉讼、控告、媒体曝光等）和冲突行为（包括集体访、请愿、示威游行等集体行动）的比例（分别为25.9%和2.0%）高于价值性矛盾（分别为11.2%和0.6%）。以上数据表明，价值性矛盾更容易引发现实和虚拟空间内负面态度和情绪的传播，而居民对物质性矛盾的容忍度和行为燃点较低，居民在遇到与自身利益密切相关的现实问题时，更倾向于想方设法采取行动解决。实际上，绝大多数矛盾纠纷的起因多源于具体的利益诉求，医疗利益受损、物业纠纷、社会保障、教育公平等方面的矛盾更容易导致诉讼、信访等行为选择。此外，随着网络信息技术的应用和普及，广大人民群众对经济体制改革、政府治理、民主法治建设等价值性层面的态度更多地会通过网络媒体等渠道反映出来。

（三）中上阶层在遇到社会矛盾和问题时，更倾向于积极主动作为

自助行为和冲突行为同无倾向行为和倾向行为相比，具有更高的自主性和社会影响程度，在社会矛盾指数研究中，将这两种行为选择合并归为激烈

---

① 吴忠民：《中国现阶段社会矛盾特征分析》，《教学与研究》2010 年第 3 期。

矛盾行为。通过调查数据的对比发现，随着社会阶层的上升，居民利益受损时采取激烈矛盾行为的比例也在上升，该比例在中上层居民中达到峰值，而在上层出现下降。各阶层采取无倾向行为的比例呈现"U"字形变化趋势，其中，中上层居民采取无倾向行为的比例最低，下层和中下层选择无倾向行为的比例最高，其行为选择相对温和。调查结果反映出中上阶层在遇到社会矛盾和问题时，更倾向于积极主动作为（见图3）。

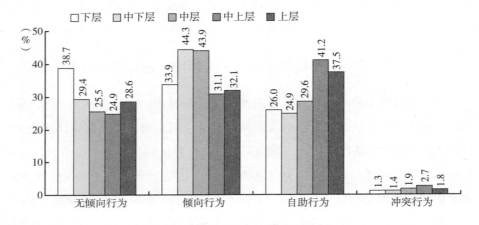

图3　不同社会阶层的行为选择分布

经验研究表明，人们自身所处的客观社会经济地位与主观认同的社会经济地位并不一致，工人阶级和职业白领对自身社会阶层的认同感，并不像人们想象的那么显著。社会成员对社会阶层的主观认同是影响社会态度的决定因素，集体行动和社会运动是建立在社会认同基础上的。各个阶层，尤其是中层和中上层居民存在"阶层认同偏下"的现象①，一些在客观标准界定上属于中产阶层的人群，在自我主观认知上却将自己界定为中下层乃至下层。

---

① 调查研究显示，用职业、收入和教育等客观指标界定的中产阶级越靠近核心层，就越倾向于认同社会"中层"。"核心中产阶级"中，有61.7%的人认为自己属于社会"中层"；在"半核心中产阶级"中，有53.5%的人认为自己属于社会"中层"；在"边缘中产阶级"中，只有46.8%的人认为自己属于社会"中层"；在中产阶级之外的"其他阶级"中，有38.6%的人认为自己属于社会"中层"。

"阶层认知偏下"是社会贫富差距的不断拉大，社会矛盾的日益尖锐，社会群体存在隐性不满情绪导致的。其中，中产阶级的受挫感最强，这种心理感受会影响其对自身阶层的定位，进一步影响居民的行为选择，这也是导致处于中上社会阶层的居民行为倾向选择烈度最高的主要原因。

四 北京市社会矛盾指数研究的启示

（一）社会矛盾水平与居民对矛盾的主观认知直接相关

社会矛盾的主观认知反映了社会成员对社会矛盾客观事实的认识情况。社会矛盾是一种复杂、复合的社会现象，既具有客观的一面，又具有主观的一面。社会矛盾的严重性认定除了依据其造成的社会影响，还取决于社会成员对社会矛盾的判断、评价以及由此做出的行为反应。从社会矛盾的构成来看，客观事实是社会矛盾构成的前提条件，主观认知则是社会矛盾构成的必要条件。因此，对社会矛盾的研究，既要重视客观事实，又不能忽视主观认知。如果只注重客观事实，而轻视甚至忽视主观认知，那就不能真正把握住社会矛盾的本质，甚至会拖延社会矛盾的解决。

社会矛盾指数研究表明，人们对社会矛盾的主观认知水平直接影响其应对矛盾纠纷的行为选择。矛盾的主观水平得分越高，居民利益受损时越倾向于选择自助行为，矛盾的主观水平得分越低，居民利益受损时无倾向行为的选择比例越高。以 2014 年为例，该年度公共安全的矛盾主观水平得分最高，为 57.4 分，居民在公共安全利益受损时倾向于选择自助行为的比例达到了 49.4%，同其他矛盾相比，公共安全利益受损时的无倾向行为比例最低；而就业问题的主观矛盾水平得分为 36.8 分，远低于公共安全矛盾，居民在就业利益受损时选择无倾向行为的比例最高，达到 70.2%，自助行为的比例则仅为 13.0%。由此可见，居民对矛盾的主观感知越强烈，其更倾向于选择多重渠道并采取主动行为，对社会矛盾做出应对。

处在转型期的中国社会目前面临各种各样的社会矛盾，并非所有的矛盾问题都能够上升到公共治理问题进行顶层设计，因为"一个公共问题之所以被称之为社会问题，必须具备两个基本条件：第一，大部分人必须认为其是社会问题。第二，大部分或者社会上一些重要成员必须相信这个问题可以通过社会行动加以解决。"美国社会学家霍华德·贝克尔提出的社会问题演化的五阶段说清晰地阐释了社会矛盾由普通矛盾纠纷向具有公共性的社会问题转变的五个阶段。第一阶段有一些人或群体将之认定为有问题、有麻烦的矛盾，会妨碍社会的进步与发展。第二阶段是要引起多个人或团体的关注。第三阶段是该问题必须得到权威机构的认可，使之最终被确定为社会问题。第四阶段是个人或团体对该问题失去了关注的兴趣。第五阶段是权威机构采取措施，将解决社会问题纳入其立法活动和行政工作中。前两个阶段是社会问题的主观认识和确立阶段，即社会诊断解决，最后三个阶段是社会问题的解决阶段。社会矛盾的主观水平得分是公众对社会矛盾主观感知的具体量化，为正确进行社会诊断提供了依据，决策者可据此判断各类社会矛盾的轻重缓急，这有助于推动社会矛盾的正确解决。

（二）社会财富分配不均是社会矛盾多发频发的深层次原因

从北京市近五年社会矛盾指数调查情况来看，涉及住房、医疗、教育等居民切身利益的局部利益矛盾始终是首都社会矛盾的主要方面，也是引发集体访、极端行为等社会性事件的关键因素。随着经济改革的逐步深入，民众的需求更加多元，诉求也更为多样，由此导致根本利益一致下局部利益矛盾突出，收入分配、就业、教育事业、医疗卫生服务、社会保障等与民生密切相关的社会矛盾与问题层出不穷，社会矛盾的偶发性、剧烈性和扩散性有可能增强，普遍存在的社会矛盾与社会财富分配、利益分配不均密切相关。

一方面，改革开放30多年，让一部分人先富起来的目标实现了，贫富差距却有所扩大，居民总体收入差距、城乡居民收入差距、行业间收入差距、企业内部收入差距不断扩大。[①] 以收入分配为例，20 世纪 90 年代初期，

---

① 谢琦：《国民收入分配现状及其深层次原因探析》，《商业时代》2013 年第 3 期。

在初次分配中，劳动报酬占 GDP 的比重是 53.4%，到 2008 年下降到
39.4%，劳动报酬占 GDP 的比重连续 20 多年下降，在初次分配中被挤压到
非常小的空间。[1] 而与之形成鲜明对比的是，资本报酬占 GDP 比重提高
了 20 个百分点，收入分配制度缺乏公平性使其成为影响社会稳定的重要
因素。另一方面，政府公共财政支出中用于民生的支出普遍偏少，这也是
导致当前局部利益矛盾突出的一个重要因素。在当代发达国家，财政支出
用于医疗、教育、社会保障、就业服务四大民生支出的比例，最低的是
56%，高的像北欧一些福利主义国家甚至达到 70%。而我国的情况是，尽
管这些年来，各级政府不断加大对民生的投入，目前我国用于民生的支出
无论是总量，还是占财政支出的比例，都有了很大的提高，但即便如此，
相关部门对公共服务的投入仍需加强，这是缓解以民生利益矛盾为主的社
会矛盾的根本途径。

（三）关注社会底层的隐性不满，维护公民依法维权的理性诉求

改革开放以来，我国社会结构打破了原有"两个阶级、一个阶层"的
局面，社会阶层朝着多元化转变，但是掌握权力、技术和资本等资源的阶层
依然决定着社会利益分配格局。在市场转轨和经济体制改革的过程中，产业
工人阶层、农业劳动者阶层、城乡无业和半失业者阶层等处于社会底层的民
众利益受损程度相对较严重，抵御风险的能力较弱。由于其政治参与不足、
社会组织化程度较低，在维护个人和群体权益、表达利益诉求方面缺乏话语
权，社会归属感和认同感较弱。虽然社会分工和个人异质性增强了，却尚未
形成社会有机团结。在利益受损方面，社会底层群体同其他阶层相比，极易
产生心理失衡、隐性不满和社会矛盾，如果心理失衡得不到缓解、隐性不满
得不到释放、社会矛盾得不到解决，三者积累到一定程度，社会矛盾主体找
不到释放隐性不满和社会矛盾的出口，势必会导致冲突行为的产生。从

---

① 汪玉凯：《校正利益格局需要深化政治改革》，http://www.21ccom.net/articles/zgyj/ggcx/article_2013030578315.html。

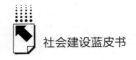

2014 年社会矛盾指数调查中关于人们应对社会矛盾的行为选择情况来看，虽然中下层群体选择冲突行为的比例低于其他阶层，但是下层群体的社会矛盾主观水平并不低，处于社会底层的弱势群体更倾向于采取信访、申诉等方式解决矛盾纠纷，这类行为更具有择机性。

调查发现，上层居民的社会矛盾水平得分高于社会下层的社会矛盾水平得分，这一方面说明经济状况并不是决定性缓解因素，它只能在一定限度内起到调节作用；另一方面也显示中上层及上层社会群体对自身利益受损更加关注，对社会矛盾纠纷的主观认知程度更强。虽然中上层群体的社会矛盾较高，选择激烈行为的可能性更大，但他们的法律意识更强，对维护社会稳定、创建和谐社会的诉求更强。相较于进城务工人员、低收入群体等弱势群体，中上阶层更倾向于依法维权，通过依法诉讼、采取组织化的行动等行动策略，甚至形成公共事件，争取对自己有利的司法判决，维护自身利益。

（四）做好社会矛盾量化研究，以数据规律服务政府决策

北京市社会矛盾指数研究依托于对当地居民的抽样调查数据，深入分析全市范围内的社会矛盾和社会问题，对于客观理性地认识当地社会矛盾的形式、程度和整体状况意义重大。对社会矛盾进行系统全面的量化分析，有助于清晰、深入地认识社会矛盾的发展变化趋势，为党和政府科学决策提供数据支持和资料参考，实现对社会矛盾的管控和治理。从目前的研究现状来看，不论是学界还是决策层面，对社会矛盾的量化研究还远远滞后于经济计量统计，如何运用好社会矛盾和信访数据，深度挖掘社会矛盾发生发展的规律，为政府科学决策服务，应该成为社会矛盾和社会问题研究机构及政府决策咨询机构关注的重点。

从目前信访矛盾和社会矛盾的角度来看，有必要从以下三个方面加强社会矛盾的量化研究：一是做好社会矛盾主观水平、社会矛盾指数、信访数据等量化数据的深度挖掘工作，完善和丰富对社会矛盾发展规律的认识。建立社会矛盾和信访反馈与政策研究的联动机制，对一定时期内引起群众不满、突出的社会矛盾，及时提出完善和调整相关政策的建议。二是做好各种社会

问题量化指数的整合和比较研究工作。从北京市地方层面来看，不同职能部门和研究机构就社会矛盾和社会问题做了量化研究，如社会矛盾指数研究、信访指数研究、和谐社会指数研究等，对社会问题发展情况进行了持续多年的纵向统计，目前这些量化指数相对独立，相互之间缺乏系统的整合和研究，从纵向的时间跨度和横向的指数比较方面加强不同指数之间的整合和比较，对于深入认识社会矛盾发展的共性规律具有重要意义。三是加强对具体矛盾的研究工作。社会矛盾指数研究囊括了物质性矛盾和价值性矛盾中具体的 12 个方面和不同区县的矛盾水平，详细梳理每一个具体矛盾的表现形式、变化规律和缓解手段，有助于有针对性地对具体矛盾提出预防化解的政策建议，真正发挥研究服务决策的现实作用。

B.13
北京社区治理经验的调查与思考

曹昊*

摘　要： “十二五”时期，北京社区治理取得显著成效，但也面临一些困惑。解决其中的问题必然涉及对社区治理本质的追问。社区治理在本质上是三个基本问题的逻辑竞合。一是末梢控制问题；二是社会化治理问题；三是城市化之后，特别是商品房时代，新型邻里共同体的建构问题。在逐一分析三个问题后，本文提出了社区治理四方面的改革进程。

关键词： 北京市　社区治理　社区建设　社会化治理

“十二五”时期以来，北京的社区治理工作取得了明显成效。它是北京社会建设新的工作体系、工作理念和工作布局在社区建设领域的集中反映。

一　北京社区建设的成效

北京的社区建设至少有三个层面的工作具有承上启下的重要意义。

第一，社区建设更实了，“九通一平”到位了。社区规范化建设实现全覆盖，十大类60项内容的社区基本公共服务实现全覆盖。“一刻钟社区服

---

* 曹昊，中共北京市昌平区委研究室副主任，研究方向为社会建设和社会治理。

务圈"建设截至 2014 年底覆盖 68% 以上的城市社区。通过市区两级加大投入，86% 的社区办公和服务用房达到 350 平方米。通过实行大学生社工计划，规范和提高社区工作者待遇，优化了社区工作人员的年龄和知识结构，提升了他们的工作积极性和整体素质。

第二，社区运行体制机制有了新探索。通过推动社区居委会和服务站职能分离、设置分立，减轻了居委会的事务性负担，为促进居民自治腾挪了空间。通过实现社会服务管理网、城市管理网、治安网"三网融合"，有效整合了基层社会服务管理体制。截至 2014 年底，全市网格化服务管理体系覆盖 302 个街（乡镇）、6190 个村（社区），覆盖率达 90% 以上。

第三，社区治理格局更加包容、更富活力。社会动员工作深入进行，居民自治取得新成效。像东城区六条社区探索的社区居民会议常务会制度，改变了过去居委会"三年一选、一年一会、议行合一"的弊病，丰富和发展了基层民主；像朝阳区的街道社会建设协调委员会制度、门头沟区的社区区域化党建制度、丰台区的市民劝导队制度等，充分调动了属地社会资源参与社区建设。基层"党委领导、政府负责、社会协同、公众参与、法制保障"的社会治理格局初步建立。

二　社区建设中的问题

跟国内其他城市社区治理的现状相比，北京的社区工作是富有成效和具有特色的。找到了一条切合首都实际的社区治理路子，很多基础性工作具有远见。但与此同时，社区治理依然需要从理论和实践上积极回应一些深层次问题。这些问题往往处于不同思想认识的交锋地带，不辩不明，很多新政策的起点和老政策的拐点最容易发生于此。只有做出充分的论证，才能不断完善反映社区一般发展规律和居民现实需求的社区治理模式。

比如，行政力量下沉到社区的边界和尺度的问题。最典型的就是居委会面临的角色危机和超载现象。作为法定的基层群众性自治组织，居委会本应

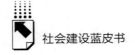

更多地承担居民自治代言人的责任，却变成了地地道道的准行政组织，承担大量的协管任务，被事务性工作搞得分身乏术。即便把居委会同服务站划分开来，也并不能从根本上解决这个问题。对于目前居委会这种"半神半人"的身份，将来的转型方向到底是把它彻底推向社会？还是干脆一把揽入行政体系，在社区另建一套自治体系？

比如，最能反映居民自治需求的基层组织形态问题。最典型的就是居委会制度到底还有多少意义容量以及居委会与业委会的关系问题。在所谓五年（1954~1958年）居民工作"黄金时期"里，不少职工、在校高中生业余时间都爱往居委会跑，大家把居委会当成家，觉得在那做点贡献有光荣感。试问今天还有多少居民跟属地居委会打过交道，恐怕多数还不知道居委会在哪里办公。在这样的情势下，上海等城市在一些新建商品房小区干脆不设居委会，只组建业委会的做法是否代表了新的趋势？总是试图通过改造居委会来促进自治是否有一点"盘活存量资产"的味道？

比如，居民对社区公共生活的冷漠和社区参与不足的问题。在参与内容上，娱乐性参与偏多，公共事务决策性参与非常缺乏的现状，是否代表了一种健康的"新常态"？在参与主体上，参与社区生活、关心社区事务的主力军并不是高知高素质群体，反而是"老弱病残少"，这种去精英化的参与现状是否会削弱居民自治可能释放的总体能量？在参与方式上，不少居委会为了提高社区活动参与率，要么向享受低保和残疾保障金的家庭摊派名额，要么发放纪念品来提高人气，这种做法是否与社区参与的本质南辕北辙？

有关问题不必逐一列举。社区治理所面临的这些尚待解答的困惑，有一些是时代命题，有一些是共性难题。北京的社区治理要立足市情实际给出自己的答案。在解题的过程中，必然会触及深层次的理论探讨。其实，不管问题多么纠结和复杂，千头万绪背后始终有基本的问题意识作为主线贯穿其中，它们反映了社区治理的本质。实践中，再多的模式和招数都是在直接或间接地回应这个内核。正面揭示了这个本质，也就等于从侧面回应了诸多困惑。

三 社区治理的本质

归结起来，社区治理的本质是三个基本问题的逻辑竞合。一是末梢控制。主要解决行政力量向最基层进行必要延伸的问题。这种下沉和控制，既要有效率、又要合法理。二是社会化治理。主要是涉及行政力量抵达不了也不必抵达的领域，如何放手让社会主体自我组织、自我服务管理的问题。社区显然是多元共治的最重要场域。三是城市化之后，特别是商品房时代，新型邻里共同体的建构。主要是回答乡村向城市社区演进的过程中，离开了血缘和集体经济的基础，邻里大家庭的建设是不是曲高和寡，社区到底还能承载和凝结多少居民的核心利益以及如何让穴居在水泥丛林中的"陌生人"建立共同精神家园等问题。三个问题相互叠加，确实会造成一些认知上的混淆。在社区治理的语境下，下文做一些分解式的考察。

（一）关于末梢控制

基层治理是中国政治的一个重要话题。自周秦之变以来，中国政权建设的一个主要矛盾就是如何实现大一统的中央集权同超大规模的治理对象相协调的问题，这种协调性主要体现在中央的行政意志能够顺利传达到体制末端。从商鞅时代开始，实行"什伍相连，犯法连坐"，就是要变相达到这个目的。在儒家思想长期统治的封建时代，虽然一度有着"皇权不下县，县下惟宗族，宗族皆自治，自治靠伦理"的说法，但是根据有关学者的考察，中央对基层的行政控制欲望始终没有减弱，历朝历代在县以下设立的组织机构，才是基层社会管理的主导性力量。像隋初的族、闾、保，宋代的牌、甲、保以及明清两代的乡、都、图等，都是行政体制在最基层的重要节点。① 所以，封建"保甲制"实际上体现了中央集权向家庭、向子民的一种终极延伸。民国以后，蒋介石重建保甲，并把它的功能归结为"管、教、

---

① 项继权：《集体经济背景下的乡村治理》，华中师范大学出版社，2002，第38页。

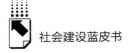

养、卫"。管是查户口，教是训化，养是收税，卫是抽壮丁。这其中贯穿的基层治理理念实际上是一脉相承的。

新中国成立后，中国社会更加民主，同时也需要更强有力的国家管理。1953 年，彭真向毛主席上书，建议在城市基层建立街道办事处和居委会，并把居委会定位为基层群众性自治组织。但据雷洁琼等的考察，当时设立居委会的初衷主要是管理好那些无业游民，待单位制全覆盖后适时撤销居委会。所以，在曾经的"街居制"时代，居委会的功能主要侧重于基层管理，而不是基层自治。视线切换到今天，北京市出台的《关于深化街道社区管理体制改革的意见》，把"重心下移、职能下沉、做实街道、做强社区"作为总体要求，本质上体现的也是要强化基层管理的思路。当前，包括北京市在内的很多城市都在基层推行网格化管理，通过把管理单元划小划细，来实现"千条线化为一根针"以及居民"通过一根针找到千条线"的目的。像西城区推出的"全响应"网格化、朝阳区推出的"全模式"网格化，仅从一个"全"字就能看出地方政府想用这张网来统领最基层管理的意图。此时的"网格化"在本质上已经超越了一般意义上社区管理机制创新的范畴，实际上是城市管理体制在纵深维度上的一种下探和延伸，强化了最基层的管理层次，暗合了加强基层管理的一贯思路。当然，北京市正在推进的"三网融合"是非常巧妙的创新。回溯到 2004 年左右，部分区县开始做市政管理网格，当时只是一张管理网，而且是"小管理"的概念，主要局限于对市政部件和几类事件的管理；后来 2008 年奥运前后，市综治办牵头做治安网格，主要是点位防控，实际上是进一步丰富和强化了管理的内涵，以小区摄像头和红袖标为标志的这张网，也曾经引起了一些学术上的思辨。然而今天要实现的"三网融合"，是市委社会工委用自己建构的服务网来整合的，巧妙地用服务的底色中和了之前两张网单纯管理的面向，是内涵更充盈的大网。"三网融合"不仅满足了准行政触角下沉的需要，也满足了居民有效反映诉求的需要，这是体现治理体系和治理能力现代化的有益创新。

关于行政力量下沉到基层的边界和尺度问题，一直都存在一种误解。特别是公民社会的概念在学术界热卖以来，不少人一厢情愿地认为社区应该是自治的场域。其实，中国基层的社会自治话题从来就不是一个空间指向问题，而是一个事务指向问题。在社区一定的地域范围之内，不能笼统地讲它大体属于自治范畴。行政、市场、社会三股力量都要发挥作用。这其中，既有应该属于国家主导和控制的事务，如公共安全、市政部件、公共服务的延伸，这些都必须是公共权力；也应该有属于市场驱动的事务，最典型的如物业管理；当然，更多的应该是由居民自我主导的内部事务，这在社区中应该是占据支配地位的。所以，行政与社会之间的边界更多的是一种逻辑分割，而不是空间上的物理分割。政府实行必要的末梢控制跟居民实行有效的自治之间不必然构成矛盾关系。关于这一点，可以从日本最基层的管理体制中得到印证。在日本最基层的市町村，行政力量和社会力量实行双轨运行、各守其位的管理方式。一方面是作为行政管理机构末端的"地域中心"，另一方面是作为居民自治法定组织形式的"町内会"（或住区协议会），两者之间是一种平行的存在关系，并且大体处于同一位阶。地域中心是必须设立的，因为它要完成自上而下赋予的某些管理职责；大多数町内会原则上是居民以家庭为单位自由加入的，尽管町内会在日本的覆盖率非常高。而且，町内会这种自治组织像行政组织一样，有自己的一套联络体系，形成了"区町联—地区联—单位—町内会"这种类金字塔式的结构。[1] 所以，日本这套基层管理体制真正实现了上帝的归上帝、恺撒的归恺撒，没有把行政力量与社会力量刻意混搭，这也不失为一种建设性思路。

（二）关于社会化治理

要实现治理体系的现代化，很大程度上是实现治理主体的多元化，权力给了大家，责任也就给了大家，唯此，公共空间的建立才有可能。学者沈原把新中国成立以来的发展历程划分为三个 30 年：第一个 30 年是要建立总体性的国家政权；第二个 30 年伴随改革开放，是要实现国家释放市场，按价

---

[1]　张静波：《东京都社区组织（町内会）的主要特征及启示》，《社会建设与社会管理创新研究》，中国人民大学出版社，2012，第 189 页。

值规律配置资源；当下正在进行的第三个 30 年，是要实现国家释放社会，在适当的领域实行社会的自组织。当然，社会本身的发育和发力是一件非常复杂的事情。学者就曾指出，国家与社会的进退并非等值互补，社会自主性的发展程度不仅取决于国家退出的程度，还取决于公众参与意识的提升、志愿精神的培养等。当前，我国基层社会组织的发展还面临着几道槛。一是信任的槛。虽然有的部门在竭力培育社会组织，但是也有的部门由于职业敏感，仍然把草根组织视为潜在的不稳定因素。二是独立性的槛。一些发展较好的社会组织，往往是近水楼台先得月，它们从出生以来就离不开行政力量的扶持。三是运行上的槛。多数民间组织都面临缺专业人才、缺经费、缺办公空间、缺项目、缺内部治理结构等困境，从蹒跚起步到漫漫长路，可谓步履维艰。正是由于这些因素，发达国家社会组织发展的"千人指标"（3‰），在我国就成了"万人指标"（万分之三），当然北京的情况要好很多，大体在 4‰左右。必须看到，包括北京在内的绝大多数国内城市，目前社区治理依托的组织资源，或者说组织化存在形态，距离实现高水平的社会化治理还有一定差距，有三个方面的工作要抓紧提上议程。

一是非典型性社区自治组织的转型问题。前面提到了居委会面临的角色危机，它在运转独立性和利益代表性上都受到质疑。化解这种危机必须实行积极的转型，而不必盲目追求大尺度的推陈出新。因为居委会本身的不适应并不能反证业委会等其他自治组织的完美。更何况其他新兴的自治组织也正处于摸石头的建构期，同样面临不少运行上的困境。所以，在一种渐变逻辑的主导下，居委会应该实现由管理型机构向服务型机构、由执行型机构向协调性机构的转变，毕竟法律赋予它的定位是基层群众性自治组织。关于这一点，我们的实践路径可能要区别于日本，与韩国更相似，或者说韩国是在学我们。韩国的居民自治同样是在行政细胞之内孕育的改革。1989 年，韩国有关部门建议废止最基层的行政单元邑、面、洞，把地方行政层级由三级变为两级；10 年后，这一激进的改革方案被折中为保持邑、面、洞的存在，但要大尺度转变它的职能，核心变化就是在它们之内设置"居民自治中心"。这种行政与社会两股力量"同体孵化"的模式，虽然在一定时期内会带来半推半就的尴尬，但确实符合各方面可接受的预期。

二是非法定社区自治组织的规范与扶助问题。相比居委会、业委会这种法定的组织形态，社区内原生态生长的各种草根组织，比如各类社区协会、自管会、兴趣小组等更加具有发展活力。对它们实行最低限度的规范管理也是必要的。在这方面，北京市有一些积极的探索。比如，西城区红莲中里社区"金色阳光协会"实行的"会员管理、依法注册"模式，比如丰台区市民劝导队运用的"党建引领、政府指导"模式，再比如顺义区试图建立的以"打造枢纽、抱团取暖"为特点的社区社会组织联合会模式等，都是对社区草根组织实行柔性管理的有益创新。除了规范，更重要的是扶助。在这个问题上有两种不同的打法。比如以北京为代表的模式，不仅很早就在市级层面建立了社会组织孵化中心，还提出要在具备条件的街道（乡镇）建立社会组织服务体系，最终形成"一中心、多基地"的工作网络。另一种是学者赵小平、陶传进等提出的"强带弱"（u + b）模式，主张不同组织之间的扶助，比较典型的例子是当前欧美国家普遍流行的社区基金会，这种基金会的发起人一般是当地名流，通过接受本地企业家和普通居民的捐助，并建立专业化的内控机制和资金信托管理，可以有效资助某一社区之内草根组织，从而实现推动社区发展的目的。由此可见，基层草根组织在功能上是区分层次的，打造社区基金会这种"后台型"组织具有培育造血干细胞的作用。

三是解决好相关社区组织的关系问题。首先，要理顺社区党组织与居委会的关系。在国家权力与社会权力相互分离的过程中，仍然需要一种连接彼此的"结合性"因素作为恰当的维系，党的组织设置最符合这种需求。社区居民结构的多元化也客观上需要发挥党的工作优势来实现有效的利益整合。但毕竟社区党建的对象高度"异质化"，因此在领导方式上不能简单地平移上级党政关系，比如"组织领导"的提法就要慎重，毕竟居委会是群众性自治组织。北京社区换届着力推进社区党支部和居委会班子成员交叉任职，提高支部书记和居委会主任"一身兼"的比例，这些方法就是要通过合乎法理的途径来加强社区党组织的影响力。

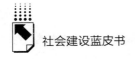

其次，要理顺居委会和业委会的关系。从本质上讲，居民自治和业主自治有很大区别。业主自治主要基于产权，即"建筑物区分所有权"，业委会是一个具有私法性质的组织；居民自治主要基于居住身份，且具有一定的准政治性，比如按照《城市居民委员会组织法》（以下简称《居组法》）的规定，如果居民被剥夺了政治权利，那么它不仅不能被选举为居民委员会成员，也不能够参加选举。正是因为两者的法理基础不同，所以不能简单地用谁来取代谁。在《居组法》赋予居委会的八项职能之中，有很多是业委会无法承接的。那种认为随着业委会的兴起，居委会必然消极撤退，业委会管到哪，居委会就从哪管起的想法是不正确的。

最后，要理顺业委会与物业公司之间的关系。一方面，要扭转二者在建立起点上的不对等，按照现有的法律规定，新建商品房小区一般由住宅的建设单位选聘首期物业公司，以提供基本入住条件，业委会成立与否则成了业主根据需要后续选择的事情，而且程序非常复杂。物业公司是先天存在的，业主是分散、原子化的，从一开始两个阵营的关系就存在某种不对等。这也就伏笔了后来可能发生的很多纠葛。在美国，开发商收房前就要为业主协会办妥手续，购房就自动加入业主协会，这样的做法也值得借鉴。石景山区八角街道就进行了新建小区先行成立业委会的试点。另一方面，二者在法律地位上也是不对称的。通常情况下，业委会不具有法人资格，它只是业主大会的执行机构，不能作为民事诉讼主体，这会给业主向物业公司维权造成法律上的障碍。在我国香港地区，小区业委会可以注册为法团，这有利于提高业委会的表意功能。怀柔区就实行了业委会法人制试点，具有积极的创新价值。

（三）关于城市化之后的新型邻里共同体问题

提到邻里之间的凝聚力和认同感，乡村是人们心中最完美的存在原形，很多人心头都会珍藏一份挥之不去的乡土情结。关于城市化是否意味着邻里共同体的终结，一直有截然相反的两派观点。一种观点认为，城市中人口流动性大大增加，人们的生产生活方式较之以往发生了根本性变化，个人和家庭的基本需要多数通过单位的途径、市场化和社会化的方式来实现，邻里之间进行频繁深度接触的必要性在下降，彼此关系必然会慢慢疏离。另一种观点则更加积极，认为城市邻里关系在诸多弱化的因素中还会有一些新的强化和新的转向，邻里之间有一些交往方式和交往主题是全新的。特别是在由中心城向外自然疏解人口的过程中，在城市半径发散的节点上仍然会有一些类聚群居的现象。因此，社区邻里共同体的存在形态是复杂多样的，成熟程度也可深可浅。实际上，在现代都市生活中，市民对外建立的社会关系是非常广泛的，远远超出了住所地域的限制，信息化的发展又极大地拓展了社区的外延。在这样的大背景下，邻里关系的重要性必然会下降，但是社区生活本身仍然有一些尚待挖掘的共同议题和共同利益，建设"身边人的社会"对于居民来讲仍然具有很重要的现实意义，城市生活的离散性需要靠这样的内聚性因素来收拢。

要看到邻里共同体的基础由地权因素向人权因素转移的大趋势。正是因为城市居民相对于村民，缺乏集体土地带来的深度利益，所以社区的外延体现出更强的开放性，居民资格比村民资格的获得也体现出更大的包容性。不仅如此，对于城市邻里资格的认定，也应该尽可能地剥离地权的因素，更多地考虑"人之为人"的存在感。特别是在人户分离、房户分离现象司空见惯的今天，如果再单纯以户籍或房屋产权为标准界定居民资格，确实有一些狭隘保护主义的味道。更何况像北京这样的大都市，外来人口众多，社区中的很多房子都租住着外地人，如果居民自治的主体没有把他们纳入进来，社区治理没有充分把他们的积极性调动起来，那基层的社会融合肯定会出问题。北京市在这方面有积极的探索，早些年就规定流动人口在居委会换届中享有附条件的选举权和被选举权。2012年又专门发文规定，1000户以上的流动人口聚居区应及时设立居委会，并在居委会下增设流动人口服务管理委员会。石景山区还广泛建立了"新居民互助服务站"。这些举措在全国都具有非常积极的引领作用。

要看到两个关键因素对于增强居民社区认同感的重要作用。一个是社区服务。北京市积极推进的社区基本公共服务全覆盖以及正在打造的"一刻

钟社区服务圈"等举措，就是从服务的角度来强化邻里共同体的意识。20世纪，美国很多学者用来识别社区存在边界的一个基本办法，就是以交易中心或学校为圆心来划定最远辐射边界，通过"多功能服务圈"外围形成的轨迹中线来描绘社区地图。识别社区和强化社区意识本来就是一个问题的两个方面。另一个关键因素是虚拟社区的建设。研究证明，虚拟社群成员之间有实质的联系，不仅可以发生资源流动，还可以彼此提供心理支持。虚拟社会与现实社会是一种平行存在的关系，两者之间有高度的契合性与有效的互动性，所以建设虚拟社群不仅不会冷却本来就低调存在的邻里关系，还会使其得到提振和加强，成为一脚上坡的油。比如北京回龙观地区有近40万人口，从2000年开始居民自发创建了几个网站，其中最知名的回龙观社区网，用户超过50万人，日均点击量达100多万人次，近20万回龙观居民常年在线。正是线上的紧密联系，促动了居民在线下的紧密接触。回龙观地区形成了回超杯足球联赛、超级回声歌唱比赛、回龙观春晚等一批影响深远的群众性活动品牌，该地区已备案的社区公益性组织有360多个，每年举办活动700多场次。虚拟与现实的交融是社区治理正在奏响的一曲时代和弦。

上文梳理了社区治理折射出的基本问题意识，这三个问题反映了社区治理的本质。解决好这三个问题，不仅可以回答我们在社区建设中遇到的一些困惑，也必将提升"十三五"时期北京在社区治理方面的工作成效。作为一种可能的改革进路，下一阶段北京社区治理以及街道管理体制改革应努力做好四篇文章。

第一，做好一分一合的文章，实现管理单元小型化与职能力量统筹化的有机统一。把建设网格化管理体系作为精细化管理的有效途径。毕竟在北京内部行政区划不易大尺度调整的前提下，铺设一张匍匐在地面的"网"，可以起到与伦敦、东京等世界城市"大城小区"建制异曲同工的效果。同时要结合街道职能转变抓紧推动街道内设机构的"大部制"改革，从基层管理实际出发把各类协管力量从街道层面进行有效的统筹和整合，真正把基层管理做专做强。

第二，做好一进一退的文章，实现行政力量下沉到位与社会事务让渡到位的有机统一。既要实现重心下移，通过做强做实街道与社区，改变上面将多、下面兵少的局面，实现基层权责利相统一；又要实现职能转移，在街道和社区层面有效动员社会的力量，发挥市场的优势，弥补行政资源的不足，提高基层社会服务管理的效率，健全完善协同共治的社区治理格局。

第三，做好一横一纵的文章，实现属地横向联合联动与在纵深层面建设虚拟社区的有机统一。盘活社区存量资源是实现更广泛、更深度社区治理的必然要求。按照《居组法》的规定，属地社会单位负责人不能在居委会中兼职，所以要在现有居委会制度的基础上，进行有益的制度延伸和创新。朝阳区街道社会建设委员会的"大协调"模式、门头沟区社区区域化党建的"大党建"模式，都有效整合了社区治理资源，这与美国、韩国实行的社区顾问团制度在道理上是相通的。下一步还要加大这方面的探索，首先打通社区内各个主体横向联络的经脉；同时也要加强纵深层面的虚拟社区建设，毕竟"互联网＋"能够带来的不仅是经济价值，还有同样可贵的社会价值。

第四，做好一产一城的文章，实现生产生活两个便利化，即小型创业社区化与生活服务便利化的有机统一。在大众创新、万众创业的时代热潮下，具有条件的社区应该更多地打造像华清嘉园、长远天地、锦秋国际社区这样的创新创业环境，虽然"民房商用"有严格的法律限制，但是在北京实行创新性驱动战略，着力发展科技创新型产业的背景下，我们可以首先用好社区周边大量存在的劳动力安置用房，鼓励一些占地较小的小型研发团队和高端生产性服务业能够尽量在社区周边安扎。这样也可以缓解一个个"睡城"的职住平衡问题。同时生活服务也要走高端化、便利化、标准化的路子，配套建设要到位，毕竟我们要建设国际一流的和谐宜居之都。

B.14

2014年北京互联网舆情分析报告

鞠春彦　程婉豪*

摘　要： 2014年在媒体融合的大趋势下，中国进入了互联网"新常态"。官民舆论场出现合流趋势，互联网舆论场正能量提升是北京互联网生态的主要特征。"新常态"下，北京互联网的治理能力得到整合与优化，但一些新问题新现象也带来了新的挑战。

关键词： 北京市　互联网　舆情　舆论合流

2014年中国开始进入互联网"新常态"，① 政府更加重视互联网安全，中央网络安全和信息化领导小组于2014年2月正式成立，它是国家针对互联网的顶层设计完成的重要标志。政府尽全力打造安全上网环境、投入更多资源开展互联网治理工作，以消除网民上网的安全顾虑。2014年8月，中央全面深化改革领导小组第四次会议审议通过了《关于推动传统媒体和新兴媒体融合发展的指导意见》，这是推动传统媒体与新媒体融合的重要举措，它对于推动互联网成为新型主流媒体有极其重要的意义。2014年中国4G商用进程全面启动，"宽带中国2014专项行动"等项目的持续开展，都进一步推动了互联网宽带的建设和普及。2014年新网民最主要的上网设备

---

* 鞠春彦，北京工业大学人文社会科学院副教授，首都社会建设与社会管理协同创新中心研究人员；程婉豪，北京工业大学社会学系2012级本科生。

① 李未柠等：《中国开始进入互联网"新常态"——2014中国网络舆论生态环境研究报告》，《现代传播》2015年第3期。

是手机，使用率为 64.1%。2014 年北京互联网普及率仍居全国之首，但网民增速下降（见表1）。

表1　2008～2014年北京互联网网民规模与互联网普及率数据

单位：万人，%

年份	北京网民数量	北京互联网普及率	全国互联网普及率
2008	980	60.0	22.6
2009	1103	65.1	28.9
2010	1218	69.4	34.3
2011	1379	70.3	38.3
2012	1458	72.2	42.1
2013	1556	75.2	45.8
2014	1593	75.3	47.9

资料来源：中国互联网信息中心：《第 23 至第 35 次中国互联网络发展状况统计报告》。

目前，政府网站已经成为互联网时代政府机关的形象代言人。2014 年中国政府网站绩效评估中，北京、上海、四川、广东、福建、海南、湖南、湖北、安徽、浙江分列省级政府网站前十名。省级及区县政府网站评估结果前 5 名如表2、表3所示。

表2　2014年省级政府网站评估结果

排名	名称	信息公开指数	办事服务指数	互动交流指数	舆论引导指数	功能与管理指数	总分
1	北京	0.71	0.70	0.85	0.67	0.66	71.6
2	上海	0.70	0.72	0.75	0.65	0.63	70.1
3	四川	0.73	0.68	0.71	0.62	0.59	68.1
4	广东	0.72	0.64	0.72	0.63	0.60	66.9
5	福建	0.66	0.67	0.71	0.61	0.61	65.9

资料来源：http://2014wzpg.cstc.org.cn/zhuanti/fbh2014/zbg/4-2.html。

2014 年 1 月 14 日"北京微博微信发布厅"正式上线运行，成为国内首个政务微博微信发布厅。它贯彻落实国务院办公厅《关于进一步加强政府

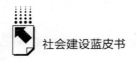

表3　2014年区县政府网站评估结果

排名	名称	所属省市	信息公开指数	办事服务指数	互动交流指数	舆论引导指数	功能与管理指数	总分
1	思明区	厦门市	0.77	0.71	0.71	0.62	0.77	72.5
2	福田区	深圳市	0.78	0.73	0.62	0.63	0.77	72.3
3	禅城区	佛山市	0.79	0.72	0.57	0.68	0.78	72.0
4	西城区	北京市	0.76	0.64	0.66	0.63	0.85	69.7
5	罗湖区	深圳市	0.79	0.60	0.71	0.62	0.81	68.7
6	武昌区	武汉市	0.76	0.63	0.61	0.57	0.68	66.0
7	崂山区	青岛市	0.74	0.58	0.76	0.61	0.52	64.3
8	东城区	北京市	0.74	0.57	0.65	0.72	0.63	64.2
9	顺德区	佛山市	0.69	0.65	0.53	0.61	0.65	64.1
10	静安区	上海市	0.72	0.58	0.61	0.71	0.66	63.8
11	鼓楼区	福州市	0.62	0.63	0.66	0.40	0.80	63.1
12	仪征市	扬州市	0.65	0.63	0.48	0.78	0.62	62.7
13	大兴区	北京市	0.76	0.50	0.61	0.62	0.72	61.6
14	南山区	深圳市	0.74	0.50	0.58	0.52	0.82	60.8
15	朝阳区	北京市	0.64	0.63	0.60	0.48	0.57	60.7

资料来源：http://2014wzpg.cstc.org.cn/zhuanti/fbh2014/zbg/4-6.html。

信息公开回应社会关切提升政府公信力的意见》（国办发〔2013〕100号）中"各地区各部门应积极探索利用政务微博、微信等新媒体，及时发布各类权威政务信息"的要求，使北京市政府率先在全国实现了微博、微信"双微服务"功能全面融合。此外，"平安北京"微博在省会和副省级以上城市公安微博关注度排行榜上稳居第一。北京市公安局又将"平安北京"微博功能链入"北京市公安局民生服务平台"。迄今为止，"平安北京"已形成拥有微博、微信、微视、博客、新闻客户端、主题宣传网页等10余个子平台的移动新媒体综合平台，拥有粉丝1100多万人，在北京互联网场域中扮演着重要角色。

一　2014年北京互联网舆情状况

从总体情况来看，围绕教育、住房、交通、食品安全、环境生态、社会管理与民生服务等方面的舆情仍是网络热点。以人民网 2014 年上半年全国网络热点舆情盘点的 714 起热点统计为例，北京排名第二，有 53 起。上半年热度最高的 10 起分别是"马航 MH370 客机失联事件""网友捧红微信红包""冯式春晚遭全国网民吐槽""台湾网络论坛热议淘宝统一中国""微软停止 XP 更新服务""演员黄海波嫖娼被抓""影视演员文章出轨事件""京东正式上市""世界杯开幕"等。

1. 教育领域：异地高考是2014年最引人注目的热点

2014 年 4 月 28 日至 5 月 5 日，人民网针对"如何看北京的异地中高考政策"发起调查，共 17116 人参与调查，调查结果显示：84% 的网友支持放开（14341 票），16% 支持限制（2775 票）。2014 年 11 月北京出台中小学学科教学改进意见，"严禁统考统测"，也引发了社会广泛的关注。在正规教育体系之外，2014 年 11 月 24 日"北京凤凰岭书院开学典礼上学员跪拜老师"的新闻，在网上也引发热议。搜狐发起针对"你怎么看书院开学行跪拜礼"的调查。结果显示：53.2% 的被调查者认为"礼不必废，跪可以免"；37.7% 的人认为"不应将跪拜礼等同于'尊严矮化'"；9.1% 的人保持中立态度。

2. 与交通相关的主题围绕地铁涨价、限号等方面

因为交通出行关系每个人的日常生活，所以相关政策调整和出台受到了各方面的广泛关注。围绕"涨与不涨"的讨论、针对出行成本的调查、听证会等新闻总是受到特别的关注。2014 年 10 月北京公交地铁调价，召开了价格听证会，地铁起步价调整为 3 元，随后依公里数累计。地铁新价执行后，对此话题的关注仍热度不减。2014 年 12 月 3 日，网友在网络上发布帖子称，北京地铁收费系统存在基础安全算法方面的漏洞，可以随意更改地铁充值卡内金额。第二天北京地铁公司回应称其纯属造谣，北京地铁自动售检票系统符合国家安全等级标准要求，具备全面的安全防范与控制能力。2014 年 12 月 8 日北京市民政局为符合相关条件的 980 名见义勇为人员办理了乘车卡。前瞻网发起了"怎么看北京市见义勇为人员可免费乘坐公共交通"的调查，68.04% 的网友表示支持，认为对他们实行特殊照顾，可以宣传正

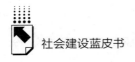

能量；但是 31.96% 的网友认为"有点不公平，质疑有其他贡献的人怎么没能享受到这种待遇"。

"治堵"的一些新政也受到了网友的广泛关注，如从 2014 年 1 月 1 日起，停办外地车长期进京证，无证不能进五环。2014 年 11 月 2～18 日网络发起是否支持"北京单双号限行"的调查，调查结果显示"过半受访者支持北京长期单双号限行"。

3. 雾霾与空气质量问题

雾霾的源头一直是大家广为关注的问题。2013 年 12 月 30 日，中国科学院大气物理研究所研究员张仁健带领课题组，完成了"北京地区 PM 2.5 化学组成及源解析季节变化"的研究，并公布了"北京雾霾 6 大贡献源"。但 2014 年 1 月 7 日《生命时报》称，环境保护部监测司副司长朱建平在接受媒体采访时却回应："老实说，中科院结果是怎么出来的，我们并不清楚。我们也说不清楚雾霾的产生到底有哪些贡献源。"他还说，环保部已明确要求在 2014 年 6 月底前，北京、天津、石家庄要给出贡献源解析的初步结果。2014 年底前，京津冀、长三角、珠三角将完成源解析的初步工作。环保部查雾霾源头时遭遇"北京怨河北，河北怨内蒙古"的情况，截至 2014 年底，有关数据并没有如约呈现。2014 年 10 月 19 日北京马拉松开跑时适逢北京重度雾霾，不少选手戴上口罩甚至弃跑，引发了网友对环境与健康健身的热烈讨论。

4. 人口调控

2014 年北京舆情的热点之一即人口调控，有关政策的出台以及政策带来的系列问题都引起了系列的关注。如 2014 年 1 月北京有关部门明确提出：申办居住证拟不设门槛，不办者将遭到处罚；2014 年 6 月北京北五环外的东小口村——京郊最大的废品集散地，被称为"垃圾村"和"河南村"的大片棚户区在经历了耗时 3 年的拆迁拉锯战后完成搬离和拆迁；2014 年 8 月 3 日有媒体报道"北京朝阳区多个报刊亭遭拆除，网友抱怨报纸买不到"；8 月 10 日朝阳区有关部门回应称依法移改不符合设置规范的报刊亭，其中改、移 71 处，规范 1 处，并非拆除。

5. 北京城市规划，京津冀协同发展系列举措备受关注

"京津冀一体化"引发房价上涨，河北房价迅速飙升。2014年4月8日人民网公布的"你怎么看保定廊坊房价彪涨？"结果显示：在12241人参与的调查中，73.68%的网友认为是"过度炒作，房价不应该这么夸张"（9019票）；22.59%的网友认为"物有所值，看好保定、廊坊发展前景"（2765票）。

此外，北京二手房交易的持续低迷，学区房价格创新高，墓地每平方米40万元、每年最少涨30%、甚至超过房价的怪现象，北漂的生存与去留，"北京黑中介名单"以及北京市政府采购会议定点场所不再纳入"五星"级酒店等举措都引发了网友广泛的关注与讨论。

二 2014年北京互联网舆情特点分析

纵观2014年北京互联网舆情，在政府加强互联网安全治理的总体趋势下，互联网谣言受到前所未有的关注。通过一系列的清网行动和新媒体发展的指导性意见，北京互联网场域呈现与以往不同的新特点。

（一）两个舆论场的合流趋势使互联网舆情热点以平和的方式呈现

"官方舆论场"与"民间草根舆论场"两个舆论场域在2014年出现了交集增多和共识度加强的趋势。《关于推动传统媒体和新兴媒体融合发展的指导意见》从国家高度和政策层面为媒体融合发展指明了方向，传统媒体与新媒体的联姻融合为官民舆论场的合流做出了突出贡献。同时，网民素质提升带来的理性增强也是促使两个舆论场合流的重要力量。两个舆论场合流首先表现出来的变化体现在表达方式上：官方舆论场的表达不再是板着脸训人的架势、亲民且更接地气了，民间草根舆论场的表达也不再是夸张戏谑、幽默中多了平和的心态。于是，良好的互动与舆情热点衍生出来，如2014年9月10~16日，微博发起"我与国旗合个影"活动，号召"爱国就大声喊出来"；2014年9月24~30日"我与国旗合个影"走红网络，国庆节网友送祝福有了新节目。

197

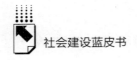
（二）网络虚拟性在互联网新规下被挤压，互联网正能量不断被唤起

"在互联网上，没有人知道你是一条狗。"这句话揭示了互联网交往对象的匿名性和隐蔽性，交往内容的不真实性和值得怀疑性。但在中国的互联网新规下，这句互联网经典话语所描述的虚拟性受到前所未有的挤压。在"依法治网"的互联网舆情新生态中，网络流行语的时政化减弱，凸显娱乐化个性。"微笑点名""冰桶挑战"等点名游戏蹿红朋友圈，"合理抱怨、理性批判"① 的网络正能量不断被唤起，以夸张、猎奇为能事的互联网偏好正在被积极、多元、平民化的互联网新生态取代。

（三）技术进步与应用及互联网治理之间的时间差客观存在，挑战依然严峻

随着腾讯、网易先后与微博说"再见"后，有关"微博衰落"的讨论一直持续不断。当前，微信已经成为新兴舆论场的主力军。以微信公众号为代表的自媒体迅速发展壮大，以自媒体为核心的圈群文化开始发挥越来越重要的影响。但微信的管理相对于以往的博客、微博等社交媒体更具有复杂性。2014 年 5 月 22 日国家互联网信息办公室宣布，我国即将推出网络审查制度。2014 年 8 月 7 日国家互联网信息办公室发布《即时通信工具公众信息服务发展管理暂行规定》，针对以微信为代表的即时通信工具公共信息服务进行规范，舆论称之为"微信十条"。2014 年 12 月 9 日，为了开启民意直通车，让便民电话更畅通，"@北京 12345"推出了"政务微博课堂"，与广大网友分享运营经验，谈谈如何用政务微博为民办事。21 世纪的技术进步与创新可谓一日千里，技术的应用与推广在现代市场经济的条件下并非难事，但政府监管与引导的滞后性却是难于克服的显见事实。

---

① 《网络舆论场"正能量评估及趋势研究"》，《网络传播杂志》2015 年 3 月 21 日。

三 对2014年北京互联网舆情的思考与建议

通过对2014年北京互联网舆情的生态及其特征的考察，不难发现：北京互联网进入了"新常态"。互联网舆情越来越清晰地呈现现实舆情网络版的特质。针对如此的发展趋势，笔者有如下几点思考。

（一）技术是支撑，理念是内核，双轮驱动才能让互联网更好地担负现代社会治理的功能

互联网舆情是现实舆情的网络版，它能够更快捷地汇聚民意，是现实社情民意汇集的重要平台和场域。最大限度、快捷有效地发挥互联网在收集、汇总、反馈民意方面的积极作用是提升政府治理能力现代化的重要渠道。截至2014年10月底，中国政务微信发展总量已突破1.3万，从政务微博到政务微信是一种传承与协同。

但政务平台的打造就一定可以实现官民的良性互动吗？如何才能让现实民意的网络版发挥更大的作用呢？这不仅需要技术的支持与配合，还需要与时俱进的治理理念的协同。以2014年5月22日"国家互联网信息办公室宣布我国即将推出网络审查制度"事件为例，人民网对此进行了网络调查，调查结果显示：34%的网友支持制度出台，认为很有必要；25%的网友质疑制度的模糊性，担忧此举带来更多的网络限制；23%的网友提醒技术是关键，希望发展国产技术以提升网络安全。

（二）良好的互联网舆情生态建设需要各方联动，要从保障规则制定者和发言者的权威性开始

2014年以来，微信朋友圈中谣言愈演愈烈的现象引起了管理部门和网友的极大关注。据统计：2014年1月1～15日，就有类似2万余条有关"爱心接力"等不实谣言的相关微博，谣言发出者往往利用网民的愤怒情绪和社会责任心理加速对不实谣言的传播。再如，2014年9月2日，网络

论坛、微信、微博中同时有消息称：北京市通州区一名三岁女孩被拐走，寻人启事被疯狂转发，但通州警方并未接到类似警情，后经证实此为不实谣言。

APEC假期和"APEC蓝"虽然已成为人们的美好回忆，但在"APEC放假"的消息网上公布后，发生的辟谣再辟谣事件却值得反思。2014年10月9日15时许，人民网发布了APEC会议期间6天放假调休的报道：在京中央和国家以及北京市机关、事业单位和社会团体，2014年11月7～12日调休放假，其他企业自行安排。但网上接之而来的是一段"辟谣"信息，信息全文是，"市政府新闻办：经向国务院办公厅和北京市政府办公厅核实，今日部分媒体发布及网络所传的APEC会议期间北京机关事业单位6天放假调休消息不实。目前，有关部门正在调查谣言出处。"当日17点30分，《北京晚报》官网北晚新视觉转载了该条信息，并注明来源为北京市新闻办。APEC假期报道连同"辟谣"信息一起快速在网络上扩散开来。APEC会议期间，北京有关机关、单位和社会团体到底要不要放假？不少网友深感困惑。当日18时57分和58分"北京发布"@北京王慧连续发布两条微博。首条微博以"权威发布"为题，首先发布了《北京市人民政府关于在2014年亚太经合组织会议期间调休放假的通告》。微博再次确认了APEC会议期间，在京中央和国家机关、事业单位和社会团体，北京市机关、事业单位和社会团体调休放假6天的消息。第二条微博则针对前述"辟谣"信息做出再辟谣。微博称，此前北京新闻办未发过任何有关信息，更未辟过谣，请大家不要轻信有关流传，并提示广大网友权威信息看"北京发布"。此段公案辟谣消息的来源已无从查起，辟谣与反辟谣背后的故事也无从细究，但它却明白地告诉我们：互联网舆情应对需要及时，但准确更加重要；舆情应对中多方联动必不可少，传统媒体与新媒体的融合有待进一步加强。

（三）互联网"新常态"下的网络虚拟性降低的变化及后果，值得进一步反思和评估

在国家层面针对互联网完成顶层设计的同时，一些地方的互联网治理实

践也日益走上了制度化和法制化的轨道。2014 年 4 月以来，北京市昌平区率先以政府文件的形式颁布了《关于加强网络问政网络行政工作提升政府公信力的意见》，针对网友在各个网络平台反映的问题，要在 5 个工作日以内办结或予以答复。今后网络问政对于民生的改善必将起到积极的作用，政府依靠网络建立的制度性回应也会激发网友参政议政的热情与兴趣。但政府主导对于网络社会空间的挤占也是明显的。在现实生活中不能做的在网络上同样也不能做，这样的规范对于网络的净化功不可没。但是丧失了虚拟性与匿名性的互联网只是技术支撑的场域平台而已。互联网常态是否还具有互联网特质，这个看起来不是问题的问题是否需要被重视和认真解读？互联网空间的虚拟特性是否需要适当保留，让其充当社会情绪的减压阀也是一个需要认真评估的新课题。

地方社会建设篇

Reports on Local Society-building

B . 15

党政群共商共治

——提升社会治理水平的北京朝阳模式

朝阳区社工委、区社会办

摘　要：　党的十八大和十八届三中全会报告，提出了创新社会治理体
制的新观点、新要求、新部署。朝阳区作为首都城市功能拓
展区，是北京市面积最大、人口最多的城区，总面积 470.8
平方公里，下辖 24 个街道、19 个乡，常住人口 384.1 万，
农村城市化、城市现代化、区域国际化同步推进，正处于改
革攻坚期、社会转型期和矛盾凸显期。长期以来，受传统社
会管理体制影响，党和政府为老百姓办实事，更多的是从政
府所能出发，自上而下、恩赐式的，缺少广泛参与、平等协
商，结果出现"党委政府拼命干、居民群众一边看"的现
象，甚至还引起一些群众对政府工作的不满和不理解。为解
决这一问题，朝阳区按照党的十八大和十八届三中全会关于

加强社会治理的要求，在总结前两年"问政"和"为民解
忧工程"经验基础上，从 2013 年创新开展了党政群共商共
治工程。在基层党组织领导下，由政府、社会单位、社会组
织、居民四方协商，共同解决服务群众"最后一公里"难
题，探索出社会治理的新途径，提升了社会治理水平。

关键词：　党政群　共商共治　社会治理

一　开展党政群共商共治的社会背景

朝阳区是北京面积最大、人口最多的城区，404 个社区中包含 1080 个
自然小区，其中无物业管理的老旧小区就有 171 个，社会服务管理的任务十
分繁重。加上职能部门现行的管理体制存在的部门职能交叉、职责不清、条
块分割、社会服务管理缺位现象突出。加上百姓的各种利益诉求、矛盾、历
史遗留问题与新生现实问题相互交织，对政府的社会服务管理提出了严峻
挑战。

为不断改善百姓生活条件，朝阳区十分注重加强社区服务管理，特别是
在为群众办实事、解决难题方面，曾采取了两种模式。第一种模式：大包大
揽式服务管理。主要是从 2004 年开始，在全区开展解"八难"工作，通过
规划建设，重点解决了一批老旧小区群众反映强烈的出行、停车、绿化、安
全等难题。这种模式基本沿用了计划经济体制下的社区管理模式。在计划经
济体制下，我国城市组织管理体制的一个基本特点是"一元化"的组织管
理结构。这种模式所反映的就是"一元化"解决问题，没有充分发挥居民
自治和社会广泛参与的功能。第二种模式：应急式服务管理。主要是 2008
年前后，以奥运环境工程和国庆 60 周年为契机，对城区进行大规模环境整
治提升，完善基础设施，建设绿化景观，老旧小区环境得到明显改善。但
是，这两种模式好景不长，都因后续管理跟不上，出现了反弹。不少社区服

务管理面临"两难",一方面,百姓对服务和环境改善需求更加迫切,要求标准不断提高;另一方面,政府投入不能不计成本,不然难以承受。这一模式其实也是计划经济体制的产物,其特点是行政力量包办,没有调动利益相关方参与,更多的是行政主导的产物,缺乏可持续性。

这两种模式的共性问题是政府费力不讨好,投入大量的人力、物力为群众办实事,群众却不"买账"。针对以上两种模式存在的弊端,于2013年开展探索实行党政群共商共治的形式,通过征集实事项目、民主协商、共同实施、多方监督等办法,搭建加强基层民主建设的"路"和"桥",把基层党组织、政府、社会、居民四方凝集在一起,在解决群众"最后一公里"服务难题中加强基层基础建设,为提高社区社会治理水平提供了重要途径。

二 开展党政群共商共治的主要做法

通过坚持四大理念、搭建四级平台、突出四个阶段,形成动员社会各方主体开展党政群共商共治的完整闭环。

(一)创新工作理念,做到四个坚持,确保正确方向

理念是行动的先导。为扎实推进党政群共商共治,朝阳区坚持党委统一领导,结合党的群众路线教育实践活动要求,在工作中严格坚持四大理念,探索创立新型基层协商民主模式。

1. 坚持以人为本

牢记全心全意为人民服务宗旨,贯彻党的群众路线,坚持群众主体地位,发挥群众首创精神,思想上尊重群众、感情上贴近群众、工作上依靠群众,着力解决好居民群众最关心、最直接、最现实的利益问题,把群众满意作为创新社会治理的出发点和落脚点。

2. 坚持多元主体

鼓励和支持广大居民、驻区单位、社会组织、草根组织等多方力量,通过分层实施、分类推进,积极参与社区事务管理,充分发挥辖区人大代表、

政协委员的参与协商作用、专家学者的理论指导作用、群众和媒体的监督作用，形成基层社会治理合力。

3. 坚持民主协商

从群众反映最强烈、最迫切的需求入手，通过民主协商，在解决问题的同时，充分调动群众参与社区事务积极性。对居民提出的需求不论能否解决都可以拿出来协商，即使暂时解决不了也要让群众知道问题所在，共同寻求解决办法。

4. 坚持依法治理

按照加强社会主义民主政治制度建设和创新社会治理体制的总体要求，坚持法治思维和法治方式，依法、有序推进党政群共商共治制度化、规范化、程序化。各方参与主体必须在宪法和法律范围内活动，依照规则开展议事协商。

（二）创新工作体系，搭建四级平台，实行充分协商

按照方便易行、科学合理、便于调动各方积极性和创造性的原则，在楼院、社区、街道、区四个层级分别建立民主协商平台，规范共商共治工作流程和权责。

1. 搭建楼院民主协商基础平台

划小居民自治单元，以自然形成的楼院、单位、新建小区为基础，将社区划分为若干自治单元。建立小区居民自治组织，发挥居民党支部、居民小组的作用，通过成立小区议事协商会、小区管委会、业主委员会等自治组织，提高自治组织化程度。开展小区自治活动，通过民主协商，发动小区志愿者、居民代表、和谐促进员、楼门组长、物业公司以及社会单位人员，参与自议治理事项、自筹治理资金、自定治理制度、自办治理活动，进一步完善基层社会治理体系，夯实全区党政群共商共治工程的基础。朝外街道吉祥里社区成立小区自管会，采取三分工作法，对三个不同类型的小区实行不同的工作方法，不仅较好地解决了 4 栋居民楼多年下水道不通的难题，还通过民主协商提高小区卫生保洁费 1 元，收缴率也由原来的 80% 提高到 97%。

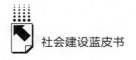

2. 搭建社区民主协商自治平台

一是成立社区议事协商会。在社区党组织领导下，建设治理议事平台，组织力量负责议事协商会的运行，负责收集、上报建议案，组织社区议事代表推举，召集协商会议，联系驻区单位和社会组织等事宜。协商会原则上在年初召开审议会，年末召开评审会议。根据需要，议事协商会可随时召开。二是推举社区议事协商会代表。社区议事协商会代表实行席位分配制，原则上由本社区"两委一站"、"两代表一委员"、居民、业主委员会、驻区单位和社会组织、流动人员等代表及特邀人士组成。代表候选人由社区党组织、居委会提名，居民代表推荐与自荐等方式产生并公示后，由居民代表大会投票或举手表决，差额确定议事代表。议事代表每届 10~15 人，任期三年，届满后按期换届。三是征集、形成和提交社区建议案。由社区党组织、自治组织负责组织，面向社区居民、驻区单位、社会组织等，采用入户走访、电话、新闻媒体、座谈会、意见箱等方式征集社区建议案。凡涉及社区公共事务或部分居民集体需求的事宜，均可纳入征集范畴。对征集到的建议，形成《社区建议案征集报告》提交给社区党组织初审；符合客观性、公共性、合法性、可行性标准的作为有效建议事项，提请社区议事协商会议讨论通过，形成社区建议案。四是实施、监督、评审社区建议案。议事协商按照项目陈述、质询答辩、投票表决、结果公示四个步骤，确定由社区办理的项目，上报需由街道支持及街道解决的问题及工作建议。组织社区层面项目实施及效能评议。麦子店街道枣北社区最早成立议事协商会，社区利用这一平台引导居民参与社区建设，每年的提案成倍增长，大家对社区公共事务议事协商大到小区安装路灯、小到垃圾分类，都由居民民主协商来完成，社区议事协商平台成为居民团结和谐的纽带。

3. 搭建街道民主协商枢纽平台

一是成立街道议事协商会。街道组织专门力量负责议事协商会的运行，包括负责议事协商会的组织、代表推选、建议案审核及意见建议协商处理等工作。原则上年初召开协商会，年终召开评议会。根据需要，经街道工委同意后协商会可随时召开。二是推举街道议事协商会代表。街道议事代表应由本地区人大代表、政协委员、社区党员代表、居民代表、驻区单位、社会组织代表、流动人员代表及特邀人士（专家学者、委办局代表）等组成。按照社区代表占半数以上、各方面均有代表性的原则，由街道工委确定比例。街道议事代表每届任期三年，届满后按期进行换届。三是形成、审议街道建议案。建议案要经过三个程序方可提交议事协商会审议初审。按照同项合并和分类整理等办法汇总建议案，提交街道主任办公会研究，确定责任领导和科室。实地踏勘，民主协商。由责任领导和科室深入社区调研，听取提案人意见建议，制订项目实施的初步计划，再征求提案人的意见（必要时召开社区议事协商会讨论），形成项目实施计划。制作问需工作报告。街道主任办公会根据实地踏勘和协商情况，研究并形成《街道问需工作报告》，同时确定由区级解决的问题及工作建议，并上报区委社会工委、区社会办。四是实施、监督、评审街道建议案。召开街道主任办公会（工委会议），参考街道议事协商会项目打分结果，制定《街道为民办实事项目实施计划书》，在辖区显著位置公示。街道议事协商会以项目监督小组对实事项目进行监督，街道纪检监察、审计部门要对项目实施情况进行监督和审计。

4. 搭建区级民主协商中枢平台

对需由市、区办理的事项，按照一事一案的原则，报区委社会工委、区社会办进行初审、筛选和汇总，按照业务归口原则提请区相关职能部门出具合法、合规等可行性论证意见，然后召开由提案群众代表、选区人大代表、政协委员、街乡和社区干部代表、专家学者、相关政府部门及相关区领导等参加的议事协商会，确定区级实事项目，组织区级层面项目实施及效能评议。一是拟定区级办理事项建议案和民主协商会议方案。对需由市、区办理的事项，按照一事一案的原则，由相关职能部门出具合法、合规等可行性论证意见，并进行初审、筛选和汇总，提出承办单位、责任人、工作方案等拟办建议报领导小组办公室。领导小组办公室对上报事项进行审核，拟定党政群共商共治工程区级办理事项建议案和民主协商会议方案，报领导小组审定。二是召开区级民主协商会议。每年定期组织召开党政群共商共治工程区

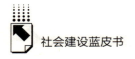

3. 协商办理阶段突出共治性

4～12月，各实施主体采取一个项目一个实施小组、一件实事一套方案的项目化解决方法，由街道办事处组织机关、物业、驻区单位、社会组织、居民等，共同开展项目实施。有效整合资源，明确实施主体，对需要居民自治完成的项目，由社区党委、居委会或楼院发动居民，以自治、互助的方式推进，对需要社会单位解决的问题，由社会单位解决，实现了"怎么干由大家议大家干"。各街道积极发动社会单位参与共商共治，在大屯街道地区环境大整治中，北京新荣物业管理公司主动承担新荣家园小区绿化任务，对破损绿地进行修补，投入30多万元治理APEC会议召开地的沿线环境。在六里屯街道整治小区环境时，北京隆泉建筑工程有限公司积极参与，共出动8辆车，在9天时间里清运建筑装修垃圾、树枝枯叶等270多车。亚运村街道各社区整合物业公司、产权单位、驻区企业等集资600多万元，用于社区实事项目，社会力量得到了不断凝聚。

4. 效能评议阶段突出实效性

朝阳区和各街道把实事项目纳入社会建设行政效能监察范围，做到"事前有标准、过程有跟踪、事后可追溯"。社区和楼院利用社区报、公示栏，将项目情况及时向社会公示。全程开放实事项目，组织各级议事代表和居民实地检查。承办单位把沟通协商作为办理工作的必要环节，主动加强与街道、社区、"两代表一委员"以及利益相关方的沟通，采取电话联系、面商座谈、调研走访等方式，认真听取意见建议，共同探讨解决问题的具体方案，不定期向群众通报工作进展情况，全程接受"两代表一委员"、群众代表及利益相关方的监督。承办单位参加街乡组织的党政群共商共治工程评审会，接受群众评议。办理情况纳入承办单位领导班子年度综合考核。主办单位与协办单位要加强协同配合，共同推动工作落实。对需要专业机构监督鉴定的实事项目要引入第三方评价，形成全面、客观的评价体系，确保共商共治效果。12月底或次年初，召开年度评议大会，项目负责人说明项目完成情况，接受质询和群众满意度评议，实现了"效果怎么样由群众评"。

三 开展党政群共商共治的工作成效

党政群共商共治在为群众办实事的同时，也为居民自治提供了机制和手段，探索了加强基层民主和基层政权建设的新途径，较好地实现"四个转变"，为提高朝阳区社会治理水平发挥了积极作用。2014年3月，党政群共商共治工程被民政部评为"2013年度中国社区治理十大创新成果"，20多家媒体跟踪报道，其中《人民日报》头版头条、中央电视台《新闻联播》做了重点宣传，被誉为"阳光模式""务实之举"。

（一）社区事务由"要我参与"向"我要参与"转变

过去参与社区建设的，往往只是部分党员、楼门长等积极分子，通过开展党政群共商共治，极大地激发了社会各方参与社区建设的热情。参与人群既有居民、外来务工人员、社会单位负责人等社区常住人口，也有人大代表、政协委员等群众"代言人"，还有中央党校蔡霞教授、《罗伯特议事规则》译者袁天鹏等专家学者，大家共同参与"问政"，向社会建设提出需求、提供办法和建议。全区共有35个社会建设协调委员会、1200多家成员单位、226个居民事务协调委员会、11个行业自律协会积极参与，43个公益组织承接56个项目。5万多名居民主动出谋划策，真切体验了当家做主的感觉。左家庄街道三源里居民代表陆康勤表示，"老百姓的事情，自己全程参与才最放心，这样的形式我们举双手赞成！"共商共治工程的开展，使广大居民的社会责任感不断提升，聚集了基层民主建设的正能量。麦子店街道枣北社区居民李瑞明2014年提出的"最后一公里出行难"建议获得优秀奖，2015年她又提出了两条建议。亚运村街道政协委员李薇说："党政群共商共治解决了群众许多难题，我将继续对项目进行关注和监督。"奥运村街道在建立协商枢纽平台时，对各社区议事协商平台进行力量整合，采取"三加一"模式，把社区、街道、社会单位和地区有影响力的名人作为协商成员，有效地加强了街道协商枢纽平台建设，为提高区域议事协商能力打下了良好基础。

（二）执政理念由"大包大揽"向"协商共治"转变

党政群共商共治的核心是发挥基层党组织的统筹引领作用，整合政府各部门和社会各界资源，通过"项目化管理、专业化支撑、透明化运作"的方式，引导居民、社会单位、产权单位和政府进入自治共治程序，形成党政群共同协商、共同参与、共同治理的工作模式，改变了过去的"政府做主"，促进了各方协商共治。党政群共商共治项目的实施，推进了政府职能的有效转变，引起社会各界的广泛关注。清华大学教授贾西津认为，通过"问政"撬动公民自治，建立了居民、社区居委会、社会单位、政府之间的沟通渠道。资深管理者周志兴认为，问政是基层政府主动发起的民主探索，通过问政，让群众了解、认可政府的工作，也让群众有了监督政府的权利，有助于政府与群众之间达成共识。中央党校教授蔡霞认为，麦子店街道推出社区民政建设资金是一个大跨步。过去都是政府拿钱出来替群众办"政府认为群众需要的事情"，但政府为群众办事不应等于"包办"，政府不仅要通过入户调查了解群众的需求，还要激发社区的活力，让社区做他们有能力做的事情，由政府给予必要的支持。政府要"有所为""有所不为"。议事规则专家袁天鹏认为，民众应该打开思路，用更加理性、温和的方式表达自己的诉求。共商共治充分发挥了街道和社区的主体作用，引导各方充分表达意愿。一些街道还推出了"网络问政"新举措。如，朝外街道居民代表网上问政平台，391名居民代表使用专属的"网络问政"用户名及密码，每季度至少提交一份意见建议，并提出解决该问题的对策；建外街道CBD网站开设党政群共商共治专栏，加强与地区白领之间的互动，收集其意见建议；团结湖街道的"掌上团结湖"问政建议箱，通过信息化平台收集建议意见；双井街道的"13社区"微博问政、香河园街道的e事员网信平台、亚运村街道的居民QQ群等，在广泛征集民意、提高决策水平的过程中促进了政府职能转变。

（三）管理体制由"条块分割"向"条块结合"转变

条块关系一直是街道管理体制改革的难点问题。通过党政群共商共治，打通了为居民解决难题的通道，楼院、社区和街道解决不了的问题，通过区级议事平台得以解决。党政群共商共治形成的楼院、社区、街道、区四级议事协商机制，不仅协调区级部门为群众办实事，而且对区级没有职权解决的问题，由区统一协调市有关部门，建立了为基层解决问题的"直通车"，形成了"发现问题在属地、解决问题在部门"的条专到底、块统到位、条块结合的工作新格局。各部门在共商共治项目实施中形成项目组，对群众反映的问题能现场解决的现场解决，不能现场解决的纳入问政范围。各街道办什么实事、怎么办，都要先听群众的意见。安贞街道居民代表刘景华反映小区没有停车位，只能停在马路边上，曾连续3天被贴条罚款，希望社区和街道办事处帮助解决停车难的问题。意见反馈到街道办事处后，街道问政办公室的人员随后就来到现场调查论证，并将这个问题列入共商共治实事项目。朝外街道居民提出"希望能够建立一家回民超市"，街道办事处经过调查论证，引进了清真老字号"月盛斋"直营店；麦子店街道枣北社区居民提出改造院内路灯的意见被采纳，列入实事项目并获得专项资金；堡头街道翠城公园的改造问题，居民代表在问政会上提出封闭管理、加固围墙的建议被街道采纳。

（四）作风建设由"眼高手低"向"务实高效"转变

通过"问政"，街道党员干部主动加强与群众的沟通联系。以前为民办实事的进度自己可以把握，现在从问需到问计始终有百姓监督，拖拉作风无处藏身，时间效率意识明显增强。香河园街道确立了"西里社区交通微循环工程项目"，居民代表叶如陵看到已经完工的小区道路畅通无阻时，终于放下了最担心的工程"留尾巴"问题。通过为群众排忧解难，机关干部克服"大事做不来、小事不想做"、眼高手低的不良习气，树立了从小处着手、从实际出发、密切联系群众的务实作风。每项工程的落实过程，也成为党员干部实现自我价值、提升自我能力和收获成长的过程。通过各级党员干部的共同努力，两年来共为群众办实事3132件，其中社区层面2131件、街道层面956件、区级层面45件。

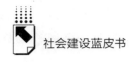

四 开展党政群共商共治的几点启示

开展党政群共商共治，构架了联系群众的桥梁和纽带，为广泛动员群众参与社区建设，引导社会单位、社会组织参与社会治理搭建了平台，其带来三点启示。

（一）政府由前台到幕后是实现职能转变的必然选择

党政群共商共治重新理顺了政府职能定位，改进了过去大包大揽的服务管理方式，对该由社会来做的事，向社会放权，由社会来做，解决政府越位与承载过重等问题。通过"干什么由大家定""怎么干由居民议""效果怎么样由群众评"，让群众在整个公共服务中参与决策、参与实施、参与监督，实现了基层治理主体多元化、治理方式法治化和治理程序规范化，具有较强的生命力。目前，许多地方政府对城市居民日常生活的微观事务管理过多，承担了许多不该承担的职能。实现政府职能转变，就是要相信群众、依靠群众并组织群众用自己的力量去解决自己的问题。朝阳区通过问需于民、问计于民、问政于民，让群众有序参与、共同协商、民主决策，为政府部门、本地居民、外来人员、驻区企事业单位和各类社会组织搭建了一个沟通、协商、交流的平台，引导大家按照协商议事的相关制度和程序来共同商议地区的大事、难事，并做出最终决策。党政群共商共治机制实现了社区治理主体多元化、治理方式法治化和治理程序规范化，符合马克思主义群众观，符合党的十八届三中全会提出"创新社会治理体系""加快形成科学有效的社会治理体制"的有关要求，具有较强的生命力。在实践中，朝阳区把转变政府职能更多地体现在不再大包大揽上，通过市场化、社会化手段，以政府购买服务和居民自治的形式，最大限度地满足服务对象的多样化需求，扩大公共服务的受益面，不断提高群众的满意度。全区仅2014年就在北京市购买150个服务项目，覆盖24个街道，为完成实事项目发挥了积极作用。

（二）广泛开展协商民主是促进社会和谐的基础工程

习近平总书记在庆祝人民政协成立 65 周年大会上的讲话中指出，要协商于民、协商为民，凡是涉及群众切身利益的决策都要充分听取群众意见。党政群共商共治，是落实协商民主的有效载体，是加强基层社会建设、解决服务群众最后一公里难题的有力举措。党员干部直接联系并服务群众，也是一种协商民主机制，在商量中融洽关系、解决矛盾、凝聚共识、协力奋斗。作为朝阳区在社区治理中的一种制度安排，共商共治"通过社区动员、社区组织和社区参与，使不同利益、不同职业、不同角色的社会人群得到新的整合"。这一方式，既反映了未来社区治理的发展趋势，又反映了公平、效率、民主、秩序作为社区公共事务治理必须遵循的基本原则。这也是社区体制改革的取向。其中，公平和民主是社区公共事务治理的实质价值，效率和秩序更有工具意义，建构多元网络合作治理体系的实质是在平衡这两类价值基础上进行合理的制度安排。改进社区管理体制，完善社区治理结构，就是要以社区党组织为核心，以社区居委会为龙头，吸纳社区社会单位、社区社会组织、居民共同参与的决策机制。协商民主是加强基层基础建设，建立长效机制解决服务群众最后一公里难题的有效举措。社区居民既渴望党组织为他们排忧解难，又希望自己的意见得到尊重，党政群共商共治就是通过民主协商的形式，加强基层政权建设，巩固党的执政基础。朝阳区还把共商共治为群众办实事形成的机制广泛运用于社会治理其他工作中，在老旧小区物业管理、商品房业主委员会建设和物业矛盾纠纷处理、群租房整治等方面都取得了积极成效，社会治理基础得到巩固和加强。

（三）引导居民学会自治是开展社区治理的内在要求

在推进共商共治工程中，居民之间相互协商、共同决策，社区内的各类问题实现了由无人管到自己管的转变，居民从自治的旁观者向参与者转变，居民对成果的维护意识、对各项制度的监督意识、参与小区公共事务的决策意识不断增强。2014 年初，经过民主协商确定需要社区层面解决的 1149 件

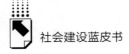

实事，各街道全部以居民自治的形式推进，截至 10 月底已经完成 1032 件，完成率达到 89.8%。对实事项目采取分层分类的办法完成，需要居民自治解决的由社区组织实施，需要社会参与解决的，由街道和社区广泛动员驻区社会单位、"六小门店"、行业协会、商务楼宇服务站等社会力量，主动参与共事共商共治项目。在党政群共商共治过程中，部分居民还存在参与社区事务往往局限于自己住的一栋楼、一个院等问题，为解决好这一问题，为实现由一般性提意见和表达诉求向共同找办法拿对策转变，帮助居民学会用提案参与社区建设。2014 年，朝阳区在 30 个社区试点开展"社区营造计划"、在 50 个小区开展"小区家园计划"，引导居民参与社区文化、环境、帮困、养老、治安、服务、管理等事务，社会组织上门当"家教"，社区居民提案水平明显提高，有效激发了居民参与社区服务管理的积极性，社区治理基础得到了夯实。

治理有良方，创新无止境。党政群共商共治虽然取得一定成效，但是面对创新发展的新要求、社会治理的新形势、居民群众的新期待，还需要进一步巩固成果、完善机制。下一步朝阳区将突出党政主导下的社会各方参与，突出法治思维和法治运用，不断积极探索、创新实践，为实现朝阳科学发展、民生幸福做出新的贡献。

密云县推进社会治理法治化
进程的实践探索

——北京首部农村地区《北京市密云县网格化
社会服务管理标准》编制并实施

密云县委社会工委、县社会办

摘　要：　2010 年以来，密云县全面建成了覆盖全域的网格化社会服务管理体系。2013 年，为推进网格化社会治理法治化、规范化进程，密云县组织 40 个县直部门编制了全市首部农村地区《北京市密云县网格化社会服务管理标准》，于 2014 年以县委、县政府名义正式发布实施，被国家标准化委员会确定为国家级标准化试点项目。该标准的实施，推动了密云县网格化工作全面向纵深发展，工作流程更加规范、职责更加明确、涵盖内容更加广泛，密云县生态建设和社会治理取得了新的成果。

关键词：　网格化　社会治理　标准化　法治化

在当前全面深化社会治理体制改革、深入推进依法行政、加快建设法治政府的形势下，密云县在实现网格化工作全域覆盖、网格化社会治理体制机制和平台建设进一步健全完善的基础上，于 2013 年编制了《北京市密云县网格化社会服务管理标准》（以下简称《网格化标准》），经县政府常务会议和县委常委会审议通过，于 2014 年 1 月 27 日以县委、县政府名义正式发布实施。全市首部农村地区《网格化标准》的实施，使工作流程更加规范、

职责更加明确、涵盖内容更加广泛，有力地推进了密云县社会治理法治化、规范化进程。

一 《网格化标准》的编制背景

（一）建设《网格化标准》是全面深化社会治理体制改革、全面推进依法治国的重要举措

市委社会工委书记宋贵伦同志指出："党的领导、社会治理、依法治理，是中国特色社会治理体制改革的核心要义、主要内容。"通过标准的定义（标准是对重复性事物和概念的统一规定，它以科学、技术和实践经验的综合为基础，经过有关方面协商一致，由主管机构批准，以特定的形式发布，作为共同遵守的准则和依据）可以看出，标准作为一种规范性文件，是构建"有法可依、有标可循、有准可考"新型工作机制的基础。当前，网格化已成为统筹社会力量、平衡社会利益、调节社会关系、规范社会行为的抓手和平台。网格化的标准化是制定、发布及实施《网格化标准》的过程，为深化社会治理体制改革夯实了制度基础，为依法治理提供了科学、规范的手段和方法，是践行"依法办事、程序正当"的有效途径，是推动社会治理体系现代化和社会治理能力现代化、全面推进依法行政的重要举措。

（二）建设《网格化标准》是市、县两级对网格化社会服务管理工作提出的更高要求

2010 年开始，密云县立足农村地域广、山场面积大、农村人口居住分散的实际，经过深入调研论证，提出构建立体分类式网格化社会服务管理新体系，并于 2010 年 6 月在东邵渠、石城、穆家峪、不老屯 4 个镇进行试点。2011 年 6 月，在全县推开此项工作。2012 年 6 月，立体分类式网格化体系建成运行，成为全市最早将网格化覆盖到农村的区县。在

此期间，市县各级领导多次实地调研指导，对网格化体系建设充分肯定并提出更高要求，市委社会工委宋贵伦书记在《社会建设研究参考》中批示"密云网格化工作抓得早、抓得紧、抓得实，走在了全市前列"，并要求"予以关注，及时总结、宣传、推广"。县委常委会审议通过的《密云县推进首都标准化战略纲要实施方案》提出，"到 2015 年，基本建成具有北京特征、郊区特色、密云特点的网格化标准体系。"2013 年，县政府 66 号折子工程提出要"完善立体分类式网格化社会服务管理体系，规范服务管理的项目指标、工作标准和操作流程"的更高要求。密云县在网格化先行先试过程中，组织各职能部门编制《网格化标准》，是落实市县领导要求，对既有法律、法规、规章、制度再梳理、再分类、再系统的过程。

（三）建设《网格化标准》是推动网格化工作向纵深发展的现实需要

网格化工作在实践中也存在一些运行不规范、融入不深入等问题，有必要建立一套全县遵行的标准，在加强生态建设、维护社会稳定、保障经济发展的同时，将更多更好地服务群众、方便群众的职能纳入网格化体系，规范网格化运行、促进部门职能与网格化深度融合。

（四）建设《网格化标准》是创新社会治理、加强社会建设的有效途径

建设和实施《网格化标准》的目的在于：一是促进部门融入。使更多县职能部门细化、规范相关领域工作标准，明确各部门职责，推进政务公开、依法行政。二是推进规范运行。在网格划分、管理职责、人员配置、运行流程、监督考评等方面做到全县统一，促使网格化工作规范化。三是激发社会活力。通过明确职责，充分发挥网格员、志愿者在发现处理问题、服务群众和建设社会诚信等方面的重要作用。

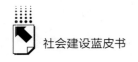

二 《网格化标准》的编制过程和主要内容

在前期调研、培训、框架设计的基础上，2013 年 6 月，研究制定了《密云县建设网格化社会服务管理标准工作方案》，全面启动了标准体系建设工作。

（一）明确思路、加强领导，全面启动网格化社会服务管理标准建设

根据《密云县建设网格化社会服务管理标准工作方案》，在市标准化研究院、县质监局的指导和支持下，密云县网格化社会服务管理标准建设确立了"建设符合通行标准、突出密云特色、可用实用易用的标准体系，用于规范网格化社会服务管理体系运行，促进部门融入网格，明确工作标准，理顺工作流程，提高工作质量，全面提升密云县标准化建设水平，明显提高群众对社会服务管理的满意度"的工作目标，明确了"整体规划、突出重点、分步实施、稳步推进"的总体工作思路。

为保障标准体系建设工作的顺利开展，县委、县政府专门成立了密云县网格化社会服务管理标准建设工作领导小组。县委副书记、政法委书记担任领导小组组长，6 位相关副县级领导担任领导小组副组长，领导小组成员单位由县委社会工委、县综治办、县网格办、县公安局、县教委、县市政市容委、县民政局、县人力社保局、县卫生局、县城管执法局等 40 个县直部门和 20 个镇街组成。各成员单位也成立了以主要领导为组长的工作小组，明确了责任领导和 52 名具体责任人，积极组织落实标准体系建设工作。领导重视、组织得力为圆满完成工作任务奠定了坚实的基础。

（二）结合实际、密切配合，全力推进网格化社会服务管理标准建设

网格化社会服务管理标准建设工作周期为 2013 年 3 月至 9 月。由于时

间紧、任务重，密云县大胆创新工作方式，通过采取边培训、边实践，然后结合实际工作中遇到的问题，回过头来再有针对性地开展培训，如此培训、实践，再培训、再实践的工作模式，使标准编制人员能够在最短的时间内，既掌握了标准的基础理论知识，又通过实践掌握了标准编制的规范要求。7个月的时间里，邀请市标准化研究院专家开展累计11次标准化培训，累计培训500余人次，在标准建设的过程中也培养锻炼出一支标准化工作队伍。

在这一过程中，无论是各牵头单位，还是各责任单位都表现出了良好的责任意识和团结协作精神。其中，县委社会工委作为标准体系建设的总协调单位，负责工作方案的制订、总体组织协调、联系专家、组织培训和包括标准化工作导则在内的6项具体标准的制定工作；县质监局作为标准化工作主管部门，全程积极配合并提出专业意见建议，帮助协调市标准院和相关专家；县网格办、县综治办分别作为综合管理标准体系和业务标准体系的牵头单位，除了需要编制各自负责的标准文件，还要负责收集整理各单位上报的标准文件，督促落实工作计划，真正做到了组织得力、协调有方、工作有序；特别是市标准化研究院，多次派专家到密云研讨、指导、培训，对多达45个标准文件中的每一个文件都逐一提出修改意见，反反复复、不厌其烦，确保标准体系建设工作能够保质保量按时完成。

（三）全力以赴、狠抓落实，全面取得网格化社会服务管理标准建设成果

标准编制过程中，编制部门坚持规范性、严肃性、标准性的原则，参照和引用了多达153项国家、行业、地方标准和141项法律法规。编制过程、格式、印刷排版严格按照《服务业组织标准化工作指南》等有关国家标准的要求，分三大部分，45个分项标准，30余万字，主要包括以下内容。

一是通用基础标准体系。该体系包含《标准化工作导则》1项标准，内容涵盖体系编制过程中每一阶段的计划安排、工作任务、工作目标和时间节点，主要用于规范标准体系的框架，指导网格化标准体系建设整体工作。该标准由县社会办负责起草并组织实施，分工涉及40个职能部门。

社会建设蓝皮书

二是综合管理标准体系。该体系包含网格划分、人员配置、信息采集、管理层级、运行管理、监督考评、信息系统建设、行政服务中心平台管理8项标准，内容涵盖8项标准运行的范围、术语和定义、责任主体和网格划分规则、人员配置规则等，主要用于规范整体网格化社会服务管理工作的运行程序和工作机制。该标准由县社会办、综治办、网格办和行政服务中心四部门负责起草并组织实施，所有融入网格开展工作的职能部门、镇街、村社区及网格化工作人员均参照这8项标准开展各自的网格工作。

三是业务标准体系。该体系包含生态建设、社会管理、社会服务、区域化党建四部分共36项标准，内容涵盖网格体系中具体参加网格化社会服务管理工作的人员、职责、工作流程、指标等，主要用于规范各职能部门融入网格的工作内容和工作机制。该标准由公安、城管、市政、民政、食药等36个县职能部门负责起草并组织实施，相关部门协同配合，镇街对应业务科室负责具体实施。

第一是生态建设部分，分为城乡环境、生态资源、公共设施三个子类，包含7项标准。

①在城乡环境方面，包含拆除违法建设规范、环境卫生管理规范2项标准。其中，以拆除违法建设规范为例，对违法建设的发现、认定、拆除、强拆流程等做出了详细规定，实施部门为县城管执法监察局，配合部门为规划分局、国土分局、县住建委、县市政市容委，在镇街由城管分队、综合科等业务科室具体负责。②在生态资源方面，包含矿产资源管理规范、生态公益林管护规范、水资源管理规范3项标准。③在公共设施方面，包含城市园林绿化管理规范、设施管护规范2项标准。其中，以《城市园林绿化管理规范》为例，该标准引用和借鉴了北京市地方标准《城市园林绿化养护管理标准》并结合密云网格化实际有所创新。主要是结合密云县网格化工作实际，较市级地方标准增加了以园林中心为主体的网格化工作机构、职责、人员配置、工作要求、园容和卫生管理、应急、监督考评等内容，具体养护标准参照和引用了北京市地方标准。

第二是社会管理部分，分为社会稳定、公共安全、公共秩序三个子类，

222

包含 14 项标准。

①在社会稳定方面，包含治安管理规范、信访管理规范、人民调解管理规范 3 项标准。②在公共安全方面，包含突发事件应急管理规范、安全生产管理规范、交通安全管理规范、食品药品安全管理规范（含生产环节、流通环节、餐饮环节和药品管理 4 部分）、公共卫生管理规范等 8 项标准。③在公共秩序方面，包含流动人口管理规范、市场秩序管理规范、市容秩序管理规范 3 项标准。

第三是社会服务部分，分为公共服务、便民服务、志愿服务三个子类，包含 14 项标准。

①在公共服务方面，包含就业增收服务规范、社会救助服务规范、助残服务规范、社区教育服务规范、科技服务规范、文化服务规范、卫计服务规范等 10 项标准。②在便民服务方面，包含商业服务规范、居家养老服务规范、电子保姆服务规范 3 项标准。③在志愿服务方面，为推进志愿服务全面与网格化融合对接，编写了志愿服务进网格服务规范。

第四是区域化党建部分，包含区域化党建规范 1 项标准。

三　建设《网格化标准》取得的初步成效

2013 年底，《网格化标准》通过市级专家评审，并被国家标准化委员会列为国家级标准化试点项目。专家评审认为，密云县率先编制完成网格化社会服务管理标准，编制技术路线正确，架构科学合理，管理流程清晰，具有较强的创新性和可操作性，可作为网格化社会服务管理运行的指导文件。45个分项标准在编制过程中同步实施并持续改进。县直部门将服务管理职能与网格深度融合，工作人员与网格全面对接，工作流程更加规范高效；镇街充分落实属地责任，切实发挥镇街网格化指挥中心作用，推动职能科室工作人员进入网格认岗领责，依托网格化平台推进辖区各项重点工作开展。通过贯彻落实《网格化标准》，密云的社会治理正向法治化、规范化大踏步迈进。2014 年标准实施以来，网格化系统共记录各类服务管理事件 88.4 万件，较

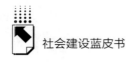

上年度同期增加35.2万件，办结87.4万件，较上年度同期增加34.4万件，标志着更多服务管理事件在网格内被及时发现和解决，为密云县建设和谐宜居的首善之区奠定了坚实的社会基础。

（一）生态环境更加美丽

园林绿化、国土、水务等各部门及属地在网格内带领群众护水、护河、护山、护林、护地、护环境，建设山青水绿天蓝的美好家园。各镇街依托网格化平台发现和处置违法违章建设，"拆违打非"专项行动扎实开展，违法建设销账面积比例达90%，新生违法建设始终保持"动态为零"；在环境卫生管理中引入网格化机制，10名专职网格员分片巡查，发现问题后通过智能手机软件直接发至网格中心平台处理，2013年5月以来，在市级环境月检查中，密云县连续14个月位居生态涵养发展区第一。依托网格化体系打造良好的生态环境、整洁的市容市貌、优美的景区，2014年，密云县先后被水利部、国家发改委、环保部等部门确定为"全国水生态文明城市建设试点"、"国家主体功能区建设试点"、首批"国家生态文明先行示范区建设地区"。

（二）社会管理更加精细

公安、城管、工商、安监、食品药品监督等部门融入网格，维护市场秩序和生产安全，为群众、为企业解难题、办实事，提供精细化管理。县经济开发区整合力量进入网格，为企业发展提供服务和保障。总工会将企业、工地、市场所在网格列为管理重点，维护职工合法权益，助力经济发展。全县14000余名治安志愿者在网格内开展治安巡防、矛盾调解、交通秩序维护等活动，营造了温馨、祥和、稳定的社会环境。在应对极端天气过程中，水务、市政、消防、卫生、公路、电力等单位深入网格开展抢险救援、设施抢修、卫生防疫等工作。县法院建立"三纵五横"网格化工作模式，以法官进网格为中心，以司法服务为重点，与属地共抓矛盾化解，共拓便民举措，共推法律宣传，把司法服务延伸到了群众身边，得到市高院高度评价，在密云开现场会介绍经验，在全市推广，为全国提供典型。公安局创新建立"3＋3＋4"网格化服务管理模式，通过网格为群众办实事、做好事、解难事3469件，全力维护了密云良好的社会治安环境，人民群众对公安工作的满意度达到99%。信访办、司法局依托网格化平台及时发现和化解矛盾，将大量信访事件化解在基层、处理在网格。消防支队依托网格内的消防警务工作站，督促整改火灾隐患5538件，提高了基层火灾防控能力。

（三）社会服务更加便利

财政、社保、残联、农委、住建等部门相继进入网格，为群众提供就业增收、社会救助等全方位民生服务。财政局率先动员全体职工注册成为志愿者，精心组织结对帮扶、财务知识普及、政策宣讲等志愿服务活动。住建委大力推进老旧小区改造，为社区居民提供安全舒适的生活环境。42个城市社区和327个行政村，社区服务站全覆盖，为辖区群众提供优质高效的公共服务；在城区建成18个"一刻钟社区服务圈"，赋予网格员采集服务需求信息、免费代办、政策咨询等服务职能，促进"一刻钟社区服务圈"建设与网格化社会服务管理有机融合；积极推进政府购买社会组织公共服务项目，在网格内为群众提供环境保护、心理疏导、关爱留守儿童等社会化服务；累计为县城4608户老人、残疾人等特殊群体安装"电子保姆"系统，为群众提供应急、便民、商业等多元化、个性化服务。教育、科技、文化、卫生、体育等部门的工作人员定期进入对应网格，帮助群众解决实际困难，给群众带去贴心便利的公共服务。依托网格化机制加强公共服务，全面建成镇街便民服务中心，构建了"三级联动"便民服务体系，向社会公开600个服务项目。上半年，县行政服务中心受理事项3.9万件，办结率达99.8%，街道便民服务中心共受理事项8000余件，其中社区代办3000余件。

（四）区域化党建全面推进

依托网格化体系，以镇、街党（工）委为核心，统筹区域党建资源和

社会资源，通过灵活多样的组织设置、载体建设、活动开展，突破传统纵向控制为特征的"单位建党"模式，实现社区、驻区单位和非公经济组织、社会组织等各领域党组织间的互联、互动、互促，形成一体化的基层党组织建设体系。创新了"1+5"党组织引领和谐社区建设工作模式，发挥党组织领导核心作用，整合社区各类资源，推动社区发展，服务居民群众。打造了商管协会+党组织模式，引领6800多家商户融入网格，履行社会责任。

四 下一步工作思路

《中共中央关于全面推进依法治国重大问题的决定》明确提出，"推进社会治理体制创新法律制度建设，依法加强和规范公共服务"，并进一步要求，"坚持系统治理、依法治理、综合治理、源头治理，提高社会治理法治化水平，深入开展多层次多形式法治创建活动"，"发挥市民公约、乡规民约、行业规章、团体章程等社会规范在社会治理中的积极作用"。为贯彻落实党的十八届三中、四中全会精神，全面深化社会治理体制改革、全面推进依法治国，下一步密云县要将《网格化标准》的宣传、贯彻和实施作为推进社会治理法治化、规范化的核心任务来抓。

（一）大力推进国家级标准化试点建设

根据国家标委会的要求健全完善《网格化标准》，确保2015年通过试点验收。一是补充编制《文件汇编》《岗位手册》等内容，使《网格化标准》体系更加完善，便于各级网格化工作人员操作。二是对《通用基础标准体系》进行修改完善，将原《综合管理标准体系》调整变更为《社会管理服务保障标准体系》，将原《业务标准体系》调整变更为《社会管理服务提供标准体系》，并依据实施情况修改完善各分项标准。

（二）广泛开展《网格化标准》培训

由各分项标准的制定部门在全县开展分层次、分内容、广覆盖的《网格化标准》培训,目前所有标准已轮训一遍。面对基层网格员的培训还在深化实施过程中。

(三)严格做好《网格化标准》规范运行工作

各镇街按照《网格化标准》对本地区网格划分、人员配置、运行管理流程、监督考评机制等方面重新规范。各职能部门认真梳理服务管理职能,规范融入网格的服务管理事项和工作流程,安排工作人员进入网格开展工作。同时,建设专职网格员队伍,按照千人网格模式配备专职网格员,其他兼职网格员与其组团入格,形成齐抓共管、协同治理的局面。为专职网格员配发智能手机终端,以补贴形式提高待遇,调动工作积极性。在环境保护、安全生产、拆除违法违章建设、加强城乡接合部综合治理等方面,充分发挥网格员的作用。

(四)加强监督考评

由县政府办公室对各职能部门网格化标准贯彻实施情况进行监督考核,由县社会办、县综治办牵头负责对各镇街网格化标准贯彻实施情况进行监督考核。考评结果定期向县委、县政府主要领导、主管领导和有关部门反馈。

《网格化标准》的实施,推动了密云县网格化工作全面向纵深发展,工作流程更加规范、职责更加明确、涵盖内容更加广泛,密云县生态建设和社会治理取得了新的成果。建设《网格化标准》已成为密云县全面深化社会治理体制改革、全面推进依法治国的重要举措。

B.17

西城区的经验：以资源
共享实现全响应

西城区社工委、社建办

摘　要： 地处首都功能核心区的西城区，大力推动驻区单位资源开放共享工作，通过搭建居民需求与社会资源对接平台、健全工作体系与机制、宣传推进一整套资源共享的工作实践，收获良好的社会效益，实现了社会创新管理的全响应，实现政府、驻区单位、居民三方共赢，促进和谐西城的发展。

关键词： 西城区　资源共享　全响应

一　工作思路

（一）区情概况

西城区地处首都核心区，辖区面积50.70平方公里，辖15个街道、256个社区，常住人口130.3万人，人口密度达到每平方公里2.57万人。区划调整后，西城区核心功能更加突出，特色优势更加鲜明。区情特点具体可以归纳为"四个聚集"：一是政务资源高度聚集。西城区内有135家中央部级机构和835家所属事业单位，是国家政治中心的主要载体，也是国家最高层次对外交往活动的主要发生地。二是经济资源高度聚集。区域金融资产规模占全市金融业总资产的近80%，占全国的近一半。区域内中央资产占北京市央产的近70%。另外，商业、旅游业也十分发达。三是文化资源高度聚集。作为北京3000多年的建城地和800多年的建都地，西城区是皇家文化和民俗文化的融合区，辖区内的历史文化保护区充分展现古都文化特色。同时，区域内拥有国家大剧院、首都博物馆等一大批国家级和市级现代文化设施，是体现首都文化事业发展水平的重要区域。四是社会资源高度聚集。区域内教育、卫生资源丰富。全区有基础教育学校168所，其中有15所高中示范校、10余所优质小学、23所百年学校；有卫生机构612家，其中三甲医院13家。

（二）资源共享工作理念的提出

党的十八届三中全会提出，要改进社会治理方式，鼓励和支持社会各方参与，增加社会发展活力。如何有效鼓励社会各方参与，改进社会治理方式，是一项重要的课题。习总书记在视察北京时发表的重要讲话为西城区指明了方向，西城作为首都功能核心区，功能定位决定了其城市管理和社会治理也必须要坚持多元参与、共同治理，除了要为这些单位做好服务保障之外，也要充分发挥其作为社会治理要素的重要作用，调动驻区单位更好地服务社区、服务群众，履行好社会责任。

延续这样的思路，西城区构建了"全响应"网格化社会治理模式，着力形成以需求导向、社会参与为基础的社会治理格局，动员社会各方力量作为响应民需的参与要素，努力实现政府治理和社会自我调节、居民自治的良性互动。为此，西城区通过搭建供需平台、进行资金奖励、完善保障机制等多种途径发动区内各级各类党政机关、企事业单位、驻区部队、具备条件的学校、非公有制经济组织、社会组织等，根据群众需求开放内部的活动场地、餐厅、停车场等资源，为地区老百姓解决活动场地缺乏、老年人就餐难、停车难等民生难题。

二　工作实践

西城区资源共享工作实践开始于2009年，通过5年时间的探索，逐渐

摸索出一条从居民需求入手，挖掘现有社会资源，搭建资源共享供需平台，实现多元主体参与社会治理的工作路径。同时，完善工作体系，健全工作机制，加大宣传力度，扩大资源共享的影响范围，激发驻区单位社会责任感。

（一）了解需求，摸清资源

1. 了解居民需求

实现多元参与的"全响应"社会治理工作格局，充分发挥西城区的资源禀赋优势，首先要从需求入手，了解老百姓最急需的是什么。自2011年起，西城区委社会工委（区社会办）委托西城区统计局、西城经济社会调查队，定期对全区15个街道256个社区开展社情民意调查，通过随机抽样问卷调查和召开社会代表座谈会，自下而上地了解掌握民生需求。同时，在全区开展"访民情、听民意、解民难"工作，通过区领导、委办局、街道和社区与居民面对面的交流沟通，全面感知群众关心的问题。

通过社情民意调查和"访听解"走访，目前西城区居民反映的问题有以下几点。停车难，占问题总数的37%，是社区基本公共服务调查中满意度最低的一项。由于停车位缺乏，社区内普遍存在无序停车、私装地锁等现象，引发小区道路堵塞、消防通道受阻。养老服务不足，占问题总数的28%，居民反映存在养老院建设不足、社区日间照料和全寄养照料服务无法满足需求、残疾人职业康复和日间照料服务不足等问题。就近就医问题，占问题总数的13%，部分社区的社区服务站数量少，药品不丰富，居民看病开药不方便；面积较大的街道，社区卫生服务站比较分散。买菜远、买菜贵等便民服务问题，占问题总数的11%，部分社区缺少便民蔬菜点和大型超市，年龄较大的居民买菜不方便。社区居民身心健康服务不足，占问题总数的7%，社区健身设施场所、文化场馆缺乏，社区心理咨询场所较少等。其他问题，占问题总数的4%，社区宠物管理、小广告、噪音和空气污染等。

2. 摸清资源存量

根据多元参与的"全响应"社会管理工作思路，西城区委社会工委

（区社会办）对辖区各级各类单位资源情况进行摸底。目前，全区共有30959家各级各类驻区单位。

从单位级别来看，中央单位2407家，占驻区单位总数的7.8%，拥有最丰富的资源是活动场地资源，其次是就餐和停车资源；市级单位1447家，占驻区单位总数的4.7%，拥有最丰富的资源是活动场地资源，其次是就餐和停车资源；区级单位1607家，占驻区单位总数的5.2%，拥有最丰富的资源是文体教育资源，其次是便民服务和停车资源；其他单位25498家，占驻区单位总数的82.4%，拥有最丰富的资源是文体教育资源，其次是便民服务和就餐资源。总体而言，高级别驻区单位活动场地、就餐和停车资源丰富，反之，基层驻区单位文体教育、便民服务资源丰富。

从单位性质来看，机关和事业单位1712家，占驻区单位总数的5.5%，拥有最丰富的资源是活动场地资源，其次是停车资源和就餐资源；企业27350家，占驻区单位总数的88.3%，拥有最丰富的资源是文体教育资源，其次是便民服务和活动场地资源；其他机构组织1897家，占驻区单位总数的6.1%，拥有最丰富的资源是文体教育资源，其次是便民服务资源。总体而言，部队、学校、医院、博物馆或科技馆等机关和事业单位的活动场地、停车和就餐资源丰富；各类企业的文体教育、便民服务资源丰富；社区组织、社区等其他机构组织的文体教育资源丰富。

从资源类型来看，社会单位拥有活动场地、文体教育、便民服务、就餐、医疗、停车、综合资源7类资源。各类资源在西城区的开放共享程度不一，其中活动场地、文体教育资源开放最多，其他依次是便民服务、就餐、医疗、停车、综合资源。

3. 搭建供需平台

西城区委社会工委（区社会办）在广泛征求意见之后，先后多次到中谷粮油集团、光大置业和北京市第二医院等单位进行调研，与驻区单位就如何推进资源共享工作进行座谈。明确政府在社会管理格局中扮演的角色，搭建社会责任履行的主体和客体之间的桥梁和平台，让驻区单位清楚

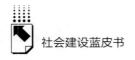

居民急需什么服务，让居民了解驻区单位可以履行什么社会责任。在社情民意反映集中的问题里筛选社会单位可以解决的项目，以菜单的形式向供需双方提供。比如，在政府向社会发布了西城区停车难问题后，市府大楼、北灯汽车灯具有限公司、光大置业、丰汇物业管理有限公司等单位主动认领问题，向居民错时开放停车场。再如，广电总局302食堂有意愿提供低偿就餐资源，区社会办协调街道和社区，加大推广和宣传力度，周围社区老人知悉后纷纷前往广电总局302食堂低偿就餐，推动了302食堂履行社会责任。

街道层面发挥统筹辖区资源推动共同发展的基础作用，涌现很多好的做法和经验，有的街道还形成了一些好的工作机制。比如月坛街道开展的"部长进社区"等系列活动，邀请国家统计局局长走进社区，为居民答疑解惑，将专业的统计知识融入居民的生活中。陶然亭街道设立"大工委项目认领制"，用党建资源带动各类资源，整合了北灯汽车灯具有限公司的停车资源、陶然亭小学和湖广会馆的活动场地资源等。广外街道以"五星级"和谐社区为载体凝聚驻区单位参与和谐社区建设，挖掘了北京财会学校等文体教育资源。什刹海街道依托社区代表大会搭建居民需求与驻区单位资源对接平台，探索社会单位共享场地资源供平房区晾晒衣被。通过激发这些机关、企业、社会组织主动履行社会责任，有效地将社会资源转化为服务居民的社区资源，带动了西城区社会管理创新的全响应，方便了居民生活，收获了良好的社会效益。

社区层面积极沟通、争取辖区单位支持和居民群众广泛参与，坚持共驻共建、循序渐进的原则，使社会资源开放共享不断完善，实现了真正意义上的利民惠民。白纸坊街道建功北里社区，打造"一企二校三圈"的协作模式，撬动了北京中环假日酒店、北京市实验职业学校、电大宣武分校资源服务居民的便民商圈、便民服务圈和便民文化圈。西长安街街道府南社区，整合驻区单位资源，积极与中组部餐厅联系，为辖区居民提供送餐服务。广外街道红莲中里社区，创建"社区金色阳光协会"，撬动辖区社会资源，与新华社红莲物业等驻区单位签订"共建和谐社区"协议。

（二）健全体系，完善机制

针对资源共享工作中梳理出的问题，多次召开座谈会，征求相关委办局和街道的意见，出台了《关于进一步引导社会单位资源开放推进区域共建共享的指导意见》等文件，健全了"三级联动"工作体系，完善了民需对接、激励、共赢、交流、保障等方面的工作机制。

1. 健全三级联动工作体系

建立健全区、街、社区资源开放共享"三级联动"工作体系，明晰各个层面在资源共享工作中的职责定位。

区级层面，依托区社会建设领导小组召开社会资源开放共享联席会，统筹推进社会单位资源开放共享工作，健全完善促进社会单位资源开放共享的动员、引导、奖励、宣传等各项机制，发挥社会资源开放共享联席会的沟通协调作用，了解驻区单位需求，主动提供服务，宣传、动员、引导更多的驻区机关、企事业单位和各类社会组织广泛参与社会资源开放共享，激励驻区单位发挥社会责任感，支持地区建设。

街道层面，积极发挥区域化党建联席会的作用，明确区域化党建联席会办公室负责组织开展社会单位资源开放共享相关工作。发挥街道统筹辖区发展的基础性作用，广泛联系辖区各界人士，主动为驻区单位提供属地服务保障；积极畅通对接需求渠道，引导辖区内各级各类驻区单位针对居民所需，开放共享内部优质资源。街道可结合区域实际，通过表彰、奖励等多种方式，倡导鼓励驻区单位开放资源，撬动地区社会资源服务民生。加强对资源共享意义的宣传，培树先进典型，扩大宣传范围，为开展资源共享创造良好的社会氛围。

社区层面，发挥好社区共建协调委员会的桥梁纽带作用，健全完善共建协调机制，邀请驻区单位代表共同协商解决居民问题和需求。善于发现和挖掘驻区单位的可开放资源和需求，通过开展有针对性的服务，凝聚驻区单位参与社区建设，主动开放资源。加强对居民的宣传教育，引导居民文明使用资源，促进资源共享的长效开展。

2. 完善相关工作机制

民需对接机制上，及时有效地把握全区的社情民意，了解老百姓最迫切、最直接的需求，把各类资源与居民需求有效对接，减少资源共享供需结构上的错位。进一步畅通驻区单位资源与居民需求的对接渠道，利用区公益文化节的平台，宣传社会资源开放共享工作的意义，发布全区居民公共服务需求目录，对接社会单位开放资源。通过网站、微博、报纸等渠道定期发布居民需求，引导驻区单位内部资源开放。结合"为民、务实、清廉"党的群众路线教育活动和"访民情、听民意、解民难"工作，各部门、街道做好为驻区单位的服务，深入驻区单位了解困难、解决问题。密切与驻区部委和重点企业的沟通联系，为其创造良好的发展环境和工作生活环境，提升资源共享的质量和水平。

激励机制上，进一步完善资金激励机制。发挥社会建设专项资金的引领撬动作用，持续开展社会资源开放共享奖励项目。建立资源共享评价指标体系，从单位贡献度、居民满意度、社会效益等维度和开放资源与居民需求匹配度、成本投入、单位性质、公益性、覆盖面等方面，对资源共享单位的共享效果进行科学的综合评价。建立区、街两级分层奖励的机制。区级层面对共享程度较高、惠及群众较多、对政府公共资源能够提供补充的各级各类驻区资源共享先进单位予以资金奖励，激发驻区单位的社会责任意识，撬动资源共享。街道层面重点奖励区级层面覆盖不到的规模较小的资源共享先进单位，加强对辖区社会资源的统筹和利用。进一步健全荣誉激励机制。开展"好邻居行动"，加大对驻区单位在本地区服务居民、共建社区实践的宣传力度，通过宣传栏、报纸、网络媒体等形式，宣传驻区单位履责行为，扩大驻区单位履责的社会效果，树立良好的社会形象，营造促进单位积极参与社会治理的舆论氛围。

共赢机制上，支持驻区单位履行社会责任，以民需菜单的形式为驻区单位履行社会责任设计、提供载体，引导驻区单位围绕地区民生事业发展履行职责。开放方式分为三种：一是有偿开放，公共服务满足不了群众需求的项目，以市场价为指导，向社会开放资源服务；二是低偿开放，将原来不属于经营范围或受众仅限于本单位员工的资源，以低于市场价进行开放的服务；三是无偿开放，将本单位的闲置资源，免费向社区居民开放，或受众仅限于本单位员工的资源错时无偿为群众提供服务。资源共享单位之间资源互换共享，满足社会单位各自不同的资源需求，提高资源使用效率，更加有效地激发驻区单位共享资源的积极性。

交流机制上，与区内资源开放潜力较大的驻区集团单位建立长期性开放共享互助合作机制，发挥龙头带动作用，凝聚同系统、同行业驻区单位力量，扩大共驻共建效应，实现驻区单位和辖区居民的互惠共赢。建立资源共享交流促进机制。依托社会资源开放共享联席会搭建沟通联络平台，通过定期召开座谈会、现场会、考察学访等形式，促进资源共享先进单位之间加强交流，分享先进经验，共同促进和推动资源共享工作开展。

保障机制上，统筹发挥区内相关职能部门优势，积极为资源开放单位在生产、经营等过程中提供政策方面的服务和支持，创造有利于资源开放和单位自身发展的良好环境。健全资源开放后的各项管理机制，按照谁使用谁负责的原则，研究制定资源开放共享的相关管理制度和资源使用细则，通过加强培训、购买商业保险等方式就资源开放后的安全、维护以及由资源开放带来的其他方面的管理问题进行探索。

（三）激励动员，加大宣传

激励动员。自 2009 年起，持续发挥社会建设专项资金的引领作用，开展资源共享奖励项目。截至 2014 年 8 月，共投入 1105 万元，对 228 家具有社会责任感的驻区单位进行了奖励。通过第三方科研单位设计资源共享评价指标体系，走访调研，分别从单位贡献度、居民满意度、社会效益等维度和开放资源与居民需求匹配度、成本投入、单位性质、公益性、覆盖面等方面，对资源共享单位的共享效果进行科学的综合评价。精神奖励上，开展"好邻居行动"等主题活动，宣传驻区单位履责行为，扩大驻区单位履责的社会效果，树立良好的社会形象，营造促进单位积极参与社会治理的舆论氛围。

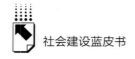

加大宣传，扩大资源共享社会影响力。通过多种媒介，对资源共享的内容、方式、奖励办法进行广泛宣传，赢得社会单位、街道、职能部门、居民的广泛认同和参与。2014 年 6 月 26 日，《新闻联播》对西城区资源共享工作进行了详细的报道，增强了资源共享的影响力。同时，《北京日报》《西城报》《支部生活》等纸质媒体也进行了专版报道，在全社会引起了不同程度的反响。宣传部门采取多种形式，配合社会单位资源开放共建共享工作整体推进情况进行宣传报道，制作《西城·我们的家》公益短片，在西城区综合服务大厅和公益文化节上循环播放，宣传理念。相关职能部门和各街道也积极挖掘资源共享单位的典型，并加以引导、扶持，营造良好的资源共享舆论氛围。

三　取得的成效和存在的问题

（一）取得的成效

资源共享工作开展 5 年来，取得了一定的成效，通过开发社会资源，满足了居民的需求，形成了良好的社会效应，更重要的是实现了社会治理的全新探索。

1. 百姓的需求得到满足

通过资源共享平台，老百姓身边最直接的文体教育、活动场地、医疗、便民服务、停车、就餐等资源的需求通过驻区单位得到了满足，在一定程度上缓解了政府公共服务资源紧缺的问题。文体教育资源方面，中央芭蕾舞团设立了"开放日"，为社区的舞蹈爱好者提供形体指导；国家统计局为社区居民普及统计知识；徐悲鸿中学的名师资源进社区，惠及社区老年和青少年群体；北京武道馆免费教授武当太极拳，帮助社区居民强身健体；北京申同健身中心免费在非高峰时段向居民提供健身指导和体质监测服务。活动场地资源方面，大观园管委会为白纸坊街道腰鼓队提供顾恩殿广场和南门广场两处排练场地资源；北京市党派团体办公楼服务管理中心为社区居民提供会议场地；裕中中学无偿提供场地、教室及音响设备；解放军歌剧院无偿提供剧场供社区排练文艺节目。医疗资源方面，北京市第二医院、首都医科大学附属北京安定医院、展览路医院服务地区百姓，发放科普材料，举办健康讲座，利用先进的医疗设施为社区居民提供医疗服务。便民服务资源方面，西长安街街道中央警卫团保障部凭借战士的特长，免费为居民维修电器、下水管道；白纸坊街道北京银行右安门支行为居民提供金融知识、金融产品方面的普及讲座；新街口街道明缘美容美发学校每周五免费为周边居民提供理发服务；陶然亭街道清华池浴池为老年人提供免费修脚服务；椿树街道北京京华源燃气技术开发中心低偿为社区居民进行燃气具维修。综合资源方面，北京印钞有限公司无偿向社区居民提供文体活动场地以及公司的医疗资源；北京公交集团保修分公司三厂开放内部职工食堂，并为社区低偿提供办公场地。停车资源方面，市府大楼、北灯汽车灯具有限公司、光大置业、丰汇物业管理有限公司等单位以无偿或低偿的方式，向居民错时开放停车场，缓解停车难题，履行社会责任。就餐资源方面，广电总局 302 食堂、中谷粮油集团、新华社北京分社等机关单位食堂，陶陶居酒家、景麒园餐厅等民营餐厅向周边社区居民提供低偿就餐和送餐服务，解决了周边社区老年人、残疾人的就餐问题。

2. 取得了良好的社会效益

通过这几年资源共享工作的开展和推进，西城区驻区中央部委、市属机关事业单位、国企、民企、社会组织从最开始需要鼓励推动，到现在的主动询问居民需求，认领问题，履行社会责任，一传十、十传百，纷纷争做西城区的"好邻居"，形成了良好的社会氛围。至今，共有 370 家社会单位主动认领了群众的需求，承担社会责任，各开放共享的社会单位主动起带头作用，号召更多的社会单位参与到资源开放共享工作来，对进一步推动西城区资源共享、满足民需发挥了重要作用。

同时，参加资源共享的单位也得到社区回馈，形成了社会单位之间的良性互动。例如，带头开放学校资源的进步小学得到了附近市委党校的回馈，党校无偿提供可容纳 800 人的礼堂给学校排练使用。再如，北灯汽车灯具有

限公司开放了停车场，员工也享受到了驻区部队提供的便民菜站。对于参与资源共享的企业来说，其在居民中树立了良好的口碑，提升了企业的正面形象，增加了企业在行业中的竞争力。部分按照市场方式运营的资源也给企业带来了一定的经济效益，避免了资源闲置造成的浪费。

3. 社会治理的全新探索

西城区资源共享缓解了居民的部分公共服务需求，体现了驻区单位的社会责任感，更重要的意义是政府在社会治理上的创新。面对西城区的资源优势，通过政府的组织优势和小额资金撬动，充分调动辖区单位拆除资源藩篱，有效地将社会资源转化为社区服务资源，改变政府在公共服务中干预过多的现象，而扮演了总揽全局、协调各方的角色，为社会力量搭建平台，让驻区单位演好主角，挖掘社会力量的存量资源，撬动整个区域社会创新管理的全响应，补充政府公共服务资源，实现政府、企业、辖区居民三方共赢，促进和谐西城的发展。

（二）存在的问题

资源共享取得了一定的成绩，但由于工作尚处于起步阶段，依然存在供需总量矛盾、资源认知度较低、工作机制不健全等问题。

1. 供需矛盾依然突出

近年来，随着"全响应"社会服务管理创新工作的推进，越来越多的社会单位参与到资源开放共享中来，主动服务周边居民。资源开放共享单位呈现逐年递增趋势，但群众对优质公共服务资源的需求和开放资源之间的矛盾依然突出。这种矛盾既表现在总量上也表现在结构上。从总量上看，资源共享开放率较低，370 家开放单位相对全区 30959 家单位的总数而言只占1.2%，且开放资源惠及范围仅限于周边社区居民，远远不能满足需求。从结构上看，资源开放单位集中在活动场地、文体类资源，居民急需的停车、便民服务等资源的开放程度不高，资源开放供给与需求之间存在一定错位和结构性矛盾。

2. 工作缺乏系统性

一是政策性依据缺乏操作性。虽然民政部早在 2000 年出台了《民政部关于在全国推进城市社区建设的意见》（中办发〔2000〕23 号），北京市在《关于学校体育设施向社会开放的指导意见》（2007）、《北京市社区管理办法（试行）》（2009）中也提出了建立健全资源共享机制，但缺乏实施细则和可操作性文件，使社会资源开放共享工作的可操作性不高。二是缺乏系统推进。资源开放共享是一项需要政策、资金、宣传等全方位扶持、多部门整体推进的工作。目前，西城区资源开放共享工作虽然已经取得了一些进展，但由于缺乏整体工作统筹、政府各单位认识不统一，部分资源开放共享工作存在形式化、碎片化现象，社会资源服务民生的质量和可持续性都难以令群众满意。

3. 工作机制不健全

一方面，资源开放会给管理带来压力。例如，学校担心开放操场会影响到学生安全，分散学生的注意力，影响学习；也担心周边居民在操场上发生跌伤等意外伤害后难以划分责任。另一方面，开放资源会增加单位的运营成本。例如，某餐饮企业表示，以前曾给老年人提供送餐上门服务，但由于送餐需要专门增派人手，而餐馆在营业高峰期本来人手就不足，再另外雇人增加了企业运营成本，于是停止了给老年人送餐的服务。再如，某些场地资源开放单位反映，资源开放增加了场地维护保养费、设施维护保养费及人力费用，因此不愿意开放。社会责任感是推动社会资源开放共享工作长期性和可持续性的原动力。目前，通过社会建设专项资金奖励主动开放资源单位的做法取得了一定的成效，但毕竟不是长久之计，还需要通过更多的途径激发驻区单位社会责任感和参与热情。

四　思考

对于未来的资源共享工作，借鉴西方国家和我国上海、杭州等地的经验和做法，有如下思考。

（一）营造社会治理人人参与的氛围

从目前的情况来看，西城区资源共享工作得到了驻区单位的积极响应，取得了良好的社会效应，但从全社会来看，资源共享工作是一个社会性概念，需要从更高的层面、更广阔的视角来推动，营造西城、北京乃至全国各类社会单位开放资源、与居民共享、履行社会责任的氛围。在具体工作中，应该把社会责任体系建设融入全社会精神文明建设中。比如，在精神文明评选工作中，将社会责任履行情况作为评选指标之一，或者提交"社会责任报告"，形成全社会范围内的价值导向，同时主流媒体配合宣传，加深公众对资源共享的理解和认知，营造社会自我管理氛围，建立公众与社会单位的相互信任，促进社会资本积累，形成社会关系良性沟通的局面。

（二）夯实社区建设工作基础

社区是社会的缩影，是城市的基本单位。社会单位坐落在社区，日常生产生活在社区，与社区同生共存，联系密切。因此，推动资源共享工作必须从社区抓起，通过社区加强与驻区单位的沟通；通过沟通，引导社会单位服务社区、服务居民。所以，夯实社区工作的基础，树立大社区观、大服务观意义重大。在工作中，社区要创新思路，以区域化党建为基础，依托社区大党委这一党的工作载体，将社区单位吸纳为党组成员，通过共同开展党的活动，密切党组织之间的交流沟通，引导资源共享、党员共管、责任共担、困难共帮。社区党委要进一步增强服务意识，主动分担驻区单位的急事难事，双方大事小事常商量、有事没事常来往。要加强社区工作人才培养，增强社区工作人员沟通协调能力，特别是要能与驻区单位对上话，形成良好的沟通关系，自然有利于撬动驻区单位资源共享。

（三）培育企业社会责任体系

从数量来看，企业是社会单位的主体，健全企业社会责任体系意义重大。2006 年，我国开始正式引进战略 CSR（Corporate Social Responsibility，企业社会责任）活动，经历了风险管理、效益管理和战略管理三个阶段，阿里巴巴、华为、中国铝业集团、中广核等企业也取得了一定的成效。如何把企业社会责任体系建设推广到全社会，值得思考。一是成立专门机构，建立企业黑名单制度，形成一套社会责任评价的标准和评估机制，对企业社区责任进行打分，完成"社会责任年度报告"，推动社会责任发展战略。二是对企业社会责任进行约束，明确哪些社会责任是强制的，比如环境污染、纳税，哪些是自愿的，比如资源共享、社会公益。三是在企业内部设定并公开企业行为准则，针对社会责任具体调整公司治理结构，同时完善内部归责机制，明确社会责任的最终责任人，最后报告并公布企业社会责任的践行情况。

调查报告篇

Reports on Social Survey

B.18
延庆县志愿者队伍建设状况调研报告[*]

陈 锋[**]

摘 要： 围绕"绿色发展"的战略目标，延庆县志愿者队伍以重要活动、重大事件、社会需求为重点，着力创新活动载体和实践项目。近年来，基本形成以县团委组织引导的"专业志愿者"、以县文明办统筹协调的"学雷锋志愿服务队"、以社区为载体动员引领的"社区志愿者"以及由民间社会组织自发倡导的"社会组织志愿者"四大志愿者队伍，志愿服务覆盖的领域不断拓展。延庆县志愿者队伍建设从行政动员逐步过渡到政府与社会共同组织动员，但仍存在志愿者结构

* 本报告在调查、行文中与宋国恺副教授、韩秀记博士多次讨论，是集体智慧的结晶。同时，在调查中也得到了北京市延庆县社工委、文明办、团委、民政局的大力支持，在此表示感谢。
** 陈锋，社会学博士，北京工业大学人文社会科学学院讲师，首都社会建设与社会管理协同创新中心研究人员。

不平衡、社会参与不足、志愿者可持续激励体系缺乏、志愿服务保障机制缺乏、专业化水平较低等问题。未来，延庆县志愿者队伍建设仍需进一步扩大社会参与，这就需要加强以下五个方面的建设：一是加强与相邻区县的高校合作拓展，二是大力培育与扶持社会组织发展，三是创建全县统筹、可持续的志愿者回馈激励体系，四是建立全县统筹协调的志愿者管理机制，五是加强志愿者的专项培训与常规培训。

关键词： 绿色发展　志愿者队伍建设　社会参与

近年来，延庆县志愿者队伍建设紧紧围绕全县中心工作，以重要活动、重大事件、社会需求为重点，着力创新活动载体和实践项目，有力推动了延庆县志愿者队伍建设和志愿者事业的发展。目前，延庆县已基本形成了以县团委组织引导的"专业志愿者"、以县文明办统筹协调的"学雷锋志愿服务队"、以社区为载体动员引领的"社区志愿者"以及由民间社会组织自发倡导的"社会组织志愿者"四大志愿者队伍，志愿服务覆盖的领域不断拓展。

延庆县立足首都生态涵养区的功能定位，坚定不移地实施生态文明发展战略，积极加强绿色北京示范区和"美丽延庆"的建设，全县经济社会发展不断跨上新台阶。"绿色发展"作为延庆县长期不变的发展战略，需要建立"高精尖"的绿色产业体系，其中尤需以旅游休闲产业为核心的重点产业的提质增效，这将成为延庆未来发展的"硬实力"。在推动"绿色发展"的大事上，延庆县成功举办了2014年第十一届世界葡萄大会、第80届世界汽车房车露营大会等，这些大会不仅提高了延庆的知名度和美誉度，也为办好后续的绿色大事积累了有益的经验。当前，延庆县2015年世界马铃薯大会将全面展开、2019年世界园艺博览会的筹备工作正有序推进、2022年冬季奥运会已申办成功，这些"绿色发展"的大事将为推动全县经济社会发

展迈向新高度，同时也为提升延庆县综合服务实力提供了重大契机。这不仅需要加强公共服务设施的升级改造，而且需要加快延庆志愿者队伍的建设。这既是国际国内的基本经验，也是延庆经济社会发展的现实要求。作为"软实力"的志愿者队伍建设，必将强力助推延庆县旅游休闲产业这一"硬实力"的健康、可持续发展。

一 延庆县志愿者队伍的基本情况

近年来，延庆县志愿者队伍呈现逐步壮大的趋势。按照志愿者组织主体进行分类，目前，延庆县主要包含四支志愿者队伍。

1. 以团委组织引导的专业志愿者

自 2008 年开展志愿服务工作以来，团县委不断完善志愿服务机制，先后组建志愿者协会、志愿服务指导中心，为开展志愿服务活动奠定了坚实的组织基础。团县委先后组建各类志愿服务队 34 支，依托"志愿北京"信息平台注册志愿者达到 36890 人次，发布志愿服务项目 200 余项。累计注册应急志愿者 2900 余名，应急志愿服务队 24 支，覆盖全县 15 个乡镇、3 个街道。团委组织引导的专业志愿者积极承担了元宵节花会展演、自行车骑游大会、端午文化节龙舟下水仪式、第三届自行车博览会、北京国际马球公开赛、环京赛、新年倒计时和新年登高等重大赛事和活动，并且圆满完成了第十一届世界葡萄大会的志愿服务任务，积累了丰富的志愿服务经验。

2. 以县文明办统筹协调的学雷锋志愿服务队

在县文明委统一领导下，延庆县形成了由县委宣传部、县文明办牵头，团县委、社工委、民政局等部门协作和社会各方共同参与的领导机制，就此成立了一支学雷锋志愿服务总队，由文明办负责统筹协调。依据服务区域、服务内容和专业需求，相继建立了团员青年学雷锋志愿服务队（50 余人）、八达岭长城学雷锋志愿服务队（120 人，下设 4 支分队）、巾帼学雷锋志愿服务队（2000 余人，下设 400 余支分队）、大学生村官学雷锋志愿服务队

（680 余人，下设 15 支分队）、机关干部学雷锋志愿服务队（290 人，下设 30 支分队）、医疗卫生学雷锋志愿服务队（60 人，下设 2 支分队）、社区工作者学雷锋志愿服务队（168 人，下设 3 支分队）、文艺工作者学雷锋志愿服务队（280 人，下设 2 支分队）、劳模学雷锋志愿服务队（44 人）、红领巾学雷锋志愿服务队（22300 人，下设 56 支分队）、环保志愿学雷锋志愿服务队（350 人，下设 11 支分队）、蓝天行动学雷锋志愿服务队（100 余人）12 支学雷锋专业志愿服务队。15 个乡镇结合工作实际，也相应成立了乡风文明志愿服务队（217 人）。此外，还建立了公共文明引导员队（60 人），为乘客义务指路，倡导文明出行（见表 1）。目前，志愿者人数达到了 2 万余人。选树典型，扩大宣传教育范畴，先后评选了优秀团队 6 个、品牌团队 10 个、金牌志愿者 10 人、优秀志愿者 105 人。

表 1　各学雷锋志愿服务队

序号	1	2	3	4	5	6	7	8	9	10	11	12	13	14
名称	机关干部学雷锋志愿服务队	劳模学雷锋志愿服务队	团员青年学雷锋志愿服务队	巾帼学雷锋志愿服务队	大学生村官学雷锋志愿服务队	医疗卫生学雷锋志愿服务队	社区工作者学雷锋志愿服务队	文艺工作者学雷锋志愿服务队	红领巾学雷锋志愿服务队	环保志愿学雷锋志愿服务队	乡风文明志愿服务队	八达岭长城学雷锋志愿服务队	公共文明引导员队	蓝天行动学雷锋志愿服务队
人数	290人	44人	50余人	2000余人	680余人	60人	168人	280人	22300人	350人	217人	120人	60人	100余人
分队情况	下设30支分队	—	—	下设400余支分队	下设15支分队	下设2支分队	下设3支分队	下设2支分队	下设56支分队	下设11支分队	—	下设4支分队	—	

注：本表仅统计学雷锋服务总队的志愿者人数，目前学雷锋志愿者人数已达 10745 人。

3. 以社区为载体动员引领的社区志愿者

目前，全县有社区志愿组织 65 个、社区志愿服务队 206 支。截至 2015 年 1 月 23 日，在民政系统注册的社区志愿者人数达 18795 人。社区志愿者主要为兼职志愿者,如社区工作者、社区居民、退休职工、学生、在职党员等。志愿服务的类型包含法律咨询、维权服务、健康心理、敬老助老、文化娱乐、全民健身、治安巡逻、环保绿化、卫生保洁、教育培训、纠纷调解、便民生活、消防安全、扶贫济困等。近年来,一些品牌型社区志愿组织日益涌现,如曾被北京市民政局评为"北京市社区志愿服务先进单位"的北京市延庆县普法志愿者协会;为创建首都文明社区、首都平安示范社区等做出重大贡献的香水园新兴东家和万事兴调委会;加强行业自我管理、自我服务的珍珠泉乡民俗旅游协会;义务提供助残服务的刘斌堡乡"韩大姐"志愿服务队等。

4. 由民间社会组织自发倡导的社会组织志愿者

近年来,延庆县社会组织逐步发展,开始成为志愿者队伍建设的一支重要力量。但因民间社会组织倡导的志愿活动具有自发性特点,社会组织志愿者与其他类型的志愿者也可能存在交叉状况,故其实际志愿人数较难单独统计。总体来看,目前,延庆县社会组织数量仍然较少,但一些品牌型社会组织逐步脱颖而出。例如,2007年成立的延庆县自行车协会目前已有会员350人,下设10支分队、1支骨干队、7个集体会员(200人),他们在推动绿色出行、公益出行等方面做出良好表率,为"美丽延庆"的建设做出较大贡献。2009年成立的草根组织"墨墨祝福"以网络为平台,集结以延庆县工薪阶层为主体的爱心人士,倡导举手之劳做公益,开展贫困山区助学活动,积极传递社会正能量。

二 延庆县志愿者服务活动开展情况及其效果

多年来,在"两节"等重要节日、在"两会""党的十八届三中全会"等重要时期、在"全国公路自行车赛冠军赛""环京自行车赛"等重要活动、在"11·3"延庆暴雪等关键时刻,在满足居民日益增长的服务需求等方面,广大志愿者都发挥了积极作用,为社会和谐稳定做出了积极贡献,为游客和市民提供了热情周到的服务,在应急救灾中发挥了巨大作用,在日常生活中实现了居民自治管理与政府行政管理的良性互动和有效对接，赢得了社会的广泛认同和好评。

一是以常规性志愿服务为基础，增强社区凝聚力，提升社会治理水平。志愿者队伍自觉践行"奉献、友爱、互助、进步"的现代志愿服务理念，深入开展学雷锋志愿服务活动，积极投身敬老助残、扶弱助困、帮教助学、环保宣传、心理辅导和科技、文化等各类城乡志愿服务活动，全县形成了一大批形式新颖、内涵丰富、特色鲜明、实效明显的重点和品牌项目，社会影响和作用日益扩大。百泉街道"爱相随"巾帼志愿者服务协会共有妇女志愿者82人，几年来为社区空巢老人、残疾人、孩子提供志愿服务41万多小时，上门服务10万余次；儒林街道"青苹果"志愿者服务队一年来共解答法律咨询182人次，调解纠纷18起，协助办理法律援助22次，成功化解纠纷32起，成功预防群体上访18起；香水园街道"关爱空巢老人"在职党员志愿者服务队共与48名孤寡老人、空巢老人、失独老人结对帮扶，为其提供心理慰藉、代买代卖等服务。

二是以活动性志愿服务为基础，维护社会稳定秩序，提高社会美誉度。全县志愿者队伍在各类重大活动中发挥积极作用，在重大节日、"两会"期间，街道成立以来共有25000余人次在社区内进行巡逻和大门值守，提供服务时间超过200万小时，实现重大活动和重大节日期间的和谐、稳定。全县志愿者圆满完成元宵节花会展演、自行车骑游大会、端午文化节龙舟下水仪式、中国生态文化高峰论坛、国际展览局官方考察世园会园址、北京国际航空展、北京国际马球公开赛、环京赛、新年倒计时、新年登高、第十一届世界葡萄大会等重大活动的秩序维护、文明引导、现场服务、语言翻译等工作，为游客和市民提供了热情周到的服务。其良好的精神面貌、娴熟的服务技能，受到了广大市民及活动举办方的高度赞扬。

三是以应急性志愿服务为补充，丰富城市应急体系，增强自我解困能力。2012年11月3日，延庆县突降大雪，全县共有11000余人次的志愿者积极参与扫雪铲冰，为辖区内彻夜抗雪救灾的环卫、园林等救灾人员送去热水、食品和热豆浆，为空巢老人、孤残人员等特殊人群提供帮扶救助。蓝天

救援志愿服务队成立以来，出色完成了"7·21"小五台救援、"7·29"及"8·7"十三陵水库溺水打捞、"11·3"延庆暴雪等多次救援任务，成功救援30多人，尤其是2012年11月8日《新京报》对其在"11·3"暴雪延庆的九里梁救援行动进行了专题报道，受到了社会各界的广泛关注和赞誉。延庆县志愿服务应急体制在突发灾害面前发挥了积极作用，在应急救灾中取得了明显成效。

三 延庆县志愿者队伍建设面临的问题

近年来，延庆县志愿者队伍建设取得较大的进展，志愿活动比较活跃，取得了良好的成绩，也为"美丽延庆""和谐延庆"做出了相应的贡献。但从延庆未来"绿色发展"的战略规划来看，延庆县志愿者队伍仍然难以满足其未来发展需求，仍处于初级阶段向中级阶段过渡的阶段。应该说，经过几年的建设，延庆县志愿者队伍正在经历从行政动员引导的初级阶段，逐步过渡到政府与社会共同组织动员的中级阶段。将来，志愿者队伍建设必将进入社会参与的成熟阶段，即社会组织和广大民众自觉、自愿、自发参与志愿服务的阶段。目前来看，制约和影响志愿者工作规范化、长效化发展的因素主要有以下几点。

（一）志愿者队伍成员数量初具规模，但素质不高，尤其是高校大学生志愿者严重欠缺，志愿者队伍结构也不均衡

志愿者服务已经成为调节国家与市场的关系和社会政策不可或缺的组成部分，志愿者队伍的数量和结构决定志愿服务的综合服务能力。从国外社区志愿者队伍发展经验来看，美国、加拿大、英国、德国、新西兰、北欧、巴西和中国香港参与志愿服务活动的人数占总人口的比例分别为56%、31%、48%、34%、48%、35%、50%和20%（见图1）。2014年，北京市多部门联合发布北京市志愿服务指南，北京市志愿者人数达232.0874万人，占常住人口总数的11%。而延庆县志愿者队伍仍存在以下几个问题。

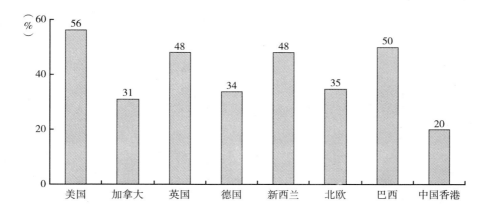

图1 国际社会志愿者参与情况

1. 志愿者人数与其他区县相比相对较少

从北京各区县的比较来看，城区的志愿者人数占常住人口总数的比例平均为12.3%，多数城区的志愿者人数占常住人口的比例在13%以上。其中，海淀区的志愿者人数为52.0635万人，占常住人口总数的14.6%；西城区的志愿者人数为17.3721万人，占常住人口总数的13.3%；朝阳区的志愿者人数为46.2901万人，占常住人口总数的12.1%；东城区的志愿者人数为15.1588万人，占常住人口总数的16.5%（见图2）。而从郊县来看，其志愿者人数与比例均大大低于城区，其中延庆县的注册志愿者人数为3.689万人，志愿者人数在郊县排名中也相对靠后，位列全市排名的倒数第三。

2. 高校大学生志愿者缺乏对延庆县志愿者队伍数量和结构的影响

当前，延庆县仅有北京人文大学、北京邮电大学分校等少数几所高校，层次相对较低，难以满足延庆县承办重大活动尤其是世界性大赛、博览会等活动所需要的高层次专业志愿者的巨大需求。

3. 志愿者队伍存在"七多、七少"现象

即退休人员较多，在职人员相对少；年龄大的较多，年轻的相对少；文化学历层次低的多，文化学历层次高的相对少；女性较多，男性相对少；本县的多，外区县的少；提供一般服务的较多，技能服务的相对少；行政指派

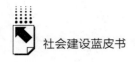
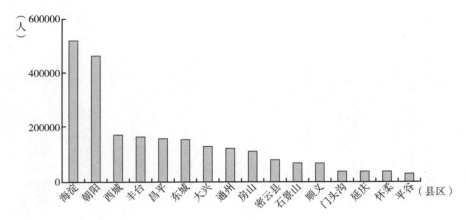

图2 北京市各区县志愿者人数分布排序

的多，自助服务的少。这些参与结构性问题的存在，显然不利于志愿者活动领域的拓展和服务水平的提高。

（二）志愿者队伍主要以自上而下的行政动员、组织引导为主，自下而上的社会参与不足

社会化是志愿服务发展的重要特征之一，社会化是指志愿服务从政府直接推动的组织活动拓展为众多社团参与、广大公民参与的活动。据北京市志愿服务指南统计，北京市志愿团体最多的是海淀区，拥有3404个，郊县中最多的是通州区，拥有志愿团体1073个，而延庆县共有志愿团体309个，在北京市各区县的志愿团体分布中位列倒数第三（见图3）。而且，延庆县的志愿者队伍主要以团青年、学雷锋志愿服务队与社区志愿者为主，这些志愿者队伍的建设多数通过团县委、文明办、综治办、民政局、社工委、妇联等自下而上地进行行政动员和组织引导，这在志愿者队伍建设和壮大的初期是十分必要的，但长远来看，将制约延庆县志愿者队伍建设的规模和层次。

自上而下进行行政动员的志愿者队伍存在管理不严格、活动组织分散、没有机制体制保障等问题，往往依托个别行政单位组织，活动组织过程中也

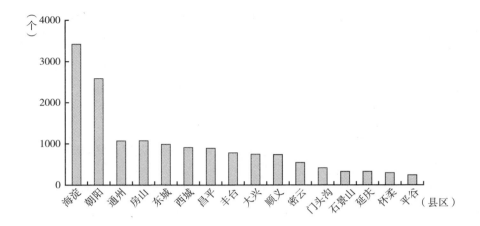

图3　北京市各区县志愿团体分布排序

难免带有行政色彩。这使得志愿者组织的独立性与自主性较弱，民众参与志愿服务的主动性和积极性较弱，志愿者组织难以发挥灵活性、创新性的优势，志愿者工作不能完全体现志愿服务的理念与内涵。然而，当前延庆县自发成立的民间组织相对较少且发育不足。志愿者队伍自下而上的社会参与不足，使得全社会难以形成真正的自觉、自愿、自发的志愿服务氛围，志愿者队伍规模也难以扩大，结构较为单一，志愿服务的专业能力也较为欠缺。

（三）对志愿者工作认识不足，缺乏针对志愿者的可持续激励体系

目前，延庆县一些单位和个人在对志愿者工作的认识上还存在一定偏差。其认为志愿者工作就是单纯地学雷锋做好事，就是义务劳动，甚至是单位领导要求的义务加班，有些单位则把志愿者当作廉价劳动力，来减轻专职人员的工作压力。由此导致志愿服务活动流于形式。一些志愿者在参与志愿服务的过程中，缺乏基本的物质保障，甚至其基本权益都缺乏合理保护，更别说提供可持续的激励体系。志愿者的特点之一是自愿性，他们选择参加志愿活动具有较强的自由度。在这种情况下，要调动志愿者的工作积极性，就需要依靠各种激励措施，这些措施既需要物质激励，也需要精

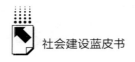

神激励。当前，延庆县对志愿者工作的时数缺乏统一规范的认定，也缺乏相应的志愿者激励体系。近年来，延庆县部分重大志愿者项目会针对活动酌情发放交通补助、通信补助，为其购买商业保险。但是大部分志愿服务活动缺少必要的保障和奖励机制，导致部分志愿者积极性不高、服务持续性不够。

（四）志愿者队伍建设与志愿服务保障机制缺乏，活动开展乏力

志愿者队伍建设与志愿服务的开展并非完全自发运作的，而是需要健全的运作机制作为保障。目前，延庆县志愿者队伍大部分属于团县委、文明办、综治办、民政局、社工委、妇联等部门归口管理，但是仅有团县委设有事业单位性质的延庆县志愿服务指导中心以及社会团体性质的延庆县志愿者协会作为专门的机构进行志愿者的日常管理。其中，仅有志愿服务指导中心设有一名科长和两名科员作为专职人员负责青年志愿者工作，其他部门的志愿者管理工作均由业务科室兼管，没有专门的工作经费以及相应的政策支持，对志愿者的管理也缺乏统一的规范。

从调查情况来看，目前，文明办、民政局、社工委等部门主要从上级部门争取一些为数不多的资金，用于扶持少数社会组织开展志愿服务活动，缺乏常规性和延续性的政策和资金支持志愿服务，志愿者管理工作确实存在心有余而力不足的情况。另外，志愿者团队受人力、物力、财力等因素限制。同时，企业投入和社会捐赠的积极性总体不高，志愿服务组织通过自身的项目运作形成品牌吸引社会资金的能力也不足，工作创新难度较大，志愿者组织在开展志愿服务中出现流于形式或是短期行为的现象。一些常态志愿服务和专业志愿服务不能实施，部分民间团体最终也"一哄而散"，难以提供可持续的志愿服务。

（五）志愿服务领域较为狭窄单一，志愿服务的专业化水平较低

专业化是志愿服务发展的重要特征，它决定志愿服务的广度和深度。专业化是指不断拓展专业服务领域、推出专业服务项目和提高专业服务水平，

更好地服务社会人群。目前，延庆县志愿服务大多局限于环境卫生、咨询宣传、治安巡逻等简单的服务项目，普遍存在内容单一、供需不匹配、专业性不强、缺乏创新、没有连续性等问题。一些如应急救助、医疗救助、心理疏导、心理慰藉等专业服务较少，即使提供也只能提供低等级的服务，还无法满足被服务者的深层次需要。另外，志愿者队伍建设初期阶段过分追求数量和速度，有些甚至是滥竽充数，延庆县志愿者队伍整体技能水平不高、专业基础薄弱。同时，延庆县的志愿者队伍建设缺乏培训机会。每次针对活动临时招募组织志愿者，志愿者队伍的培训大多是临时性发起，缺少经常性、日常性的培训活动，工作的效率和效果大打折扣。此外，服务项目设计缺乏调研，没有真正了解服务对象的实际需求，造成志愿服务重复、低效。各志愿者队伍之间缺乏交流沟通，各自为战，服务范围和服务内容受到制约。

四 关于加强延庆县志愿者队伍建设的一些建议

为了进一步加强延庆县志愿者队伍建设，满足延庆县"绿色发展"的长远战略规划要求，针对延庆县志愿者队伍建设存在的一些问题，本课题组提出如下建议。

（一）加强与相邻区县的高校合作，拓展高素质和高水平的志愿者队伍

目前，延庆县高校资源短缺，导致志愿者的数量和质量难以保证。因此，延庆县需要将高水平高校的引进作为地方经济社会发展的长期战略。近年来，昌平、通州、房山等地在引进高校方面取得重大进展，对于当地经济社会发展有着重大的推动作用。

当然，高校引进是一个漫长的过程，延庆县高校资源短缺的现状短期内尚难以改变，延庆县可以结合当前的经济社会发展需要，尤其是借举办世界性大赛和博览会的重大时机，通过上级部门（如市团委）协调（如在怀柔

召开的 APEC 会议即通过北京市团委动员北京一些重点高校参与志愿服务），加强与相邻区县的高校直接合作，来拓展高素质和高水平的志愿者队伍，提高志愿者的专业服务能力。从高校志愿者水平与节约志愿者管理成本（例如便于对志愿者进行接送）的综合角度，延庆县可以优先考虑与昌平地区的高校进行合作。目前，昌平区已经引进中央财经大学、北京师范大学、北京航空航天大学、北京邮电大学、华北电力大学、外交学院等多所重点高校以及北京农学院等特色院校，容纳学生约 6.5 万人（见图 4），昌平校区高校人数多、素质相对较高，尤其是在地理位置上临近延庆县，有利于组织重大赛事或会议的志愿服务活动。

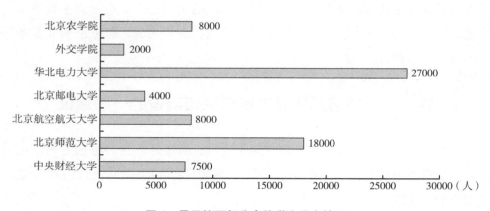

图4　昌平校区部分高校学生分布情况

注：以上高校多是 985、211 重点大学，或特色大学。

（二）大力培育与扶持社会组织发展，打造志愿服务品牌，扩大志愿服务的社会参与度

随着全面改革的深入，我国经济社会管理体制从行政主导型社会管理体制逐渐向以"市场与社会"为核心、"社区制"为特征的合作型社会治理体制转变，"小政府、大社会"模式越来越成为社会各界的共识。这种社会管理的变迁，意味着社会自治组织或者志愿服务组织将会逐渐填补起原本由政府管理的一些社会管理领域的缺位与失位，这就要求政府积极引导组建各种

社区草根组织、非营利性组织，尤其是各种志愿组织，努力发展壮大社区志愿者队伍，完善社会志愿服务体系，促进社区和谐发展。近年来，延庆县涌现的一些社会组织在志愿服务活动中已经发挥了重大的引领作用，然而，延庆县社会组织的发展仍然处于初级阶段，社会组织的培育与发展离不开政府相关部门的培育与扶持。

现阶段，社会组织的培育应当突出重点、分类管理。应重点培育和优先发展以下三类社会组织，一是公益慈善类社会组织，二是互助志愿类社会组织，三是城乡社区的调解融合类社会组织。对那些带有明显的逐利或政治倾向、群众和社会目前接受程度还较低的社会组织，以及本领域（部门）内已过多过滥的社会组织，要严格控制其发展。同时，要改革现行对社会组织的双重管理体制，适度降低准入门槛，通过完善立法和分类管理，把大量游离于政府管控之外的社会组织纳入法治轨道。在此基础上，要重点打造一些品牌型志愿组织，扩大志愿服务的影响力。不断推出既有较大社会影响力的长远性重大项目，又有具有行业特点、领域特点的特色项目、短期项目，发挥项目的品牌效应，突出活动意义，增强吸引力，吸引更多的居民积极参与志愿服务活动，引领广大群众积极投身到建设"美丽延庆"的伟大事业中。社会组织的发展，尤其是品牌型社会组织的培育，将会大大增强志愿者个体间的凝聚力，也便于对志愿者进行有效管理，进而扩大志愿服务的社会参与度。

（三）转变志愿者工作理念，创新建立全县统筹、可持续的志愿者回馈激励体系

转变志愿者是廉价劳动力或学雷锋的理念，充分尊重和保护志愿者的合法权益，创新和完善以精神激励为主、物质奖励为辅的志愿者表彰激励机制。

建立全县统一的志愿者服务卡（手册），记录志愿者服务情况，并建立"志愿服务储蓄银行"机制，建立"服务换服务""服务换折扣"的交换机制，具体可由筹备成立的县志愿者联合会与县文明办统一协调"服务换服务"，而"服务换折扣"则是通过"志愿服务储蓄银行"的认定，兑换一些

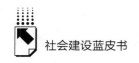

旅游门票或商家、公交的折扣等，并可为一些提供折扣优惠的商家挂牌志愿服务联合单位，进而调动群众、企业等多方力量参与志愿服务的积极性。

引入金牌志愿者星级评价体系，以每年参与志愿服务的小时数为参考，评选出"十大金牌志愿者"，并推出"十佳金牌志愿服务集体""十佳金牌志愿服务项目"等系列品牌工作。探索志愿者升学、就业、晋升的优先激励，倡导快乐生活激励等，引导全社会关注志愿服务，尊重和爱戴志愿者。

当然，对于志愿者推出的优惠政策要更加严格和科学，以防志愿服务演变成功利行为，违背志愿者精神。同时，对志愿者服务过程中的权益予以保障，聘请法律顾问给予指导和讲解，提高志愿者的法律意识，通过多样化的探索，逐渐形成系统化的志愿者权益保障体系。可持续的志愿者回馈激励体系的建立，将会引导全社会树立"我为人人，人人为我"的良好志愿氛围。

（四）建立全县统筹协调的志愿者管理机制，提升志愿者管理水平

志愿者管理需要一定的人、财、物作为基础保障，政府在这一方面应当给予一定的支持，并建立全县统筹协调的志愿者管理体制。

一是可以参照北京市建立志愿者联合会的经验，加快筹建延庆县志愿服务联合会。明确牵头单位，确定专人，拨付专项经费负责规划、指导、组织、协调全县志愿服务工作。

二是需要加快志愿者注册、供需、认定平台的建设。可充分利用现有志愿北京网站，实现延庆县志愿者的网上注册管理，建立志愿者技能信息库，即时公布各类项目的志愿服务需求，项目负责人和志愿者可根据志愿服务的内容、时间以及自身情况进行双向选择，由此实现志愿者资源的合理、高效配置。

三是必须大力推进社会工作者与志愿者队伍联动机制的建设。社会工作者要发挥其在社会管理和社会救助中的专业作用，离不开动员和使用志愿者，资深志愿者的培养、志愿者队伍形成专业分工和合作机制，也离不社会工作者。志愿服务事业的发展需要社会工作的工作理念及程序、组织与培训

技巧、项目管理和运作能力。这不是将社会工作者和志愿者拧在一起求发展，而是在具体项目中体现双方功能上最充分的配合和互补。

（五）加强志愿者专项培训与常规培训，提升志愿者的专业服务水平

培训作为开展志愿服务活动的首要部分，是打造专业化志愿组织团队、提高志愿服务效率效果最有效、最直接的途径。在志愿服务中，志愿者的业务培训十分重要，特别是参加如法律咨询、外语翻译、医疗卫生、健康教育等技术性较强的志愿服务活动，必须尽可能组织专业人员参与志愿服务，并对业务能力不强的志愿者进行业务培训，才能推进志愿服务协调高效地进行。

专项培训可以依托志愿者培训导师团、各类培训机构和专业志愿服务队等培训资源，针对志愿者的特长和需求，定期举办通用、专业、骨干志愿者培训营和志愿服务网络课堂等培训活动。培养具有专业技能的高素质志愿者队伍，使志愿者队伍不但具有专门的知识和技能，而且具有更强更高的服务意识和服务能力，能够真正从专业角度提供志愿服务，进一步提高志愿服务的水平和质量。

此外，对志愿者的心理培训应当成为志愿服务的常规培训。志愿者参与志愿服务，开始通常对志愿服务的内容和可能遇到的障碍等预期不足，因此心理培训至关重要。通过培训，让志愿者对本次志愿服务的内容、特点、要求、障碍等有一个全面的认识，做好心理准备；同时，对志愿服务中每个人所服务的对象、范围等有一个大致的划分；根据这些服务内容，让每一位志愿者能够学会同其他志愿者协调配合，共同完成志愿服务任务；也让志愿者对自己即将服务的对象有一个明确的心理准备，包括如何和他们沟通、如何向他们提供服务等，以更好地达到志愿服务的初衷和目的。这种心理培训可以采取观看录像、听讲座、相互表演等方式进行。一些非专业技术性的志愿服务项目，往往不需要志愿者具有专门的业务水平和素质。因此，对于这样的志愿服务，业务培训可以减少，但心理培训则不可或缺。

B.19
回龙观地区大学生社工发展与
管理探索

易宏玎*

摘　要：　2009 年 4 月北京市开始选聘高校毕业生到全市各社区工作，这一举措在缓解高校毕业生就业压力的同时，也给一大批高素质大学毕业生参与社会建设、服务基层社区提供了组织化和制度化的有利契机。回龙观地区探索和尝试大学生社工管理的战略规划，以大学生社工为本，对其进行系统化设计、统筹化安排、专业化培训、人本化管理，初步实现选聘大学生到社区工作制度设计的政策宗旨。回龙观地区的大学生社工具有年轻化、知识化以及政治素质好等特征，多数人员仍留在公共管理和社会服务领域工作，成为社会建设的人才库。不过，社会工作的大环境仍有待优化，大学生社工的培养管理体制机制仍需不断创新。

关键词：　大学生　社区工作者　社会管理

为贯彻落实《北京市人民政府办公厅关于做好 2009 年普通高等学校毕业生就业工作的通知》精神，北京市人力资源和社会保障局发布了《关于印发〈北京市 2009 年选聘高校毕业生到社区工作实施方案〉的通知》（京人社办发〔2009〕50 号）。2009 年 4 月北京市开始选聘高校毕业生到全市

---

* 易宏玎，现任北京市昌平区回龙观镇人民政府副镇长，回龙观地区办事处副主任。

各社区工作，这一举措在缓解高校毕业生就业压力的同时，也给一大批高素质大学毕业生参与社会建设、服务基层社区提供了组织化、制度化的有利契机。该项政策的实施，可以为北京基层社区输入新鲜血液，为社会工作培养专业人才，为社会建设储备高素质人力资源。大学生社工是推动社会建设和社区发展的宝贵资源，政府管理者充分发掘、培养、使用和管理这批人才资源，将实现社会工作发展的重大突破。因此，如何把握住高素质人才参与社会建设、服务基层社区这一有利契机，也成为政府管理者面临的重要课题。

北京回龙观地区充分理解选聘大学生到社区工作制度设计的深远意义，从该方案实施初始，就努力探索和尝试大学生社工管理的战略规划，以大学生社工为本，对其进行系统化设计、统筹化安排、专业化培训、人本化管理，取得了一定的效果。本文以回龙观地区为例，总结大学生社区工作者的发展特点及管理经验，为推动社工体制建设和发挥大学生社工在服务基层社区、参与社会建设中的重要作用提供参考。

一　回龙观地区大学生社工的发展特点

回龙观地区位于北京西北，区域面积为 34 平方公里，人口达 40 余万，现辖 106 个自然小区，在 83 个自然小区中建立了 52 个社区居委会、8 个行政村。经历了十多年城市化的快速建设过程，社会事务纷繁复杂，亟须加强和创新社会管理，提高地区公共服务水平。北京市面向大学毕业生公开招聘社区工作者后，共有 101 名大学生社工通过公开招聘考试，来到回龙观地区的各社区工作，为回龙观地区社区建设提供了宝贵的人力资源。

回龙观地区大学生社工发展具有以下三个特点。

第一，回龙观地区大学生社工具有年轻化、知识化以及政治素质好等特征，是社区工作的生力军。

101 名社工中 35 岁以下的 84 人，占 83.2%，35 岁以上的共 17 人，占 16.8%，年龄结构呈现年轻化的特点。大学生社工中高学历的比例较大，其中研究生 36 人，占 35.6%，本科生 56 人，占 55.4%，大专生 9 人，占

8.9%（见图1），学历结构呈现高学历特点。大学生社工中，45.5%的社工
为中共党员。

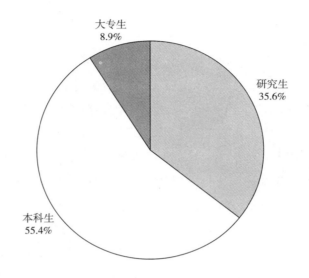

图1 回龙观地区大学生社工学历结构

从毕业院校看，多数大学生社工来自211院校，约占54.9%，来自985
院校的占比为16.7%（见图2）。其专业结构呈现多元化特征，其中管理
学、法学、文学背景居多，分别约占20.8%、15.8%、15.8%（见图3）。

第二，回龙观地区大学生社工在基层社区发挥重要作用。

最初，社区对大学生社工还持有保留或质疑态度，但是随着工作的开
展，大学生社工逐步表现出高素质专业人才的优势，获得了基层社区工作人
员和居民的接受乃至认同，并赋予大学生社工越来越多重要的工作职责。大
学生社工年度考核分为四个档次，即优秀、称职、基本称职、不称职。从纵
向对比看，大学生社工考核成绩逐年提高。如图4所示，从2009~2014年
的考核结果看，称职及以上比例不断提高，2014年达到100%，基本称职比
例不断下降，2014年为0，这说明大学生社工都能很好地适应社区工作并获
得社区认可；优秀率从2009年的13.3%增长到2014年的77.0%，这种高
幅度增长说明，随着大学生社工在社区工作时间的增长，其潜能充分发挥出

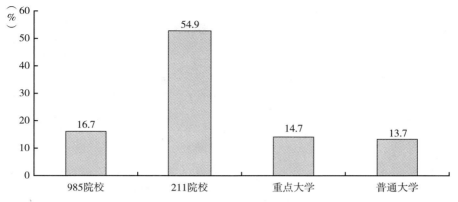

图2　回龙观地区大学生社工毕业院校

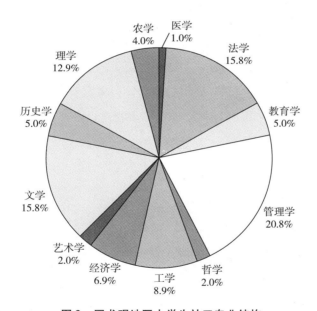

图3　回龙观地区大学生社工专业结构

来，展现了高素质人才的高工作绩效。大学生社工在工作中迅速成长，获得基层社区的青睐和重用。随着大学生社工项目在社区的推进，基层社区对该项目的接受度和认可度日益提高，出现了基层社区争抢大学生社工的现象。

第三，回龙观地区大学生社工多数留在公共管理和社会服务领域工作，成为社会建设的人才库。

社会建设蓝皮书

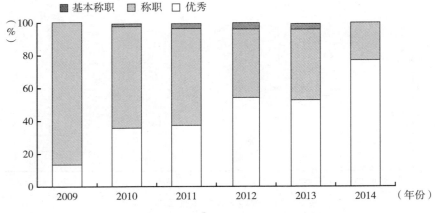

图4　回龙观地区大学生社工历年考核结果

截至 2015 年 3 月，回龙观地区大学生社工留任社区 25 人，占 24.8%；政府机关挂职 10 人，占 9.9%；考取公务员 15 人，占 14.9%；考取事业编 23 人，占 22.8%；去企业 23 人，占 22.8%；考取研究生 3 人，占 3%；自主创业 1 人，占 1%；其他 1 人，占 1%（见图5）。

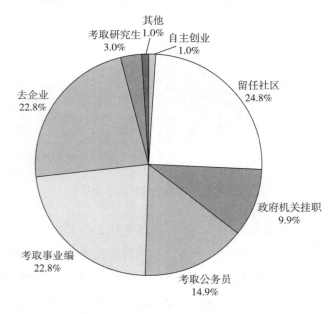

图5　回龙观地区大学生社工流向

在正常的人才流动过程中，大学生社工在基层社区的工作经历，锻炼了大学生的社会服务能力，扩大了其公共管理视野，为其在公共管理和社会服务的其他岗位成功就职并胜任工作奠定了重要的基础。根据对离任大学生社工的追踪访问，他们均能在一个月内适应新的工作岗位，能力突出者很快就成为新工作岗位上的业务骨干。回龙观地区 73.4% 的大学生社工仍在社区、政府机关、事业单位就职或者挂职，或者在养老服务领域成功创业，均从事的是公共管理和社会服务领域的相关工作。这些大学生社工无论是否留任社区，都是在整个社会服务领域贡献自己的力量，成为社会建设领域的优秀人才。

二　回龙观地区大学生社工培养管理的主要措施

回龙观地区选拔培养社会工作专业人才立足于本地区社会实际，对大学生社工的管理工作实行系统化设计、统筹化安排、专业化培训、人本化管理的方式，充分发挥大学生社工这支选才优化型、能力专业型、经验综合型队伍在本地区社会建设中的作用，探索创新管理机制，坚持社工、社区、政府、社会共同成长，物质激励与精神激励并重，团队建设与个人发展并重，使大学生社工成为推动社会工作完善发展、创新社会建设管理的先遣队，达成前瞻性储备人才的目标，加快推进社会工作专业人才队伍建设。

（一）系统化设计，建立人才培养使用大局观

2009 年前，回龙观地区以党支部、居委会为主体的社工队伍从年龄结构、知识结构到专业结构等方面都不尽合理，影响了地区社会建设的发展。回龙观地区把握加强社区管理以及社工管理人才队伍建设的有利契机，从战略高度重视选聘大学生充实社区建设工作，对大学生社工进行系统化管理。

第一，加强大学生社工队伍的系统化建设。视每个社区的大学生为子系统，把分散在不同社区的大学生社工作为一个系统整合起来，开展多样化的集体活动，通过多种渠道加强不同社区大学生社工之间的互动，密切大学生

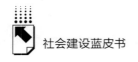

社工之间的联系。回龙观地区社区类型多，结构繁复多样，既有经济基础雄厚的新型村改居社区，也有基础条件相对落后的老旧社区，既有千人上下的小社区，也有万人之多的大社区，每个社区都有其独特性。组织大学生社工到不同社区轮岗交流，深入了解整个回龙观地区情况，提高处理复杂情况的能力，使回龙观地区的大学生社工队伍始终保持开放、活跃的系统状态。

第二，对大学生社工的培训、任用、交流、考核、薪酬等管理进行系统化设计。大学生社工具有一定的特殊性，与其他社区工作人员在求职动机、人才结构与功能上有所不同，回龙观地区把大学生社工视为一个相对独立的人力资源管理子系统，对其进行有针对性的统一管理、集中活动、分散指导。日常管理由社区党支部或居委会负责，在有特殊工作任务时由回龙观地区召集组成临时工作组承担工作任务，任务结束后，临时小组解散，大学生社工仍回到原来的社区工作岗位。例如，大学生社工在非京籍适龄儿童入学初审、筹建社区服务中心等重点工作中都发挥了重要作用，并出色地完成了各项工作任务。

第三，加强大学生社工队伍与镇街政府的互动。为拓展大学生社工的工作能力，回龙观地区选拔优秀大学生社工到地区机关各部门挂职锻炼，丰富工作经验，了解政府管理体系，熟悉相关政策，从而提高其政治素养、政策制定水平，并提升业务能力。

（二）统筹化安排，明确人才定位调配方向

把大学生社工管理与社会建设、社区管理、社工管理统筹安排，使本地区社会工作成为一个发展整体，提高大学生社工人才队伍的整体水平，并达到人尽其才、才尽其用。

第一，把大学生社工管理与社会建设统筹起来。回龙观地区致力于优化社会服务体制，使社会服务工作实现重视居民需求导向、合理服务流程、延伸服务空间、缩短服务时间以及居民普遍参与的新型服务目标。社会服务领域拓宽、内容拓展、服务专业、覆盖面广，为大学生社工开拓了职业横向发展的空间，同时，社会建设水平也相应得到提升。

第二，把大学生社工管理与社区管理统筹起来。组织大学生社工高度参与本地区重要专项工作，发挥大学生社工优势，直接推动社区建设。鼓励支持大学生社工参与社区"两委"选举，使大学生社工在社区内起到重要作用，反哺社区工作使社区工作向良好的方向发展。

第三，把大学生社工管理与社工管理统筹起来。从人才观着眼，制定实施了有关大学生社工培养的一系列规划，回龙观地区将每一次社工师资格考试前的培训作为年度重点工作，为大学生社工提供免费考前培训，为获得资格证的人员进行统一注册年审。希望通过有计划、有组织的人才培养、使用工作，建设一支高素质的社会工作专业人才队伍，使本地区逐步形成合理的初、中、高级社会人才梯次结构和人才布局。

（三）专业化培训，培养人才方式具有导向性

大学生社工中具有专业社会工作背景的比例不高，为使年轻的大学生社工队伍快速成熟起来，回龙观地区通过多种形式加强培训管理，优化完善大学生社工的知识结构。

第一，通过实地考察和走访弥补学校理论教育的不足。组织落实"走千户访千人"活动，使大学生社工深入社区，密切联系群众，完成从理论到实践再从实践到理论的转化过程。在回龙观地区社区服务中心筹建过程中，为使大学生丰富经验、开拓思路，回龙观地区安排大学生社工到包括北京市社区服务中心在内的本市多家具有先进经验、不同类型的社区服务中心走访参观，学习先进社区管理服务工作经验、机构设置、管理运行机制等情况。

第二，加强社工专业理论培训，完善知识结构。在大学生社工深入社区工作基础上，回龙观地区还定期提供系统的社会工作技能知识培训，鼓励大学生社工参加社工师考试，开拓大学生社会工作眼界，提高工作能力，推动专业化建设。

第三，专项研究提升大学生社工分析问题、解决问题的能力。回龙观地区划拨专项资金，组织大学生社工开展本地区教育卫生、文化体育、社区管

理、民政残联、信息化管理等关乎民生的多个领域的课题调研，通过熟悉情
况、查找资料、实地调研、问卷调查、小组讨论、撰写报告，再通过课题答
辩、评奖，并汇总成果、编印成册等一系列工作，对研究课题特定领域的现
状和问题进行了细致梳理和深刻思考，对解决办法和发展前景进行了大胆构
想和展望。汇编成册的30余万字的调研成果《回龙观地区大学生社工参与
社区－社会管理创新调研报告》，为本地区及与其有着相同发展背景的地区
创新社会管理提供一定的借鉴与参考，同时在这一过程中还使大学生社工获
得了成就感，收获了认同感，有利于树立大学生社工的职业发展信心。

第四，编写大学生社工工作实录，建立学习型团队。回龙观地区组织编
写大学生社工工作实录，使大学生社工随时记录并有机会表达交流各自工作
中的心得体会。汇编成册的近30万字的《回龙观地区大学生社工工作实
录》是其互相交流学习的一个平台，是这支年轻队伍集体对青春、工作的
一种记录和反思。在增强大学生社工做好社区工作的荣誉感和责任感的同
时，唤起社会对大学生社工这个职业的广泛关注和逐步认同，促进有益于社
工职业发展和人才培养等相应政策的制定和落实。

（四）人本化管理，提高人才团队凝聚力和归属感

回龙观地区以大学生社工为本，重视大学生社工的精神需求和物质需
求，加强人本化管理。

第一，给予大学生社工生活补助，缓解其经济压力。回龙观地区在力所
能及的范围内，给予大学生社工每人每月食宿补助500元、通信补助50元，
尽管杯水车薪，但一定程度上缓解了大学生社工生活中的困难。

第二，建立交流平台，优化团队文化，增强大学生社工归属感。建立大
学生社工工作交流群，组织大学生社工培训、学习、交流……通过无缝隙沟
通、系统化设计和统筹化安排，大学生社工虽然分散在社区工作，但始终是
一个交流频繁、密切合作的团队。

第三，创造机会，展示风采，提高大学生社工工作成就感。因社区日常
工作相对琐碎，为避免大学社工出现工作懈怠、不思进取的情绪倾向，提高

工作成就感，回龙观地区充分授权，委以重任，让大学生社工参与或者主持地区重大事项决策和实施。如赋予大学生社工在社区服务中心筹建中较高的自决权和自主性，让大学生社工全程参与筹建地区社区服务中心；大学生社工年终总结会暨联欢会，从会议策划、节目编排、演出、奖品的购买等一切事务均由大学生社工完成，使大学生社工充分地展示自己的才能。调研报告、工作实录、各种表彰奖励，都肯定并展示了大学生社工的风采和价值。

三　大学生社工培养建设工作中存在的问题及对策

高校毕业生到社区工作是解决就业问题的措施，更是为社区管理和社会建设输入高素质新鲜血液的契机。但是，目前尚缺乏系统化的政策配套和制度支持，加之社会各界对政策宗旨与效果认识不充分，忽视大学生社工作为社工队伍建设的重要力量，因此，在实践管理中出现以下问题。结合回龙观地区的工作实践，笔者提出相应的对策建议以供参考。

第一，社会工作的大环境有待优化，社工管理体制不顺，制约大学生社工管理体制创新。

一方面，我国社会体制改革启动时间短，社会管理体制和社会服务体系尚未完善，多元主体的社会治理体系尚未建成，缺乏社工职业发展的制度支撑、组织保障、职业教育依托，社会工作职业认同度和知晓度均较低；另一方面，建立和完善社工管理体制不可能一蹴而就，还有许多方面需要不断地完善。

为此，笔者建议：一方面，加大社会建设工作领域改革力度，强化制度建设和体系构建，形成充满活力、富有效率、更加开放的社会建设事业发展新格局；另一方面，在社会体制改革过程中、在现代治理体系建设过程中，有意识地优化社工职业发展的制度环境、组织环境、学科基础和职业体系，加大对社会工作职业的宣传，使其如同教师、医生等职业一样获得社会广泛认知和认同。此外，加快社工管理体制建设，把大学生社工纳入社工管理体系培养、交流、晋升，发挥大学生社工在社工职业化进程中的生力军作用。

第二，现阶段社区行政化管理模式制约专业社会工作理念与方法的应用，影响大学生社工的工作潜力发挥。

目前社区管理模式还是以行政化模式为主，社区党支部和居委会按照街道办事处的要求完成街区政府下达的各项工作任务，因此，专业社工理念与方法在社区没有土壤，即使大学生社区工作者受过专业教育，也无法运用所学的专业社会工作知识开展社区服务，如个案工作、小组工作等方式多无用武之地。封闭、僵硬的管理体制也扼杀了大学生初入社会的工作热情、进取精神、创新意识和开拓精神，容易导致其在社区服务合约期满后无法再适应市场经济的竞争氛围。

建议改革社区管理方式，提高基层社会建设和社区管理水平，结合本地区的特点，在推进社会建设工作理念、模式、政策、体制和机制创新的同时，推进大学生社工管理体制建设。把社会建设、社区管理与大学生社工成长纳入一套自洽的系统，为大学生社工发挥工作能力提供适宜的环境，使大学生社工这一群体有充足的资源、匹配的平台、合适的岗位，能学以致用，开发工作潜能，实践专业化服务，成为社会服务的主导力量。

第三，大学生社工社会认同感低、收入偏低、职业发展通道不畅。

大学生社区工作者为高学历、高素质的人才，是推动社工职业化发展的主导力量。但目前的客观情况是，大学生社工身份不明确，社会认同感低，职业自豪感缺乏。同时，其职业发展通道阻塞，没有纵向的职业上升空间，横向的职业拓展领域也受到限制。此外，大学生社工的工资普遍偏低，且与居委会竞选委员之间的工资待遇无差别。在执行文件政策的基础上，回龙观地区虽然给予了一定补贴，但大学生社工尤其是非京籍者在北京仍然无法过上有尊严的生活。精神压力与经济压力自然延伸到工作中来，导致部分大学生社工的流失。

因此，一方面，应统筹安排，逐步提高大学生薪酬福利水平，做好大学生社工职业生涯规划指导工作，畅通大学生社工与政府机关、企事业单位、社会组织制度化对接交流渠道，促进正常的人才流动，为其职业生涯创造多元化的发展路径；另一方面，推动大学生社工向专业社工方向发展，在不同领域发挥作用。政府管理者应发挥大学生社工多元化的专业背景优势，在社会福利、慈善救助、法律援助、青少年服务、司法矫正、心理疏导、矛盾调解等方面为其提供平台。此外，建立集大学生社工培养、管理、使用为一体的人才管理体系。建立科学的职业培训体系，加强社会管理和公共服务等相关知识和技能的培训，优化知识结构，提升素质，提高能力，拓展大学生社工职业发展空间。

综上所述，选聘大学生到社区工作成功地实现了政策制定的重要目标，即一定程度上缓解了大学生就业压力，更重要的是，这种制度设计同时也为社区建设输送了新鲜力量，充实了社区工作人才队伍，创新了社区管理理念，并为更为广阔的公共管理和社会服务领域培养、储备了优秀人才。回龙观地区在体制机制尚未理顺的情况下，以大学生社工为本，关注大学生社工的精神需求与物质需求，培育其职业规划能力，提高职业发展能力，通过多项措施，在合约期内为其创造和提供良好的工作氛围、学习平台、成长途径、展示舞台、人际交往和职业发展机会，为社区建设提供了创新要素，为基层社区建设输入了新鲜血液。有必要针对目前大学生社工发展面临的种种问题，加快理顺体制机制，继续创新大学生社工培养管理方式，为大学生创造运用所学服务社会的学习实践岗位，为基层社区提供高水平的人力资源，为社会服务领域培养和输送高素质的专业人才，使大学生社工成为推进社会建设职业化、完善社会治理体系的生力军和主力军。

B.20
首都高校大学生学业倦怠调查报告

摘 要： 本研究对北京市四所高校 1341 名大学生进行了学业倦怠及影响因素的调查研究，并对部分教师和学生进行了深入访谈。结果表明，目前北京高校的大学生均存在一定程度的学业倦怠，不同院校、专业、年级、经济状况等的大学生在学业倦怠程度上存在显著差异。大学生学业倦怠与学生本人的成就动机、学习习惯、责任心、自制力等因素有密切关系，但现行的教育体制、学校教育、社会环境等方面的影响十分重要。通过采取多种措施对大学生进行系统干预，可以有效预防和降低学生的学业倦怠。建议学校、家庭和社会进行综合调控，以促进大学生的学业投入和健康发展。

关键词： 大学生 学业倦怠 干预策略

学业倦怠是指学生对学习没有兴趣或缺乏动力而又不得不为之时，感到厌倦、疲乏、沮丧和挫折，从而产生一系列不适当的逃避学习的行为，这种状态也被称为学习倦怠。[①] 目前，多数研究者将学业倦怠视为一种心理状

---

* 赵丽琴，北京工业大学人文学院社会工作系副教授，主要研究方向为社会心理、心理咨询、学习动机。
① 连榕、杨丽娴等：《大学生专业承诺、学业倦怠的状况及其关系》，《心理科学》2006 年第1 期。

态，表现为对学习的消极情绪和逃避行为；但也有研究者认为，倦怠是一种心理过程，是在特定的学习情境中逐渐发展而成的。本研究的主要目的是了解当前环境下北京市不同类型高校大学生学业倦怠的总体现状，探讨不同学校类型、生源地、专业、年级等的学生是否在学业倦怠水平上存在显著差异，了解影响学生学业倦怠的主要因素。本次调查选取北京工业大学、首都师范大学、中国青年政治学院、中央美术学院四所大学一到三年级的大学生为调查对象，共发放问卷 1415 份，收回有效问卷 1341 份，有效率为94.77%。研究对象的分布情况如表 1 所示。

表 1　调查对象的基本情况

单位：人

类　　　别		人数	类　　　别		人数
学校	北京工业大学	668	年级	一年级	610
	首都师范大学	213		二年级	384
	中国青年政治学院	289		三年级	347
	中央美术学院	171	专业	理工科	548
性别	男	552		文科	622
	女	789		艺术	171

本研究借鉴了福建师范大学连榕教授等编制的"大学生学业倦怠调查问卷"。该量表共 20 道题，分为三个维度：情绪低落、行为不当和成就感低。其中，情绪低落维度 8 个题目、行为不当维度 6 个题目、成就感低维度6 个题目。情绪低落是指学生不能很好地处理学习中的问题，表现出倦怠、沮丧、缺乏兴趣等情绪特征。行为不当是指学生在学业中表现出的种种不恰当行为，如迟到早退、上课睡觉、无故逃课等行为。成就感低反映的是学生在学习过程中体验到低成就的感受，或指完成学习任务时能力不足所产生的学习能力上的低成就感。[1] 该问卷采用 5 点计分方法，"完全不符合""比较

---

[1]　连榕、杨丽娴等：《大学生专业承诺、学业倦怠的状况及其关系》，《心理科学》2006 年第1 期。

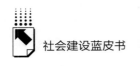

不符合""不确定""比较符合""完全符合",分别记为1、2、3、4、5
分。量表的内部一致性系数为0.816。

一　北京高校大学生的学业倦怠比较结果

（一）不同高校学生的学业倦怠比较

表2列出了四所高校大学生在学业倦怠的三个维度以及学业倦怠总分上
的均值与标准差。学业倦怠按1到5分进行评分，5分为最严重，3分为中等
水平。从表2可以看出，所调查的四所高校1341名大学生的学业倦怠总分为
2.78分，情绪低落、行为不当和成就感低的均值分别为3.05、2.90和2.74
分，基本上接近中等水平。北京工业大学、中央美术学院、中国青年政治学
院、首都师范大学四所高校学生的学业倦怠总分的均值分别为2.78、2.59、2.81
和2.87分，说明目前北京高校大学生存在一定程度的学业倦怠。在情绪低落、
行为不当两个维度上，得分超过或接近3分，说明学生在面对学业问题时会表现
出种种倦怠、沮丧、烦躁等负面情绪，在学习中不同程度地存在一定的偏差行
为，这与现实状况比较吻合。尤其是情绪低落得分较高，一定程度上反映出当
代大学生在面对学业任务和对待学习时更容易出现各种消极情绪。

表2　不同高校学生的学业倦怠状况描述

单位：分

学校	情绪低落		行为不当		成就感低		学业倦怠总分	
	均值	标准差	均值	标准差	均值	标准差	均值	标准差
北京工业大学	3.14	0.75	2.93	0.69	2.60	0.60	2.78	0.55
中央美术学院	2.78	0.69	2.76	0.72	2.59	0.54	2.59	0.52
中国青年政治学院	3.09	0.77	2.98	0.62	2.78	0.64	2.81	0.48
首都师范大学	2.95	0.80	2.81	0.50	3.24	0.61	2.87	0.38
总　　计	3.05	0.77	2.90	0.66	2.74	0.65	2.78	0.51

表3是不同院校学生学业倦怠总分及其三个维度均值的方差分析。结果
表明，不同院校的大学生在学业倦怠总分方面存在显著差异 $F(3, 1337) =$

10.64（p<0.01），在学业倦怠的三个维度——情绪低落、行为不当和成就感低方面也存在显著差异。

表3 不同高校学生学业倦怠总分及其三个维度均值的方差分析

因变量	分组	平方和	df	均方	F	显著性
学业倦怠总分	组间	8.18	3	2.73	10.64	0.00
	组内	342.83	1337	0.26		
	总数	351.01	1340			
情绪低落	组间	20.57	3	6.86	11.90	0.00
	组内	778.70	1351	0.58		
	总数	799.28	1354			
行为不当	组间	7.80	3	2.60	6.09	0.00
	组内	574.48	1346	0.43		
	总数	582.28	1349			
成就感低	组间	71.96	3	23.99	65.60	0.00
	组内	494.01	1351	0.37		
	总数	565.97	1354			

进一步的多重比较发现，调查样本中，在学业倦怠总分方面，中央美术学院与其他三所高校存在显著差异，均值低于其他三所高校。北京工业大学学生的学业倦怠均值高于中央美术学院的学生，但低于首都师范大学的学生。北京工业大学与中国青年政治学院、中国青年政治学院与首都师范大学的学业倦怠总分不存在显著差异（见表4）。

表4 不同院校学生学业倦怠总分的多重比较

（I）学校	（J）学校	均值差（I-J）	标准误	显著性
北京工业大学	中央美术学院	0.19*	0.04	0.00
	中国青年政治学院	-0.03	0.04	0.29
	首都师范大学	-0.09*	0.04	0.02
中央美术学院	北京工业大学	-0.19*	0.04	0.00
	中国青年政治学院	-0.22*	0.04	0.00
	首都师范大学	-0.28*	0.05	0.00

（I）学校	（J）学校	均值差（I－J）	标准误	显著性
中国青年政治学院	北京工业大学	0.03	0.04	0.29
	中央美术学院	0.22 *	0.05	0.00
	首都师范大学	－0.06 *	0.05	0.02
首都师范大学	北京工业大学	0.09 *	0.04	0.02
	中央美术学院	0.28 *	0.05	0.00
	中国青年政治学院	0.06	0.05	0.19

（二）不同专业学生的学业倦怠比较

表5是不同专业学生的学业倦怠三个维度及总分的均值比较。由表5可以看出，理工科学生的学业倦怠总分、情绪低落与成就感低的得分均高于文科与艺术类专业的学生，在行为不当维度的得分上，文科学生偏高。

表5　不同专业学生的学业倦怠状况描述

类　别	情绪低落		行为不当		成就感低		学业倦怠总分	
	均值	标准差	均值	标准差	均值	标准差	均值	标准差
理工科	3.14	0.78	2.87	0.64	2.79	0.64	2.82	0.50
文　科	3.05	0.76	2.96	0.64	2.73	0.67	2.79	0.51
艺　术	2.78	0.69	2.76	0.72	2.59	0.54	2.60	0.52
总　计	3.05	0.77	2.90	0.66	2.74	0.65	2.78	0.51

对不同专业学生的学业倦怠总分进行方差分析，结果表明不同专业的学生在学业倦怠总分上存在显著差异，$F_{(2, 1336)} = 12.89$（$p < 0.01$），在情绪低落、行为不当与成就感低三个维度均存在显著差异，F值分别为$F_{(2, 1350)} = 14.16$（$p < 0.01$）、$F_{(2, 1345)} = 7.33$（$p < 0.01$）、$F_{(2, 1350)} = 6.28$（$p < 0.01$）（见表6）。

进一步的多重比较发现，在学业倦怠总分及情绪低落维度上，艺术类学生与理工科、文科学生之间差异显著，理工科与文科没有显著差异，艺术类学生的学业倦怠和情绪低落程度更低。在行为不当维度上，文科学生与理工科、

表6 不同专业学生的学业倦怠及三个维度的方差分析

因变量	分组	平方和	df	均方	F	显著性
学业倦怠总分	组间	6.63	2	3.31	12.89	0.00
	组内	343.40	1336	0.26		
	总数	350.02	1338			
情绪低落	组间	16.38	2	8.19	14.16	0.00
	组内	780.75	1350	0.58		
	总数	797.13	1352			
行为不当	组间	6.27	2	3.13	7.33	0.00
	组内	574.86	1345	0.43		
	总数	581.13	1347			
成就感低	组间	5.21	2	2.61	6.28	0.00
	组内	560.42	1350	0.42		
	总数	565.63	1352			

艺术类学生存在显著差异，文科学生的行为不当得分更高。在成就感低这一维度上，理工科学生与文科学生不存在显著差异，而艺术类学生与理工科、文科学生均存在显著差异，相比艺术类学生，理工科和文科学生更容易表现出低成就感（见表7）。

表7 不同专业学生的学业倦怠总分的多重比较

因变量	(I)专业	(J)专业	均值差(I-J)	标准误	显著性
学业倦怠总分	理工科	文科	0.03	0.03	0.34
		艺术	0.22*	0.04	0.00
	文科	理工科	-0.03	0.03	0.34
		艺术	0.19*	0.04	0.00
	艺术	理工科	-0.22*	0.04	0.00
		文科	-.019*	0.04	0.00
情绪低落	理工科	文科	0.09	0.04	0.05
		艺术	0.35*	0.07	0.00
	文科	理工科	-0.09	0.04	0.05
		艺术	0.27*	0.07	0.00
	艺术	理工科	-0.35*	0.07	0.00
		文科	-0.27*	0.07	0.00

因变量	(I)专业	(J)专业	均值差(I-J)	标准误	显著性
行为不当	理工科	文科	-0.09*	0.04	0.02
		艺术	0.11	0.06	0.05
	文科	理工科	0.09*	0.04	0.01
		艺术	0.20*	0.06	0.00
	艺术	理工科	-0.11	0.06	0.05
		文科	-0.20*	0.06	0.00
成就感低	理工科	文科	0.05	0.04	0.15
		艺术	0.20*	0.06	0.00
	文科	理工科	-0.05	0.04	0.15
		艺术	0.14*	0.06	0.01
	艺术	理工科	-0.20*	0.06	0.00
		文科	-0.14*	0.06	0.01

（三）不同年级学生的学业倦怠比较

本次调查对象主要涉及大一到大三三个年级的学生。表8是不同年级学生的学业倦怠及其三个维度的均值及标准差。

表8 不同年级学生的学业倦怠及其三个维度的均值及标准差

年级	情绪低落		行为不当		成就感低		学业倦怠总分	
	均值	标准差	均值	标准差	均值	标准差	均值	标准差
大一	2.96	0.76	2.84	0.67	2.72	0.60	2.72	0.51
大二	3.15	0.76	2.99	0.63	2.89	0.71	2.89	0.47
大三	3.09	0.77	2.91	0.66	2.61	0.63	2.76	0.54
总计	3.05	0.77	2.90	0.66	2.74	0.65	2.78	0.51

表9是不同年级学生学业倦怠及其三个维度的方差分析，结果表明，不同年级大学生在学业倦怠及其三个维度上均存在显著差异（ $p < 0.01$ ）。

表9　不同年级学生学业倦怠及其三个维度的方差分析

因变量	分组	平方和	df	均方	F	显著性
学业倦怠总分	组间	6.82	2	3.41	13.25	0.00
	组内	343.80	1337	.26		
	总数	350.61	1339			
情绪低落	组间	9.06	2	4.53	7.76	0.00
	组内	788.82	1351	.58		
	总数	797.89	1353			
行为不当	组间	5.32	2	2.66	6.21	0.00
	组内	576.64	1346	.43		
	总数	581.96	1348			
成就感低	组间	14.76	2	7.38	18.08	0.00
	组内	551.21	1351	.41		
	总数	565.96	1353			

进一步的多重比较发现，在学业倦怠总分上，大一学生与大二学生之间存在显著差异，大二学生的倦怠程度高于大一学生；大二学生与大三学生之间也存在显著差异，大二学生的倦怠程度高于大三学生；大一学生与大三学生之间不存在显著差异。在情绪低落维度上，大一学生与大二学生、大三学生之间均存在显著差异，大一学生的情绪低落程度低于大二学生和大三学生，大二与大三学生之间不存在显著差异。在行为不当维度上，大一学生与大二学生之间存在显著差异，大二学生的行为不当更为突出，大一学生与大三学生、大二学生与大三学生之间不存在显著差异。在成就感低维度上，大二学生与大一学生、大三学生之间均存在显著差异，大二学生的成就感低得分高于大一学生、大三学生，大一学生与大三学生之间不存在显著差异（见表10）。

表10　不同年级学生学业倦怠及其三个维度均值的多重比较

因变量	(I)年级	(J)年级	均值差(I-J)	标准误	显著性
学业倦怠总分	大学一年级	大学二年级	-0.17*	0.03	0.00
		大学三年级	-0.04	0.03	0.46
	大学二年级	大学一年级	0.17*	0.03	0.000
		大学三年级	0.13*	0.04	0.00
	大学三年级	大学一年级	0.04	0.03	0.46
		大学二年级	-0.13*	0.04	0.00

续表

因变量	（I）年级	（J）年级	均值差（I－J）	标准误	显著性
情绪低落	大学一年级	大学二年级	－0.18*	0.05	0.00
		大学三年级	－0.13*	0.05	0.04
	大学二年级	大学一年级	0.18*	0.05	0.00
		大学三年级	0.05	0.06	0.64
	大学三年级	大学一年级	0.13*	0.05	0.04
		大学二年级	－0.05	0.06	0.64
行为不当	大学一年级	大学二年级	－0.15*	0.05	0.00
		大学三年级	－0.06	0.04	0.34
	大学二年级	大学一年级	0.15*	0.04	0.00
		大学三年级	0.08	0.05	0.22
	大学三年级	大学一年级	0.06	0.04	0.34
		大学二年级	－0.08	0.05	0.22
成就感低	大学一年级	大学二年级	－0.17*	0.04	0.00
		大学三年级	0.10	0.04	0.06
	大学二年级	大学一年级	0.17*	0.04	0.00
		大学三年级	0.27*	0.05	0.00
	大学三年级	大学一年级	－0.10	0.04	0.06
		大学二年级	－0.27*	0.05	0.00

＊．均值差的显著性水平为 0.05。

（四）不同经济状况学生的学业倦怠比较

表 11 是家庭经济状况不同的学生在学业倦怠及三个维度上的均值及标准差。

表 11　不同家庭经济状况学生的学业倦怠及三个维度的均值和标准差

家庭经济状况	情绪低落		行为不当		成就感低		学业倦怠总分	
	均值	标准差	均值	标准差	均值	标准差	均值	标准差
很好	3.07	0.77	2.97	0.62	2.82	0.78	2.83	0.46
较好	2.96	0.76	2.82	0.70	2.64	0.68	2.69	0.55
一般	3.07	0.73	2.92	0.62	2.79	0.59	2.81	0.48
困难	3.24	0.94	2.94	0.72	2.71	0.73	2.84	0.62

　　下面对不同家庭经济状况学生的学业倦怠及各个维度进行了方差分析，结果表明，不同家庭经济状况的学生在学业倦怠总分及各个维度上均存在显著差异，如表12所示。

表12　不同家庭经济状况学生的学业倦怠及三个维度的方差分析

因变量	分组	平方和	df	均方	F	显著性
学业倦怠总分	组间	4.31	3	1.44	5.54	0.00
	组内	346.70	1337	0.26		
	总数	351.01	1340			
情绪低落	组间	8.31	3	2.77	4.73	0.00
	组内	790.96	1351	0.59		
	总数	799.28	1354			
行为不当	组间	3.69	3	1.23	2.87	0.04
	组内	578.58	1346	0.43		
	总数	582.28	1349			
成就感低	组间	6.02	3	2.01	4.84	0.00
	组内	559.95	1351	0.41		
	总数	565.97	1354			

　　进一步的多重比较表明，在学业倦怠总分上，家庭经济状况很好与家庭经济状况较好的学生之间存在显著差异，家庭经济状况较好的学生与家庭经济状况一般的学生、家庭经济状况困难的学生之间存在显著差异。在情绪低落维度上，家庭经济状况很好的学生与其他三种经济状况的学生之间不存在显著差异。家庭经济状况较好与家庭经济状况一般、困难的学生之间存在显著差异，家庭经济状况一般与家庭经济状况困难的学生之间也存在显著差异。在行为不当维度上，家庭经济状况很好的学生与家庭经济状况较好的学生之间存在显著差异。

（五）不同生源地学生的学业倦怠比较

　　表13是不同生源地学生的学业倦怠及三个维度的均值及标准差，表14是不同生源地学生在学业倦怠总分及三个维度方面的方差分析。

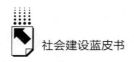

表 13　不同生源地学生的学业倦怠总分及三个维度的均值和标准差

不同生源地	情绪低落		行为不当		成就感低		学业倦怠总分	
	均值	标准差	均值	标准差	均值	标准差	均值	标准差
农村	3.06	0.78	2.96	0.65	2.82	0.65	2.82	0.50
镇(非农人口)	3.05	0.79	2.88	0.61	2.74	0.61	2.77	0.49
县级以上城市	3.05	0.76	2.88	0.67	2.71	0.67	2.77	0.52

表 14　不同生源地学生的学业倦怠及三个维度的方差分析

因变量	分组	平方和	df	均方	F	显著性
学业倦怠总分	组间	0.65	2	0.32	1.24	0.29
	组内	350.22	1337	0.26		
	总数	350.87	1339			
情绪低落	组间	0.01	2	0.00	0.01	0.99
	组内	799.26	1351	0.59		
	总数	799.27	1353			
行为不当	组间	1.51	2	0.75	1.75	0.18
	组内	580.70	1346	0.43		
	总数	582.21	1348			
成就感低	组间	2.83	2	1.42	3.40	0.03
	组内	562.556	1351	0.42		
	总数	565.39	1353			

由表 14 可以看出，不同生源地的学生在学业倦怠总分、情绪低落、行为不当维度上不存在显著差异，在成就感低这一维度上有显著差异（p < 0.05）。进一步的多重比较结果表明，农村与县级以上城市的学生在成就感低这一维度上有显著差异，农村学生的成就感低得分更高（见表 15）。

表 15　不同生源地学生在成就感低上的差异检验

因变量	(I)家庭所在地	(J)家庭所在地	均值差(I-J)	显著性
成就感低	农村	镇(非农人口)	0.09	0.12
		县级以上城市	0.16*	0.01
	镇(非农人口)	农村	-0.09	0.12
		县级以上城市	0.03	0.51
	县级以上城市	农村	-0.12*	0.01
		镇(非农人口)	-0.03	0.51

二　大学生学业倦怠的结果分析

（一）不同高校学生的学业倦怠存在差异

目前，高校大学生均存在一定程度的学业倦怠，但不同高校的学生在学业倦怠程度上存在一定的差异。本次调查中，北京工业大学、中央美术学院、中国青年政治学院、首都师范大学四所高校学生的学业倦怠总分均值分别为 2.78、2.59、2.81 和 2.87 分，基本上接近中等水平。在情绪低落、行为不当两个维度上，得分均接近或超过 3 分，说明学生在学习中更容易表现出消极情绪与偏差行为，这与现实状况比较吻合。现实中，大学生逃课旷课、迟到早退、上课睡觉或玩游戏、考试突击应付已成普遍现象，学习更多的是与负担、压力、乏味、辛苦等联系起来。访谈中很多大一学生都提到"高中生活像是有期徒刑""高中学习像炼狱般煎熬""机械式的填鸭训练"等。但是，学生的学业倦怠程度在不同院校之间也存在一定的差异。

本研究中，中央美术学院与其他三所高校之间存在显著差异，均值略低于其他三所高校。原因可能在于，中央美术学院是国内顶尖的艺术院校，学生在报考志愿前已经对专业有较清晰的认识，不少学生在高中学习时就经历艺术的熏陶，而对专业的认同是影响学业倦怠的重要原因。其他院校的学生中不少学生对自己的专业并不是很了解，并且有些学生读的专业是调剂过来的，而专业兴趣是影响学业倦怠的重要原因。另外，艺术院校的学生通过绘画的表达可以很好地调节自己的情绪，这可能也是原因之一。当然，本次调查中，中央美术学院的学生学业倦怠分数低于其他三所高校，并不代表学生的学习状态就非常理想。观察与访谈中发现，该校学生对专业课的学习普遍比较投入、兴趣较高，但对文化课或公共课的学习很不重视，迟到早退、逃课旷课的现象比较突出。这与学校管理、学生对课程的重视程度、学生的自制力和从众心理等有密切关系。

在北京两所市属高校北京工业大学与首都师范大学的比较中发现，北京

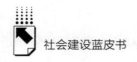

工业大学的学业倦怠得分低于首都师范大学，两者之间存在显著差异，即首都师范大学的学业倦怠程度高于北京工业大学。原因可能在于，北京工业大学是北京市一所211院校，学生的高考录取成绩要高于首都师范大学，生源质量可能与学生的学习状态有关。

（二）不同专业学生的学业倦怠比较

本研究中，理工科学生的学业倦怠总分、情绪低落与成就感低的得分均高于文科与艺术类的学生，在行为不当维度的得分上文科学生偏高。

在学业倦怠总分及情绪低落维度上，艺术类学生与理工科、文科学生之间差异显著，理工科与文科没有显著差异。艺术类学生由于所学专业是自己喜欢的，在学业倦怠程度上会略低于理工科与文科学生；而且艺术类学生经常从事艺术创作，在艺术创作中可以排解自己的负面情绪，因此情绪低落维度上的得分也要比其他专业的学生低一些。以往的研究表明，理工科学生的学业倦怠程度要高于文科学生，本研究中虽然理工科学生的学业倦怠得分高于文科学生，但没有产生显著差异。原因可能是笔者比较的是不同院校理工科与文科学生的差异。在对北京工业大学668名学生（理工科与文科都有）的分析中发现，理工科学生的学业倦怠程度高于文科学生，其原因可能与同一学校不同专业的课程难度、课程吸引力有关。理工科学生的学习负担更重，课程难度更高，课程的吸引力相比某些文科课程要逊色一些，因此理工科学生更容易产生学业倦怠。

在行为不当维度上，文科学生与理工科、艺术类学生之间存在显著差异，文科学生的得分更高。虽然目前高校大学生普遍存在迟到早退、上课睡觉、娱乐至上的倾向，但文科学生的学习负担相对较轻，更容易出现不当行为。

在成就感维度上，理工科学生与文科学生之间不存在显著差异，而艺术类学生与理工科、文科学生之间均存在显著差异，艺术类学生的得分要低于理工科和文科学生。也许本调查中艺术类学生来自中央美术学院，这些学生对自己的专业有较浓厚的兴趣，专业水平较高，在专业学习中更容易产生成就感。

（三）不同年级学生的学业倦怠比较

本研究主要对大一、大二和大三三个年级的学生进行了调查。研究结果表明，大一学生的学业倦怠分数最低，大二学生的学业倦怠分数最高，大三学生比大一学生的倦怠分数要高，但比大二学生要低。在学业倦怠总分上，大一学生与大二学生之间存在显著差异，大二与大三学生之间也存在显著差异，大一与大三学生之间不存在显著差异。说明大二学生在三个年级中学业倦怠程度最高。

原因可能在于，大一学生进入大学后，一开始往往会保持高中时的学习状态，按时上课，认真完成作业。教师在教学中也会发现，大一学生相对更为听话。但随着对大学生活的适应，了解了大学的学习特点后，加上个人的自制力等因素，大二学生会在学习中表现出更多的问题，迟到早退、自由散漫更为常见。大三学生面临出国、考研、考取各种资格证书等问题，开始为自己的前途着想，而且随着年龄的增长开始变得更加成熟，因此学业倦怠程度要比大二学生低一些。但在访谈中发现，大一学生中学业倦怠现象也很普遍，并有一定的规律。刚入大学时，很多同学因为新鲜感，还能短暂保持高中时的学习状态，但随着对大学生活的适应，加上学校、家长和老师管理的松懈等原因，有些学生开始迟到早退、无故旷课、上课睡觉或玩游戏、作业敷衍等。临近期末考试时，很多同学才会紧张起来，开始努力学习。

在情绪低落维度上，大二学生的得分也是最高的。多重比较发现，在情绪低落维度上，大一学生与大二、大三学生之间均存在显著差异，大一学生的得分低于大二和大三学生，大二与大三学生之间不存在显著差异。原因可能在于，大一学生刚进入大学不久，高考压力的释放，对于大学生活的新鲜感，对于学校各种社团活动的参与热情。因此比较而言，他们的情绪低落得分要低于大二和大三学生。而大二和大三学生，随着对大学生活的适应，开始更多地涉及专业课程，还要考虑未来的发展，因此情绪低落维度得分相对较高。

在行为不当维度上，大一与大二学生之间有显著差异，大一与大三学

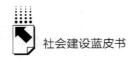

生、大二与大三学生之间不存在显著差异，大二学生的行为不当得分最高。现实中，不同年级的大学生都会不同程度地出现各种不当行为，如迟到早退、上课心不在焉、作业敷衍等。

在成就感低维度上，大二学生与大一、大三学生之间均存在显著差异，大二学生的成就感低得分高于大一、大三学生，大一与大三学生之间不存在显著差异。原因可能在于，一般院校的学生，在大二刚开始接触专业，对于所学知识的价值、学习与未来就业之间的关系还认识不清，更容易产生学习上的低成就感。

（四）不同经济状况学生的学业倦怠比较

本研究发现，家庭经济状况很好比家庭经济状况一般、家庭经济状况困难的学生学业倦怠得分更高，而家庭经济状况良好的学生学业倦怠得分相对低一点。一种解释是家庭经济优越的孩子，往往学习动力不足。在当前诱惑众多的社会环境下，一些家境富裕的学生源于强大的家庭后盾，对自己的人生缺乏长远规划，也不需为自己的前程承担太多的压力，因此学习的内在动力不足，更容易表现出倦怠心理和不当行为。

而家庭经济状况一般和困难的学生，一方面要应对学业的压力，另一方面还有经济、就业的压力，而目前大学生中普遍存在的追求享受、超前消费、娱乐至上的心理，又会让家庭经济条件不太好的学生产生自卑与困扰。家庭经济状况良好的学生，可能既没有富家子弟的经济优越感，同时又没有过重的经济压力，因此学业倦怠得分会相对偏低一些。

（五）不同生源地学生的学业倦怠比较

研究表明，来自农村、城镇和县级以上城市的不同生源地的学生在学业倦怠总分、情绪低落和行为不当维度上不存在显著差异。在成就感低这一维度上不同生源地的学生有显著差异（$p < 0.05$）。多重比较结果表明，农村与县级以上城市的学生在成就感低维度上有显著差异，农村学生的成就感低得分更高。

原因可能在于，总体上农村学生的经济条件要比大城市的学生差一些，容易产生自卑感，再加上求职环境中的不正之风，来自社会经济地位较高阶层的学生更容易找到理想的工作，社会上"官二代""富二代"在学生思想意识形态中的扎根，让农村学生更容易产生新的"读书无用论"。如访谈中学生谈道，"很早就决定考公务员的学生，往往家庭有背景，只要笔试过关，基本就没什么问题，而有些学生认为自己家里没有背景，即使笔试过了，也根本无望"。

三 促进大学生学业发展的建议与对策

造成学生学业倦怠尤其是不当行为的原因是多方面的，既有学生本身的原因，也有学校教育、家庭教育和社会环境的因素。具体包括：①学生的目标缺少、动力不足、自制力薄弱、学习习惯不佳、学习兴趣缺乏、认识偏差等是造成学生学业倦怠的主要原因。②学校的课程设置、学习氛围、教学水平、考试评价、管理制度等与学生的学业倦怠密切相关。③中学与大学教育的脱节对大学生的学业倦怠有一定的影响。④长期的应试教育、"严进宽出"的高考制度是造成学生学业倦怠的重要原因。⑤家庭在子女自主学习习惯、责任心、自制力培养方面的问题与学生的学业倦怠有一定的关系。⑥整个社会的浮躁之风、追求享乐的心态、就业中的不正之风等与学生的学业倦怠有重要的关系。

（一）加强对学生自主学习意识与能力的培养

首先，教育主管部门和各级各类学校需要在政策与导向方面将学生自主学习意识与能力作为学生培养目标的重点，将学生自主学习能力的考核作为对学校和教育工作者业绩考核的重要依据，转变目前以学生学习成绩和升学率为考核教师绩效与实施教师奖励的主要依据的做法。其次，中小学教育工作者需要转变教育观念，把培养学生主动学习的意识与能力作为教育的主要目标之一，而不仅仅是追求升学率和学生的考试成绩。教师需要注意不断激

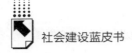

发学生的学习热情，培养学生在学习中的好奇心和探究精神，变题海战术为精讲精练，让学生在学习过程中体验到学习的乐趣与成就感。从制订个人发展目标到具体的学习计划、从日常的时间管理到具体学科的学习方法和策略、从追求学习的工具价值到体验学习的内在成就、从外在动力的调动到内在动力的激发，通过各种渠道和途径提升学生的自主学习意识与能力。

（二）注意做好中学与大学教育的衔接工作

中学生在进入大学后会出现各种适应问题，其中很突出的一点就是高中时处于紧张高压的状态，进入大学后会出现过度放松的情况。中学老师一般管得很严，而大学老师管得较少；中学是在老师和家长的督促下学习，大学更多的要靠自己主动自觉地学习；中学的生活比较简单，主要以学习为主，大学除了学习外，还有很多课外活动，自由时间相对较多。一些学生由于缺乏自主学习的意识和习惯，缺乏较强的自制力，在进入大学后会有些不适应，可能过度放纵自己而出现诸多不当行为。因此，中学教师、学生家长、高校教师需要达成共识，即人才的培养是一项系统工程，具有连续性。中学教师和学生家长需要明确认识，纠正"考上大学就可以放松"的误区，需要给学生传递的信息是考上大学只是学生成长过程的一个新的起点，并非学习的终点。上大学意味着真正开始专业的学习，需要投入更多的精力。在学习方法上，大学教师需要给予学生更多的引导和帮助。

在具体学科上，高校教师需要了解学生原有的知识基础，根据学生的先前知识进行教学内容的组织与安排。

（三）建立科学合理的高校教师考核与评价体系

首先，在教师的职称评定、绩效考核、岗位聘任中，教学与科研的比例要恰当分配，避免出现科研比例过重而教学弱化的倾向。其次，要重视科研成果的质量而非盲目追求科研成果的数量。再次，专门设立教学奖项与职称评价体系，对于教学业绩突出的教师给予表彰奖励，鼓励教师的教学投入。

最后，在政策上对于专门从事学生工作和兼职从事学生工作的教师在待遇与考核制度上适当予以倾斜和支持。

（四）加强高校的学生管理与考核制度建设

目前，国内高校不同程度上存在"严进宽出"的问题。不少学生认为进入大学可以很轻松地混张毕业证，事实也的确存在。一方面，家长、教师和学生需要纠正"考上大学就可以放松"的认识偏差；另一方面，需要对各种学生管理制度以及课程考核评价进行调整。

大学教师在对学生的课堂管理与考试评价方面，存在很大的个体差异。有的老师要求严格，有的则十分宽松。同一门课，不同老师的评分差异悬殊。因此，各个学校、学院及系所，对于学生的课堂纪律要严格出台有关的管理规定，并要求教师严格加以执行。在课程的考核评价方面，需要加强过程评价，重视对学生学习过程及学习能力的评价，加强考核评价的科学性与有效性，让考试评价不仅作为学生学习成效的评价手段，而且能够激发学生的学习动力。

此外，要对教师的课堂管理、课程考核情况进行抽查与监督，以确保各项管理制度能够落实下去，课程考核具有科学性和有效性。

（五）强化对学生的生涯发展规划辅导，帮助学生明确努力方向

目前，很多高校都开设了有关学生生涯发展的课程，但实际效果并不明显。很多大一学生进入大学后会很迷茫，不知道自己未来的方向和目标是什么，不知道自己该干什么，沉迷于游戏、娱乐中不能自拔。因此，加强对于大学生的生涯发展规划，提升他们对自己未来发展进行及早规划的能力很有必要。

第一，加强师资培养，通过校内与校外各领域专家的联合，提升现有大学生生涯发展辅导课程的实效。可以适当控制课堂规模，加强与学生的深入沟通，帮助学生增强生涯发展规划的意识。

第二，通过班主任、专职辅导员、学生成长导师等，加强与学生一对一的个别辅导。选拔责任心强、有学生工作经验的教师，从学生一入学起，进

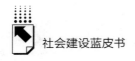

行深入的交流与沟通，帮助学生明确个人发展目标，督促学生落实行动计划，提升学生的计划执行能力。

第三，拓宽学生实习、实践途径，增强学生对未来职业的认知。从大一起，让学生广泛深入地接触各种企事业单位，增加社会实践机会，增强学生的紧迫感与责任感。

（六）加强对大学生责任心的培养与引导

学生进入大学后出现不同程度的学业倦怠，除了学校和社会的原因外，在很大程度上与个人的责任心、进取心和自制力等因素有关。大学生首先要学会自我负责，要有对家庭和社会最起码的责任感。但是，目前的情况是一些学生进入大学后浑浑噩噩，痴迷于游戏和娱乐而不能自拔，对自己都不愿负责，更谈不上对家庭和社会的责任。因此，无论是家庭教育还是学校教育，都应该从小关注学生责任心的培养。在大学里，班主任、辅导员、任课教师要通过各种途径，引导学生树立正确的价值观，增强学生对自我、家庭和社会的责任感。

（七）杜绝学生招生就业中的各种腐败现象，营造良好的社会风气

目前，高校自主招生、研究生录取、毕业生就业中存在的一些腐败现象，已经造成了极其恶劣的影响。一些学习成绩很差的学生靠特殊关系上了理想的大学，或者可以去更好的大学借读；一些学习基础较差的学生轻松地考上了研究生；一些学生不学无术却靠父母亲友找到了很体面的工作。这些现象让学生和家长认为大学里成绩是次要的，成绩好未必就能找到满意的工作，而关系和门路更加重要。如果不能在招生、就业各个环节杜绝各种腐败现象，营造积极向上的社会风气，那么学生的学业倦怠现象就会愈演愈烈。因此，在高校招生、研究生录取、毕业生就业等环节，加强社会和有关部门的监督，建立健全公平、公正、公开的录取制度，杜绝各种腐败现象的产生，让学生感受到唯有"真才实学才是硬道理"，唯有个人努力才是长久之计。

B.21

北京市朝阳区人才服务中心流动党员
党建工作调查研究[*]

北京工业大学马克思主义学院、北京市朝阳区人才服务中心党委联合课题组^{**}

摘　要： 流动党员党建工作与巩固党的执政基础、从严治党以及推进
国家治理现代化等新时期的战略任务紧密相关，必须高度重
视。剖析朝阳区人才服务中心流动党员党建工作对认识当前
整个社会领域党建工作具有一定的"理想类型"意义。朝
阳区人才服务中心已在流动党员教育、管理和服务方面做了
大量工作，但在流动党员个体、支部、人才党委以及具体工
作环节四个层面仍存在诸多问题和困难。要进一步做好工
作，必须牢固树立建设服务型党组织的理念，大力提高服务
能力和服务水平；转变领导方式；贴近党员需求开展活动，
务求实效；从党员的思想实际出发加强思想建设；进一步夯
实组织基础；推进党建工作的规范性建设；积极探索协同管

---

* 流动党员，在本文中特指人才服务系统党组织管理的流动党员。在中共北京市委组织部所发
《关于进一步建立流动人员党员党组织工作的通知》（京组通〔2004〕46号）的附件《流动
党员纳入组织管理情况一览表》的"注"中，"流动党员"的内涵界定为：离开所在党组织
外出务工经商或从事其他正当职业的党员。这一界定来自中共中央组织部《关于加强流动党
员中组织关系管理的暂行规定》（组通字〔1994〕1号）中的相关表述。朝阳区人才服务中
心管理的流动党员，是指就业于北京非公有制经济组织或新社会组织，具有北京市常住户口，
其人事档案和组织关系在北京市朝阳区人才服务中心实行社会化管理的中共党员。

** 本报告执笔人：高峰、吴立军。高峰，哲学博士，北京工业大学马克思主义学院、首都社
会建设与社会管理协同创新中心副教授，本课题组负责人；吴立军，北京工业大学马克思
主义学院硕士研究生。课题组成员：北京市朝阳区人才服务中心金晓倩、刘贺鹏、齐正伟、
侯玉梅、卞京虹、方爱民、王松、王畔青、夏亚军、陈智，北京市朝阳区委组织部苏永
恒等。

理的新模式。

关键词：　流动党员　社会领域党建　服务型党组织　协同管理

为更好地推进对流动党员的服务、教育和管理工作，自 2014 年 8 月至 11 月，北京工业大学马克思主义学院与北京市朝阳区人才服务中心党委（以下简称人才党委）组成联合课题组，通过实地参与工作、查阅研究档案资料、问卷调查、集体座谈、小组讨论、个别深度访谈、理论研究等多种方式，对人才党委负责的流动党员党建工作的现状、历史、成绩、问题和面临的困难进行了研究，并尝试提出了相应的对策性建议。

一　问题与困难

北京市朝阳区人才服务中心自 1987 年成立，在从事人事方面工作的同时，也涉及流动党员的组织关系以及相应的服务、教育、管理等方面。1996 年接收 12 名流动党员组织关系后，数量不断增加，最多时于 2008 年接收流动党员组织关系 1902 人（份）。目前，在人才服务中心存档的流动党员共有 1872 人（截至 2014 年 11 月 18 日）。2002 年 12 月，接受人才服务中心党组织领导的第一批非公企业党支部成立。截至 2014 年 11 月，接受人才党委领导的流动党员支部共有 63 个，其中，直属支部 42 个、企业支部 21 个。

（一）流动党员层面存在的问题与困难

从党员角度看，工作岗位流动性强，工作地和居住地分散，工作、生活压力普遍较大，不利于参加组织活动。直属支部中的党员被划分到具体支部的随意性强，相互间不熟悉，交流难度大。在非公有制经济性质的企业和新社会组织中工作，政治意识淡化，特别是党员身份与自己的升职晋级关联度不高，使部分党员参加组织活动的意愿弱化。

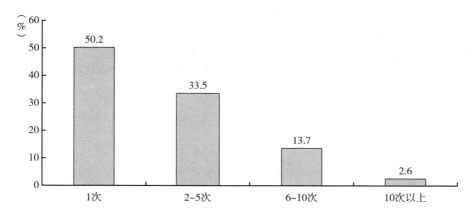

图1　党员参加组织活动的次数

注：数据来源于本课题组问卷调查；问卷调查时间为 2014 年 10 月、11 月。

图 1 的数据来源于本课题组两次问卷调查的总和：一次是 2014 年 10 月到人才服务中心参加人才党委换届选举的党员，另一次是 2014 年 11 月通过网络邮件回复的党员，两次调查有效问卷共 276 份。从图 1 可以看出，回复调查问卷的党员参加组织活动的意愿较弱，活动次数少。考虑到这两次参与并回复调查问卷者应是对流动党员党建工作较积极的党员，而这部分党员只占流动党员总数的 15% 左右，可以看出，整个流动党员队伍参加组织活动的意愿很弱，活动次数很少。

（二）流动党员支部层面存在的问题与困难

从支部角度看，直属支部党员工作单位分散、工作性质不同、作息时间不统一。无论是直属支部还是企业支部，党员甚至支部领导相互不熟悉，年龄和党龄跨度大，文化素质有高有低，交流难度大。部分同志不仅单位变动频繁，而且联系电话、居住地等也变动频繁，加之有些支部过于庞大，这些都在客观上造成组织活动难以开展。目前，支部书记及各支委是指定任职。一方面，由于各种条件的限制和约束，他们任职的积极性、主动性以及工作能力没有被充分激发出来；另一方面，由于不是通过选举产生，他们还不能得到支部党员的充分认可。因此，支部活动没有积极开展。

总的看来，目前支部书记的学历层次并不算低（见图2）。即使有12%的支部书记学历在专科以下，但考虑到企业的性质和员工的整体素质以及支部书记的党建工作经验，支部书记的整体素质基本是可令人信任的。这样看来，支部书记的素质就不是导致支部活动难以开展的主要因素，真正的原因主要在其他客观方面。

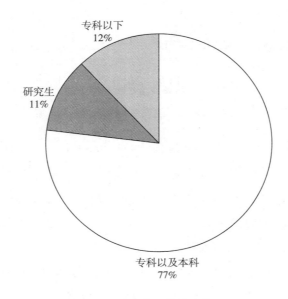

图2 支部书记学历结构

注：数据来源于本课题组问卷调查；问卷调查时间为2014年10月、11月。

（三）人才党委层面存在的问题与困难

从人才党委的角度看，支部数量多、体量大，相互间差异显著。资料显示，从直属支部来看，超过40人的支部达11个，30~40人的支部达22个。在目前的条件下，一方面，支部书记和支委领导如此庞大的由陌生党员组成的支部，难度过大；另一方面，这种情况也对人才党委的工作提出挑战。另外，直属支部中还有8人、11人和15人组成的支部。可见，直属支部设置不均衡，或者说，支部设置有不尽合理之处。从企业支部来看，同样也并不均衡。在总共21个企业支部中，只有3个党员的支部有6个，其他不足10人的支部有7个，而有的支部成员则达34人。由于工作单位相对集中，与直属支部相比，党员人数不均衡所带来的管理问题不突出，但对人才党委而言，也会在管理、教育和服务方面产生相应的问题。

2014年10月前，人才党委虽然在党建工作方面付出了巨大努力，但工作力度严重不足。人才党委书记由人才服务中心主任兼任，党员服务科同时是人才服务中心的综合科，办理流动党员日常服务性业务的工作人员只有1人。遇到重大任务，只能临时发动人才服务中心的其他工作人员集中共同工作。显然，这与做好流动党员的服务、教育和管理工作，与使之向专业化、规范化方向发展的要求还不完全相符。

另外，人才党委能够用于流动党员的经费缺乏。目前，党务活动经费主要来源于区党费回拨和由组织部拨付的"两新基层党组织工作和活动经费、党员教育培训专项经费"，但总的来说，经费与需求相比明显不足。同时，人才党委也缺乏能够满足党员和支部开展活动需要的场地等资源。

（四）具体工作层面存在的问题和困难

党费收缴是党务的一项常规性工作，但党费收缴方面仍存在一定问题和困难。其一，缴纳党费的额度标准难以把握。现行党费缴纳标准是按照工资收入的比例计算，但在人才服务中心存档的党员就业情况复杂，无法确定具体真实的工资收入情况。因此，缴纳党费的工资基数无法确定，不能确定统一的缴纳标准，与其他区县人才服务中心的党费收缴标准也不一致，容易使党员产生误解和异议。其二，对长期不缴纳党费的党员进行组织处理的难度大。出于党员个人党性观念弱、工作流动性大、缴费方式不方便等多种原因，有些党员长期不缴党费，按组织相关规定应该做出相应处理，但实际操作起来难度很大。长期不按时缴纳党费，脱离组织生活，实际上削弱了党员的党性观念，一定程度上瓦解了党的组织性、纪律性，对维护党的先进性和纯洁性产生了消极影响。

此外，还有诸多具体问题处理起来存在困难。例如，发展党员过程中民营企业家的入党条件认定问题以及入党积极分子难以实现科学、客观考查的问题，对要求退党党员的组织处理问题，在国外工作和生活的党员以及市外党员的管理问题，人事代理单位和外地驻京企业组织关系的接收和管理问题等，处理起来都有很大困难。另外，全区党员信息管理系统与存档人员信息管理系统不接轨，给流动党员管理带来不方便。

二 对策性思考

随着国家经济和社会生活的变革，社会领域党建的重要性越来越凸显，抓好社会领域党建工作成为全党的重要任务。①

从工作要素来看，流动党员党建工作要有人、有经费、有平台（现实场所和网络交流空间）、有规范；从工作领域来看，流动党员党建工作主要分为思想建设、组织建设、作风建设、制度建设和反腐倡廉建设五个方面；从工作对象的角度来看，这项工作是上级党组织对下级党组织和党员进行教育、管理和服务的过程。因此，要进一步做好人才党委的流动党员党建工作，建议根据实际情况，在上述方面下功夫、打好基础、创出特色，不断提高科学化、规范化水平。

（一）牢固树立建设服务型党组织的理念，大力提高服务能力和服务水平

与机关、事业单位和公有制企业党建工作的性质和特点不同，人才党委所在的人才服务中心是"体制内"的事业单位，但教育、管理和服务的对象却是"体制外"的党员及其党支部。流动党员的人事组织关系由人才服务中心和人才党委进行社会化管理，但人才服务中心和人才党委及流动党员之间并非严格意义上的行政隶属关系，这决定了人才服务中心和流动党员的

---

① 在问卷调查中，对"您觉得流动党员和党支部发挥作用最需要的条件是什么"这一问题的回答，有近24%的党员选择"北京市委和朝阳区委重视"，有超过22%的党员选择"党中央重视"。

关系具有一定的松散性。人才党委要在流动党员教育、管理方面达到理想的效果，就必须立足于服务，立足于服务型党组织建设。从根本上说，人才党委服务流动党员的水平和程度，决定了流动党员对人才党委归属感和向心力的强度，而这种归属感和向心力的强度，又在一定意义上决定了流动党员参与组织活动的意愿强度。因此，流动党员的需要决定了人才党委和相关党务工作者的努力方向，必然是提高服务能力和服务水平。

（二）转变领导方式

这里所指的领导方式主要是指人才党委对流动党员及其支部的领导方式。转变领导方式应主要包括以下几个方面。

其一，建立权责明晰的工作体系，并落实党建工作指导员制度。在人才党委层面，有专人负责，包括领导和工作人员；在党支部层面，有党支部书记、支委和普通党员；在人才党委和党支部之间，建立党建工作指导员岗位（可由人才党委领导专任和工作人员兼任，或请聘用的富有党建工作经验的工作人员担任），划片负责若干党支部建设工作，并在适当的时候进行岗位交流互换，以便全面掌握党建工作情况，在积极协调中推进工作。①

其二，改变工作方式。力戒工作运行指令化、工作关系单向化、工作形式简单化。由指令式工作方式、坐等流动党员上门汇报沟通，变为互动式工作方式，即不仅流动党员上门，而且人才党委工作人员出门，主动上门与各支部和党员交流互动。建议人才党委除了流动党员常规性党务工作外，通过主动与各支部接触交流、参加党支部活动、了解情况，帮助协调和解决党建工作中的问题，推动党支部和党员开展工作和发挥作用。

其三，建立富有活力的网上党建之家。除了时效性强的通知通告、活动宣传、人员表彰等内容及时发布和适时更新外，建议通过主动工作，建立网

---

① 建议借鉴厦门市人才服务中心直属党委"1+2+N"片区活动模式（参见内部资料《美丽厦门党建保障加强和改进流动党员人才党员党建工作》，厦门市人才服务中心直属党委，2013年11月）。实质上，厦门市人才服务中心最核心的经验主要不在于其活动模式本身，而在于主动走出来、沉下去、活起来的工作取向和活动方式。

上党费缴纳系统，与实缴方式同时实施，方便党员缴纳党费。建立舆情调查栏目，及时就相关问题采集党员的认识和态度，便于设计和调节工作内容和方式。如有条件，可设置交流互动区，及时与党员交流互动，为其解答疑惑，推动工作。实际上，党员对网上党建的参与度，与网络本身的建设关系密切，更取决于现实生活中党建工作的开展状况。

其四，采集党员的多种通信方式，如电话、邮箱、QQ号、微信、微博等，以便需要时使人才党委的声音直接通达每位党员，而不仅仅依赖各党支部书记作为二传手来传达。由于各种条件的制约和限制，单靠支部书记传达，其效果往往不理想。

其五，重视人才党委的党建工作计划和总结。重视各支部活动情况总结上报，使之不断汇总至人才党委。每年至少复查各支部党员基本信息一次，每年至少统计流动党员台账一次，并分类留存档案，利于了解情况和上报情况，也有利于进行规律性研究。

（三）贴近党员需求，开展活动务求实效

其一，人才党委和各党支部处于不同的层面，建议人才党委和各党支部在组织活动方面相对区别。需要由人才党委组织的应是在整个人才党委层面的活动，如重大活动的动员、人才党委的换届选举、支部书记和优秀党员的培训等。各党支部举行的是适合其自身特点和条件的活动，可以是理论学习型，也可以是公益型、娱乐型和宣传教育型等。人才党委需要做的是鼓励和支持，并积极参与到多样化的支部活动中，推动支部活动沿着正确的方向不断深化。

其二，建议运用项目化运作方式鼓励和支持支部建设。项目化运作，是指在每年的计划中，按照预算和党建规划以及对党支部的摸底情况，请各党支部以项目的形式申请来年的活动经费，举办各项活动。要求有项目内容设计、实现目标、项目预算、负责人员、参加人员、时间地点等。申请项目后要有实际活动、人才党委的党建指导员参与、活动总结。这种形式有利于尊重和激发党员的主体意识，调动各党支部的活动积极性，变"要我组织活

动"为"我要组织活动",使各支部在各种活动中促进自身建设。

其三,人才党委在正确定位的基础上,积极协调各街道和社区为各支部举办活动提供场地等资源,争取更多资金投入党建工作中。

其四,把学习教育活动作为党组织开展活动的重要方面,把党委和支部建设成学习型党组织。对流动党员既可划片,又可分支部,或划分为不同的类型和层面(预备党员和党龄较短的党员、失业和创业党员、党支部书记和支委、企业家和高级管理岗位的党员等),选择有特色的主题和专题(人力资源政策、社保政策、金融政策、产业政策、创业经验和技能、就业指导、财务管理和营销策略、健康保健等),开展各种学习教育活动。充分利用人才服务中心的工作特点和资源优势,建立人才专家库,特别是调动流动党员中企业家和专家的积极性,请他们多帮助和支持,也给他们提供展现自我的平台,逐步建成有特色的学习型党组织。学习活动结合党内帮扶机制建设,应特别注意充分尊重党员的意愿,满足党员不同层次的需求,① 调动党员的积极性,并与多重直接目标结合进行,以达到效率高、有实效、尽量满足不同需求、切实提高党员素质的目的。

(四)从党员的思想实际出发加强思想建设

其一,加强支部建设。② 建立人才党委党建工作指导员与各支部定期和不定期的交流机制,促进党支部开展活动,不断加强对情况的了解。适当时候,举行党支部选举,增强支部及其领导的凝聚力和号召力,推动党支部建设。

其二,加强党员和党支部书记(支委)的培训。了解党员和党支部意

---

① 在问卷调查中,超过13%的党员在回答"您觉得目前加强人才党委关于流动党员的党建工作应着重加强和改进哪几方面工作"时,选择"扩大党组织活动对党员的普及面"。这一选项在各选项中居于第四位,但却是在认同"党组织活动流于形式"这一表达之后,对于党组织活动愿望的又一集中表达。

② 在问卷调查中,超过21%的党员在回答"您觉得目前加强人才党委关于流动党员的党建工作应着重加强和改进哪几方面工作"时,选择"加强党支部建设"。这一选项在回答该题各选项中居于第三位。

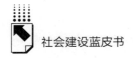

见，储备培训资源，实施订单式和菜单式培训。根据具体情况，可在党员集聚地进行集中授课，也可协调有关教育网站，要求党员进行网上学习，每年考核学分量。由此，实现网上和网下、集中与分散、自学与共学、学习与教育等多方面的统一。同时，也要注意政治学习和业务技能学习的结合。

其三，严肃推选优秀党员，在网上和现实活动中广泛宣传。尽快就相关问题请示上级部门，就个别不符合党规的现象进行处理，以逐步增强党组织的政治性和党组织生活的严肃性。

其四，真心诚意地关心党员工作、生活以及党支部的建设。特别是组织的各项活动，尽可能有实质性内容，并照顾到工作生活的具体困难，追求在实现活动目标中活动形式的多样性。在办理党组织关系转接中，应尽量照顾到党员的实际情况，不断采取更有效的措施加强服务。应逐步要求和养成"微笑式"服务、规范式服务，使流动党员从窗口部门的服务开始就感受到党组织的温暖和关怀。

（五）进一步夯实组织基础

从非公领域党员的角度看，党员身份对他们仍有重要意义。据本课题组调查，18.5%的党员表示不愿放弃党员身份，近80%的党员表示社会领域党建对于党的执政而言是重要的（见图3、图4）；超过74%的党员认为党员身份重要是因为信仰或对党有感情，加上"作为党员被尊重"和"能更好地发挥党员作用"这两个选项，人数超过90%。根据个别访谈的结果，有一些党员明确表示对党有感情，入党是基于信仰，是一种荣誉，并没有明确的个人功利性目的。可见，虽然党员意识淡薄是社会领域党建工作的普遍事实，但不能把责任完全归于党员，甚至不应主要归于党员。各级党组织特别是"体制内"的党组织，有责任抓好党的建设工作，把党员团结起来并发挥力量。

在人才党委建立基层党支部的过程中，建议充分发挥人才党委及其党建工作指导员的作用，转变工作方式，把自下而上、等流动党员找上门转变为

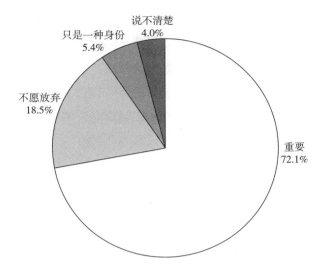

图3　关于党员身份重要性的调查

注：数据来源于本课题组问卷调查；问卷调查时间为 2014 年 10 月、11 月。

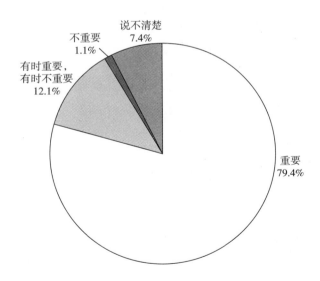

图4　流动党员关于社会领域党建对于党的执政重要性的认识调查

注：数据来源于本课题组问卷调查；问卷调查时间为 2014 年 10 月、11 月。

自上而下、主动为流动党员和企业服务，积极沟通，及时了解情况，积极应对变化。采取单独组建、区域联建、行业统建等多种方式，加快推进党的组织和工作覆盖。① 在"两新"组织中建立党组织难，稳定组织难，充分发挥党组织作用更难。因此，应根据党员流动情况，合理设置党组织，及时主动调整党组织。着眼于发挥作用，在建立党组织的同时，不断加强建设。②

（六）推进党建工作的规范化建设

着眼于充分发挥人才党委和党支部的战斗堡垒作用和先锋模范作用，逐步建立党建工作规范体系，使各个层面的工作都能在规范化的基础上运行。

仔细研究人才党委的职责以及党委层面各个岗位的职能定位，进行规范化管理和考核；认真研究"两新"组织中党支部的运行规律以及在不同性质单位中发挥战斗堡垒作用的评价标准。同时，也逐步梳理出在非公领域不同单位和岗位中党员发挥先锋模范作用的评价标准。③ 一方面，用于引导党支部建设，激发党支部和党员发挥作用；另一方面，在时机成熟时，用于考核党支部特别是优秀党支部的建设水平。同时，把优秀党员的评选建立在规范化的基础上。

（七）积极探索协同管理的新模式

按照市委组织部有关精神，新建立的流动党员党组织一般实行属地管理，由所在街道、乡（镇）党组织负责组建和领导。已按行业确定隶属关

---

① 数据显示，截至问卷调查时间，还有38人未纳入直属支部，或未在直属支部序列中建立党组织；有6人未纳入企业支部。这些党员还游离于组织外。
② 在问卷调查中，有10.5%的党员认为"难以发挥战斗堡垒作用和先锋模范作用"是"目前流动党员党建工作中存在的主要问题"，在各选项中居于第二位。
③ 在问卷调查中，有32.3%的流动党员在回答"您觉得流动党员和党支部应如何发挥作用"时选择"为所在单位群众服务，帮助他们解决实际问题"，有28.2%的党员选择"推动所在单位发展壮大"，只有1.4%的党员选择"自己管好自己的事儿"。可见，流动党员普遍有一定的党员意识，而且务实。

系的流动党员党组织，可暂时不改变原隶属关系（《关于进一步建立流动人员党员党组织工作的通知》，京组通〔2004〕46号）。因此，建议其管理体制和方式由人才党委一家主管逐步改变为人才党委与社工委（有关科室）、区委非公经济工委（有关科室）、各街道（所属社区）协同管理。人才党委转变角色，在直接管理有关业务的基础上，更多地做好与社工委（有关科室）、区委非公经济工委（有关科室）、各街道（所属社区）的协调工作，使流动党员和支部能够在工作地和居住地更方便、更充分地利用地域资源开展活动。或者先行"孵化"，待党组织较成熟后，再逐步移交给街道、社区管理，而档案仍可存放于人才服务中心和人才党委。总的来看，这既符合中共中央和市委组织部门关于流动党员工作的精神要求，也符合区委组织部门对人才服务中心及人才党委的工作要求。最重要的是，其有助于人才党委实事求是地做好服务流动党员、建设流动党员支部工作。①

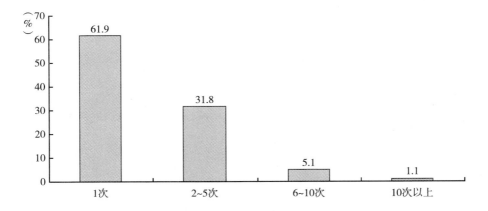

图5 近三年人才党委所属流动党员参加楼宇和社区党建活动情况

注：数据来源于本课题组问卷调查；问卷调查时间为2014年10月、11月。

---

① 中国南方人才市场党委探索实施"一方隶属、多重管理、孵化转移"模式，思路与此大体一致（参见人才服务中心内部资料《中国南方人才市场流动人才党建工作情况介绍》，2013年11月）。

实质上，整个社会领域党建工作是一盘棋，对朝阳区社会领域党建工作来说也是如此。从图5可以看出，基本上所有被调查的党员在近三年都不同程度地参加了楼宇和社区的党建活动。这一调查结果与笔者所进行的个别访谈结果一致。这表明，人才党委的流动党员党建工作完全可以与社工委、非公经济工委、街道等方面的流动党员党建工作协同起来，相互促进。

Abstract

The report is the annual report in 2014 to 2015 of the research group of "Analysis of Beijing Societyl-building" of the Beijing University of Technology, and this report consists of following six parts: The General report, Social structure, Public services, Social governance, Local society-build, Investigation report. The report mainly used the authoritative data released by the Beijing Municipal Government and relevant departments and materials, combined with the observation and research of the group members, comprehensively summarized the main society-building achievements in 2014, and proposed the corresponding countermeasures and suggestions.

The Society-building of Beijing Government get a new level and progress of all aspects in 2014. For examples, the population growth rate get decreased; the pollution of the weather reduced and the urban environment improved. In addition, the social undertakings and public service had a further development; The development of education more equalization and health care and aged services improved; the shantytowns transformation and low-income housing get increasing; the traffic construction has been improved. However, there still are some challenges that the Beijing Government must face to. Firstly, the social class structure and population structure needs to be further optimized. Secondly, the air pollution control still be a problem. Thirdly, the constraints of resource constraints are difficult to change. Finally, the increasingly need of public services can not easy to meet.

In 2015, Beijing needs to research the real root of the capital city disease, learn the successful experience from home and abroad, improve the functional role of Beijing, and solve the new problems and new challenges in the society-build of the capital. For this target of realizing the comprehensive and sustainable development of the capital, it need to further innovate social governance system

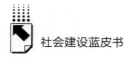

社会建设蓝皮书

and build a society with rule of law. The party, government and social organizations need to play their own role well in society-building.

Keywords: Society-building; Social governance; Public service; Social structure

Contents

B I   General Reports

B. 1   New Normal, New Positioning, Writing a New Chapter

on the Capital Society-building and Social Governance

—*Beijing University of Technology "Analysis of Beijing*

Society-building" research Group   *by Li Junfu, Jin Wei* / 001

Abstract: This report is the 2014 annual report of the research group of "Beijing society-building analysis report" of Beijing University Technology.

This report mainly used the authoritative data and materials released by the Beijing Municipal Government and relevant departments, combined with the observation and research of the group members. It analysis the main society-building achievements and problems, and give some suggestion.

In 2014, the economic development of Beijing entered the new normal, the economic growth is stable, and the expected economic growth target was completed. functions of Beijing is defined as a "national political center, cultural center, international exchange center, science and technology innovation center", keep on the strategy of humanities Beijing, science and Technology Beijing, green Beijing. and strive to build Beijing into a world-class harmonious and livable city. Society-building achieve a new progress. Population growth rate decline, the pollution of the weather reduced, and the the urban environment improved; further development social undertakings and improve public services, promote

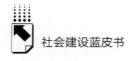

equalization of educational development, improve health and pension services, to increase affordable housing and shantytowns, rail transit construction is being accelerated, functions which is not core began to ease.

Lay down "the implementing plan of the special group for the reform of the social enterprise and social governance system (2014 – 2020)". Drafting "a number of opinions for the deepen reform of system of social capital management" and other series of documents, and start the preliminary investigation and research for Beijing "thirteenth five plan" of social governance, and constantly improve top-level design of the governance of social capital. Focus on promoting community service system, and revise the basic public service directory and standards of community, and constantly strengthen construction of community convenience service facilities and service network. Further increase the municipal social construction funds to buy social services form social organizations, and various government units, districts, and counties also invest a lot of money to buy social organizations services. The Trade Union and the disable federations and other "hub social organizations" also arrange special funds to purchase of services from the social organizations in their field.

However, the society-building in Beijing also faces many challenges. Beijing's population is still increasing, air pollution governance is difficulty, the shortage of resources constraints is difficult to change, the development of public services is not increased with the people's expectation. Under the new achievements, further understanding of the root of the "city disease" of the capital city, learning from domestic and international successful experience, improving the orientation of function of Beijing is necessary to solve the new problems and new challenges which faced by the capital society-building. And it is necessary to further innovating social management system, building the rule of law, give full play to the role of Party committee, government, social organizations in society-building, realize the comprehensive sustainable development goals of capital's economic and society-building.

Keywords: Society-Building; Social Governance; Public Service; Illness of City; Positioning of Capital Function

B. 2   The Situation and the Outlook about Beijing's

Social Building in 2014   *Song Guilun* / 029

Abstract: According with the CPC Central Committee, the State Council and Beijing Municipal Party Committee, the comprehensively deepen reform have being promoted in 2014 in Beijing. In the field of Social building, Social Work and Social Administration System Reform Office was created to promote the top-level design about system reform and finish the key work. Some result has been achieved in the community service, the administration with social organization, volunteer service and Party Building of the social field. In the outlook of 2015, some steps will be implemented to promote the work of Beijing's social Building.

Keywords: Beijing; Social Building; Situation and outlook

B II   Reports on Social Structure

B. 3   Analysis on Current Life of Floating Population in Beijing

Li Sheng / 041

Abstract: At present, the policy of controlling the population size is strictly controlled and the influence for the floating population is biggest in Beijing. This article is based on the investigation data of Beijing, which discusses the current life of floating populations who live and work in gathering area. From the results of data analysis, the following conclusions can be drawn. In the living conditions, the floating population mainly lives in the informal economy environment by the way of "family migration". In the social life consciousness, they both show the negative side and also have positive side. It can be said that the current life already have made the rational consciousness of the floating population in the gathering area.

Keywords: Beijing; Floating population; Current life

社会建设蓝皮书

B. 4 2014 −2015: Analysis and prediction of the situation of
Beijing population regulation and household
registration reform *Li Xiaozhuang* / 056

Abstract: Population regulation and reform of household registration system is ultimately a matter of population problem. The relevant policy of the two is bound to affect the future trend of Beijing population governance and reform of household registration. Of population: urban diseases or population problem doesn't root in the expansion of population size, but in unreasonable population structure. Therefore, the focus of Beijing population work should be transferred from controlling population scale to optimizing population structure, Make labor population continue to release demographic dividend. Of household reform: in the micro background of population regulation policies, we should explore the policy of how to accumulate points to obtain residence card, which is a reform and innovation of household registration increment, meanwhile, we should speed up the reform and innovation of household registration stock with the purpose of realizing the effective cohesion of population regulation and household registration reform smoothly

Keywords: Megalopolis; Population Regulation; Population Structure; To Obtain Residence Card By Accumulating points; Household Registration stock

B. 5 Analysis on the life status of the college students
in Beijing field *Zhao Weihua, Zhang Jiao* / 066

Abstract: In the metropolis like Beijing, university graduates with non-local Hukou is also migrant population and they are on the disadvantage position in the Hukou system. According to sample survey date in 2013 for university graduates in Beijing, this paper empirically analyzes their survival condition such as employment, income, consumption, housing, amateur life, their future development and demands. It is find that this group is faced with great economic pressure, especially living expenditure pressure, which has affected their quality of life. They urgently hope to have the same rights as the local citizens in welfare to reduce the pressure of life.

Keywords: University graduates with non-local Hukou; Job; living condition; the future development and demand

B III   Reports on Public Service

B. 6   Research On Professional Social Work Services of Social Service Institute for the Aged in Beijing City

Cai Yangmei, *Shang Zhenkun* / 088

Abstract: With the innovation of the social management system, the government purchase of social work services has gradually become a new innovation mechanism, the government proposed the establishment of social workers involved in the service mechanism for the aged, social work services in full swing in the social service institute for the aged. This research adopts the case study method, selecting 3 different types of social service institute for the aged in Beijing City, collecting methods of interviews, secondary data, observation data. According to admission assessment, advantages of the aged, developing professional social work services plan, carrying out professional social work services and hospitalpice care, this research resortsprofessional social work services of social service institute for the aged in Beijing city, and analyzesthe evaluation of the aged and social workers about professional social work services.

Keywords: Social Service Institute for the Aged; Professionalsocial Work Services; Social Work for the Aged

B. 7   New Energy Vehicles and Green Transportation Development in Beijing

Zhu Tao / 105

Abstract: 2014 is the first year of China's new energy vehicles as the auto

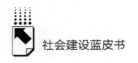
社会建设蓝皮书

industry said. Beijing is one of the pilot cities, and new energy vehicles are developing fast. Based on reviewing transportation construction and development of Beijing in 2014, this article analyzes the situation of new energy vehicles from the perspective of green transportation, involving public policies, development atmosphere, and types of vehicles etc. From the charging facilities construction, car enterprise service, policy dividend, propaganda way etc., this article also proposes some suggestions of promoting the development of new energy vehicles in Beijing.

Keywords: New Energy Vehicles; Green Transportation; Policy Dividend

B. 8　Analysis of The owner-occupied commercial housing
　　　　in Beijing 2014　　　　　　　　　　　　　*Han Xiuji* / 118

Abstract: The owner-occupied commercial housing was released to improve the policy system of housing in the end of 2013 in Beijing. As a kind of policy-based house between the indemnificatory housing and commercial housing, the owner-occupied commercial housing is provided for the middle-income group with the restriction of price, size and procedure. The owner-occupied commercial housing attracted extensive attention because of its rapid sale with some problems in 2014. In the future, the owner-occupied commercial housing maybe turn into indemnificatory housing system.

Keywords: The Owner-Occupied Commercial Housing; Policy Interpretation; Effect Analysis

B. 9　Government Purchasing Service for the Disabled
　　　　in Beijing (2014)　　　　　　　*Song Guokai, Li Geshi* / 131

Abstract: In 2014 lots of important progresses have been made in government purchasing service for the disabled in Beijing, and Beijing sample has been formed initially. Based on the preceding practice and explorations, Beijing

Disabled Persons' Federation continued to make hard to explore and promote the government purchasing service for the disabled in 2014, and the main services policies frame for the disabled had been formed. Basing on them, some issues in government purchasing service for the disabled have been analyzed and some suggestions, such as enlarging the sizes of social organizations for the disabled continually, etc. have been put forward.

Keywords: Government Purchasing Service for the Disabled; Social Organizations for the Disabled; Beijing Model

ℬ Ⅳ　Reports on Social Governance

B. 10　The Exploration and Consideration of the Social Governance

in Beijing　　　　　　　　　　　　　　*Research Group* / 143

Abstract: With the rapid economic and social development in the capital, it bring great pressure to the coordinated development of economy, social governance and urban management from a derivative of the population, resources, environment, public security, service management and a series of problems. In recent years, Beijing municipal government attaches great importance to social construction and social governance, pay attention to the top-level design, to promote the construction of grass-roots basis, and actively build system of social construction and social governance with era, Chinese andcapital characteristics. However, socialgovernance concept needs to be optimized, social government system and social service system need to be promoted, the rule of law of social governance is on the low level, social governance foundation is weak, social contradiction dispute resolving mechanism needs to improve, etc. As a result, in the process of the accelerate the social government system and government ability modernization, we should further perfect the system of social governance and the system of basic public services, build the modern system of social organization, make social operation mechanism be innovated, standardize social work mechanism, form the social mobilization mechanism, deepening the reform of the

community system, strengthening party building of social fields.

Keywords: Social Governance; Government system; Government mechanism

B. 11 Transformation, remediation and the new normal

　—Thoughts on the community governance of the

　rural-urban fringe zone community　　　*Wang Xuemei /* 157

Abstract: Abstract Under the fast urbanization background of metropolis, the floating population live in the urban and rural areas, resulting in the transformation of community in urban and rural areas. Transformation community exist many governance problems, Beijing has in 2010 – 2012 concentrated rectification of the 50 key village, remediation in pay huge administrative costs and some of the expected results and has produced "unintended consequences". After renovation era of urban and rural combination showing four "new normal", in-depth analysis of the new norm is proposed in this paper to "good governance" instead of "rectification", in urban and rural areas of Beijing with a community of classification management ideas.

Keywords: Community Transformation "key village" rectification; New normal Good governance Classification and Governance

B. 12 Report on Beijing Social Conflict Index and

　Residents' Behavior

　　　Zheng Guangmiao, Liu Erwei and Zhang Xiaorui / 166

Abstract: In 2014, the social conflicts in Beijing moved towards easing off. As the government actively promotes the public service reform, including housing security, education and healthcare, the public policy-based mechanisms have played a positive role in releasing conflicts. This study finds that in 2014 Beijing economic and social reform turned out to be effective and the subjective conflicts in terms of ruling the country by law decreased. However, some conflicts of interests existed in economic and social development are worthy of more attention and the livelihood-based material conflicts is the main aspect of social conflict. When people have conflicts, more than 70% of people choose to resolve the conflicts in a peaceful way and the percentage of people who make complaints on the Internet increases. When people have material conflicts, they tend to choose self-help behavior and their behavior choices are more easily affected by class identity. Since the level of social conflict is associated with residents' subjective cognition of conflict, the government should pay attention to the hidden discontent in society and specifically release and resolve social conflicts through conducting quantitative research on social conflicts and digging up the real causes of social conflicts.

Keywords: Social Conflicts; Loss of Benefit; Behavior Choice; Hidden Discontent

B. 13 The Basic Problem Consciousness of Community Governance and its Main Reform Route
—*Based on the Experience investigation of Beijing*
Cao Hao / 180

Abstract: During the Twelfth Five-year period, Community governance of Beijing has made remarkable achievements, but also facing some confusion. To solve the problem is bound to question the nature of community governance. In fact, Community governance is essentially compatible with three basic issues. The first issue is terminal control; Second is social governance; Third is the construction of new neighborhood community after the urbanization, especially in the era of Commercial housing. After all the analysis of these issues, this article tries to put forward the reform of community governance from four aspects.

Keywords: Community; Governance; Problem; Reform

B. 14   Analysis Report of Internet Public Opinion of Beijing 2014

Ju Chunyan, Cheng Wanhao / 192

Abstract: With the big trend of the media convergence, the Internet in China have entered the new normal in 2014. The public opinion field is combined, and the positive energy of Internet opinion field is the main feature of the Internet in Beijing. Under the new normal, the governance of the Internet in Beijing has been integrated and optimized, but some new problems also brought new challenges.

Keywords: New Normal; Combined; Opmization

B V   Reports on Local Society-building

B. 15   The Governance of Consultation by the Party,
Government and the Masses
—*Improving the Level of Social Governance Effectively
in Chaoyang District*

*By the Social Work Committee and Society-building
Office of Chaoyang District / 202*

Abstract: The 18th Congress of CPC and the 3rd Plenary Session of it proposed a new perspective, new requirements and new deployment on the new social governance system. As a functional expansion zone of the capital city, Chaoyang District is the largest city area with most population in Beijing. Its total area is 470. 8 square kilometers, under the jurisdiction of 24 street, 19 townships, the resident population of 384. 1 million people. Rural urbanization, urban modernization, regional internationalization synchronous take place, and it is in the crucial stage of reform, social transformation period and contradiction highlights period. For a long time, due to the influence of the traditional social management system, the party and the government do good things for people according to what the government can do. The feature is from top to bottom and gift of style, and lack of broad participation and consultation on an equal footing. It results in "party Committee and government worked hard, the residents of the masses while watching" . And it even caused some dissatisfaction of people on the work of the government. In order to solve this problem, the Chaoyang District, according to the requirement of strengthening of the social governance on Third Plenary Session of the party's eighteenth congress, in the summary of the previous ways two years ago, "Wenzheng" and "project to undo people grief" based on the experience, since 2013, under the leadership of basic party organization, in consultation by the government, social units, social organizations, residents of the "Quartet" together to solve the "last mile" problem to service of the masses. and to explore a new way of social governance, and enhance the level of social governance.

Keywords: Party; Government and Masses; Consultation for Governance; Social Governance

B. 16　The practice exploration of the legalization of social
　　　　governance in Miyun
　　　　—The first rural areas "grid standards" prepared and
　　　　implemented in Beijing
　　　　　　　　By the Social Work Committee and Society-building
　　　　　　　　　　　　Office of Miyun County / 217

Abstract: since 2010, Miyun built a comprehensive social service grid management system which covering complete Miyun. In 2013, to promote the rule of law of grid social governance and standardization process, Miyun County organizes 40 counties Department to compile a plan of social service grid management standards in rural areas. in 2014 in the name of the county government issued the social service grid management standards. it is identified as national standardization pilot project by the National Standardization Committee.

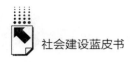
社会建设蓝皮书

Through the preparation and implementation of the grid standards, it promote the Miyun County grid work to the depth development, work process more standardized, more definite responsibilities, and covers the content is more extensive. Miyun ecological construction and social governance has made new and greater achievements.

Keywords: Grid; Social Governance; Standardization and Legalization

B. 17　Realize Complete Responding by Resource Sharing:
　　　the Experience from Xicheng District

By the Social Work Committee and Society-building Office of
Xicheng County / 228

Abstract: Xicheng District is located in the core area of the capital function, its experience of the garrison units open resource sharing is very prominent. Its work pattern not only include building needs of the residents and social resources docking platform, sound work system and mechanism, but also promoting a set of resources sharing of work practice. All these practice gain the harvest of good social benefits, the realization of the complete response of social management innovation, the tripartite win-win of the government, units in the District, and the residents. It also promote the development of harmonious city.

Keywords: Xicheng District; resources sharing; complete response

B VI　Reports on Social Survey

B. 18　Investigation report on the construction of the volunteer team
　　　in Yanqing County　　　　　　　　　　　*Chen feng* / 242

Abstract: Around the "green development" strategic objectives, Yanqing county volunteer teams focus on innovation carrier and practice project base on the important activities, events and social demand. Yanqing county formed 4 volunteer teams, such as professional volunteers organize by Communist Union of Youth, Learn-from-Lei Feng volunteers, community volunteer mobilized by the community, social organization volunteers spontaneously advocated by civil society organizations, and volunteer service coverage areas continue to expand. Yanqing county volunteer team gradually transform administrative mobilization into mobilization by the government and social organization together, but there are still exist some problems, such as the imbalance of volunteer structure, lack of volunteers sustainable incentive system, social participation and volunteer service safeguard mechanism, specialized level is low, and so on. Future Yanqing county volunteer team construction still needs to further expand the social participation, so it needs to strengthen the construction of the following five aspects: one is to strengthen cooperation with neighboring districts and counties of colleges and universities, the second is to foster and support the development of social organizations, the third is to create the county sustainable volunteers reward incentive system as a whole, the fourth is establishing the volunteer management mechanism from the county-wide overall coordination, the fifth is to strengthen the special volunteer training and regular training.

Keywords: Green Development; Volunteer Team Construction; Social Participation

B. 19 Development and Management of College Social Workers
   in Huilongguan Sub-district   *Yi Hongzheng* / 258

Abstract: Since April 2009, Beijing has started recruiting college graduates to work in communities all over the city, this has alleviated employment pressure of them and meanwhile provided opportunities to graduates to make contributions to the society and to participate in the daily works of communities. Students worked in Huilongguan district are recognized by all kinds of industries because of their young ages, comprehensive knowledge system, strong political abilities and

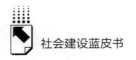

社会建设蓝皮书

quick adaption to different jobs. the majority of these workers are still working in the field of public administration and community service who has been assigned to talent pool of social construction. From the initial implementation of the programme, the government of Huilongguan District try to explore a strategic management planning for College social worker, that is student social worker-oriented, systematic designing, integrated arrangement, specialized training, humanism -management which basically realized the objective of the policy of hiring college students to work for Communities. As to the limited condition of the working environment for social workers, administrative mechanism and management model, and problems of the social sense of identity to college students,, low income, poor career paths and other issues, the author of this paper proposed to speed up the streamlining of institutional mechanisms, innovative management of cultivating college students social workers.

Keywords: College Students; Social workers; Social management

B. 20 the Investigation report of College Students' learning
burnout in Beijing　　　　　　　　　　　*Zhao Liqin* / 270

Abstract: This study investigated the learning burnout and its influencing factors of 1341 college students from four universities in Beijing, and the in-depth interviews of some teachers and students were conducted. The results show that a certain degree of learning burnout exist on the Beijing college students. There are significant difference in the learning burnout between different universities, majors, grades, academic achievement students, gender, economic status of the students. Factors influencing college students' learning burnout include students' achievement motivation, learning habit, responsibility and self control ability and so on, but the influence of the current system of education, school education, social environment play an important role in the learning burnout. Adopting a variety of measures to have a systematic intervention for college students can effectively prevent and reduce the students' learning burnout school, family and society should adopt comprehensive measures to promote the university academic engagement and healthy development.

Keywords: College Student; Learning Burnout; Intervening Strategies

B. 21 Investigation and Study on Party Construction of

Moving Party Members in Chaoyang District

Talic Service Center   *Research Group* / 289

Abstract: Party Construction of moving party members is an important task which is closely related to the new period strategies, including consolidating the party's ruling foundation, governing the party more strictly and promoting the modernization of national governance. The analysis of the party construction of moving party members in Chaoyang district talent service center has a certain meaning of "ideal type" for us to understand the whole task of Party construction in social areas. Chaoyang district talent service center has have done a lot of work in the moving members' education, management and services, but there are still many problems and difficulties in four aspects, individual, party branch, the party committee in the center, and specific work. In order to do a good job, we must firmly build up the idea of building service organization and improve the service ability and service level; transform of the mode of leadership; implement effective activitiesclose to the party members' needs; strengthen the construction of ideas starting from the ideological reality of the party members; consolidate the organization foundation further; promote the standardization of the party construction; explore the new mode of collaborative management actively.

Keywords: Moving Party Members; Party Construction in Social Areas; Party as ServiceOrganization; Collaborative Management

❖ 皮书起源 ❖

"皮书"起源于十七、十八世纪的英国，主要指官方或社会组织正式发表的重要文件或报告，多以"白皮书"命名。在中国，"皮书"这一概念被社会广泛接受，并被成功运作、发展成为一种全新的出版型态，则源于中国社会科学院社会科学文献出版社。

❖ 皮书定义 ❖

皮书是对中国与世界发展状况和热点问题进行年度监测，以专业的角度、专家的视野和实证研究方法，针对某一领域或区域现状与发展态势展开分析和预测，具备权威性、前沿性、原创性、实证性、时效性等特点的连续性公开出版物，由一系列权威研究报告组成。皮书系列是社会科学文献出版社编辑出版的蓝皮书、绿皮书、黄皮书等的统称。

❖ 皮书作者 ❖

皮书系列的作者以中国社会科学院、著名高校、地方社会科学院的研究人员为主，多为国内一流研究机构的权威专家学者，他们的看法和观点代表了学界对中国与世界的现实和未来最高水平的解读与分析。

❖ 皮书荣誉 ❖

皮书系列已成为社会科学文献出版社的著名图书品牌和中国社会科学院的知名学术品牌。2011年，皮书系列正式列入"十二五"国家重点图书出版规划项目；2012~2014年，重点皮书列入中国社会科学院承担的国家哲学社会科学创新工程项目；2015年，41种院外皮书使用"中国社会科学院创新工程学术出版项目"标识。

中国皮书网

www.pishu.cn

发布皮书研创资讯，传播皮书精彩内容
引领皮书出版潮流，打造皮书服务平台

栏目设置：

- □ **资讯**：皮书动态、皮书观点、皮书数据、皮书报道、皮书发布、电子期刊
- □ **标准**：皮书评价、皮书研究、皮书规范
- □ **服务**：最新皮书、皮书书目、重点推荐、在线购书
- □ **链接**：皮书数据库、皮书博客、皮书微博、在线书城
- □ **搜索**：资讯、图书、研究动态、皮书专家、研创团队

中国皮书网依托皮书系列"权威、前沿、原创"的优质内容资源，通过文字、图片、音频、视频等多种元素，在皮书研创者、使用者之间搭建了一个成果展示、资源共享的互动平台。

自 2005 年 12 月正式上线以来，中国皮书网的 IP 访问量、PV 浏览量与日俱增，受到海内外研究者、公务人员、商务人士以及专业读者的广泛关注。

2008 年、2011 年中国皮书网均在全国新闻出版业网站荣誉评选中获得"最具商业价值网站"称号；2012 年，获得"出版业网站百强"称号。

2014 年，中国皮书网与皮书数据库实现资源共享，端口合一，将提供更丰富的内容，更全面的服务。

法律声明

　　"皮书系列"（含蓝皮书、绿皮书、黄皮书）之品牌由社会科学文献出版社最早使用并持续至今，现已被中国图书市场所熟知。"皮书系列"的 LOGO（▨）与"经济蓝皮书""社会蓝皮书"均已在中华人民共和国国家工商行政管理总局商标局登记注册。"皮书系列"图书的注册商标专用权及封面设计、版式设计的著作权均为社会科学文献出版社所有。未经社会科学文献出版社书面授权许可，任何使用与"皮书系列"图书注册商标、封面设计、版式设计相同或者近似的文字、图形或其组合的行为均系侵权行为。

　　经作者授权，本书的专有出版权及信息网络传播权为社会科学文献出版社享有。未经社会科学文献出版社书面授权许可，任何就本书内容的复制、发行或以数字形式进行网络传播的行为均系侵权行为。

　　社会科学文献出版社将通过法律途径追究上述侵权行为的法律责任，维护自身合法权益。

　　欢迎社会各界人士对侵犯社会科学文献出版社上述权利的侵权行为进行举报。电话：010－59367121，电子邮箱：fawubu@ ssap. cn。

社会科学文献出版社

权威报告·热点资讯·特色资源

皮书数据库

ANNUAL REPORT(YEARBOOK)
DATABASE

当代中国与世界发展高端智库平台

S 子库介绍
ub-Database Introduction

中国经济发展数据库

涵盖宏观经济、农业经济、工业经济、产业经济、财政金融、交通旅游、商业贸易、劳动经济、企业经济、房地产经济、城市经济、区域经济等领域，为用户实时了解经济运行态势、把握经济发展规律、洞察经济形势、做出经济决策提供参考和依据。

中国社会发展数据库

全面整合国内外有关中国社会发展的统计数据、深度分析报告、专家解读和热点资讯构建而成的专业学术数据库。涉及宗教、社会、人口、政治、外交、法律、文化、教育、体育、文学艺术、医药卫生、资源环境等多个领域。

中国行业发展数据库

以中国国民经济行业分类为依据，跟踪分析国民经济各行业市场运行状况和政策导向，提供行业发展最前沿的资讯，为用户投资、从业及各种经济决策提供理论基础和实践指导。内容涵盖农业，能源与矿产业，交通运输业，制造业，金融业，房地产业，租赁和商务服务业，科学研究，环境和公共设施管理，居民服务业，教育，卫生和社会保障，文化、体育和娱乐业等 100 余个行业。

中国区域发展数据库

以特定区域内的经济、社会、文化、法治、资源环境等领域的现状与发展情况进行分析和预测。涵盖中部、西部、东北、西北等地区，长三角、珠三角、黄三角、京津冀、环渤海、合肥经济圈、长株潭城市群、关中一天水经济区、海峡经济区等区域经济体和城市圈，北京、上海、浙江、河南、陕西等 34 个省份及中国台湾地区。

中国文化传媒数据库

包括文化事业、文化产业、宗教、群众文化、图书馆事业、博物馆事业、档案事业、语言文字、文学、历史地理、新闻传播、广播电视、出版事业、艺术、电影、娱乐等多个子库。

世界经济与国际政治数据库

以皮书系列中涉及世界经济与国际政治的研究成果为基础，全面整合国内外有关世界经济与国际政治的统计数据、深度分析报告、专家解读和热点资讯构建而成的专业学术数据库。包括世界经济、世界政治、世界文化、国际社会、国际关系、国际组织、区域发展、国别发展等多个子库。